Cases of CNC
Machinery
Equipment

"数控一代"
案例集（山东卷）

中国机械工程学会　　
山东机械工程学会　编著

中国科学技术出版社
·北　京·

图书在版编目（CIP）数据

"数控一代"案例集．山东卷/中国机械工程学会，山东机械工程学会编著．—北京：中国科学技术出版社，2015.6（2016.6重印）

ISBN 978-7-5046-6892-9

Ⅰ.①数… Ⅱ.①中… ②山… Ⅲ.①机械工业—技术革新—案例—山东省 Ⅳ.①F426.4

中国版本图书馆CIP数据核字（2015）第113690号

策划编辑	吕建华　赵　晖
责任编辑	赵　晖　郭秋霞
版式设计	中文天地
责任校对	何士如
责任印制	张建农

出　　版	中国科学技术出版社
发　　行	科学普及出版社发行部
地　　址	北京市海淀区中关村南大街16号
邮　　编	100081
发行电话	010-62173865
传　　真	010-62179148
网　　址	http://www.cspbooks.com.cn

开　　本	787mm×1092mm　1/16
字　　数	360千字
印　　张	17.25
版　　次	2015年6月第1版
印　　次	2016年6月第2次印刷
印　　刷	北京市凯鑫彩色印刷有限公司
书　　号	ISBN 978-7-5046-6892-9/F·794
定　　价	112.00元

（凡购买本社图书，如有缺页、倒页、脱页者，本社发行部负责调换）

编写组织机构

指导委员会

主　任：邵新宇
副主任：宋天虎　林江海
委　员：罗　平　夏玉海

编写委员会

主　任：宋天虎　林江海
副主任：夏玉海　何　华　王　玲
委　员：张承瑞　昃向博　魏修亭　成　巍　单忠德　张光先
　　　　周满山　赵玉刚　陈声环　白玉庆　康凤明　王伟修
　　　　邱玉良　姚继滨　王守仁　张　波　滕　瑶　秦浩杰
　　　　王旭东　高义新　张恭运　景光成　宋修财　高　玲
　　　　和瑞林　王建斌　王向宏　刘澍滋　张建群　孙京伟
　　　　赵传祥　林凤岩　杨铁军　张　东　李海青
　　　　陈　江　郑梦娇　缪　云　顾梦元　钟永刚　刘永华

总　序

实施"中国制造2025",加快我们国家从制造大国迈向制造强国,要以科技创新为主要驱动力,以加快新一代信息技术与制造业深度融合为主线,以推进智能制造为主攻方向。

智能制造——数字化网络化智能化制造是新一轮工业革命的核心技术,是世界各国全力争夺的技术制高点,为中国制造业结构优化和转变发展方式提供了历史性机遇,成为中国制造业"创新驱动、由大到强"的主攻方向。

制造业创新发展的内涵包括三个层面:一是产品创新;二是生产技术创新;三是产业模式创新。在这三个层面上,智能制造——数字化网络化智能化制造都是制造业创新发展的主要途径:第一,数字化网络化智能化是实现机械产品创新的共性使能技术,使机械产品向"数控一代"和"智能一代"发展,从根本上提高产品功能、性能和市场竞争力;第二,数字化网络化智能化也是生产技术创新的共性使能技术,将革命性地提升制造业的设计、生产和管理水平;第三,数字化网络化智能化还是产业模式创新的共性使能技术,将大大促进服务型制造业和生产性服务业的发展,深刻地变革制造业的生产模式和产业形态。

机械产品的数控化和智能化创新具有鲜明的特征、本质的规律,这种颠覆性共性使能技术可以普遍运用于各种机械产品创新,引起机械产品的全面升级换代,这也是"数控一代"和"智能一代"机械产品这样一个概念产生的缘由和根据。

2011年年初,18位院士联名提出了关于实施数控一代机械产品创新工程(简称"数控一代")的建议,中央领导同志高度重视、亲切关怀,科技部、工业和信息化部、中国工程院联合启动了数控一代机械产品创新应用示范工程，其战略目标是：在机械行业全面推广应用数控技术，在10年时间内，实现各行各业各类各种机械产品的全面创新，使中国的机械产品总体升级为"数控一代"，同时也为中国机械产品进一步升级为"智能一代"奠定基础。

4年来，全国工业战线的同志们团结奋斗，用产学研政协同创新，数控一代机械产品创新应用示范工程进步巨大、成就卓著，在全面推进智能制造这个主攻方向上取得了重大突破。

中国机械工程学会是实施数控一代机械产品创新应用示范工程的一支重要推动力量。4年来，学会发挥人才优势和组织优势，动员和组织学会系统包括各省区市机械工程学会和各专业分会的同志们广泛参与，着重于推动数控一代工程在各行业各区域各企业的立地和落实，为企业产品创新助力、为产业技术进步服务。在这个过程中，学会重视发现典型、总结经验，形成了《"数控一代"案例集》。

《"数控一代"案例集》总结了典型机械产品数控化创新的丰硕成果，展示了各行业各区域各企业实施创新驱动发展战略的宝贵经验，覆盖面广、代表性强，对于实现中国机械产品的全面创新升级有着重要的借鉴与促进作用。

衷心祝愿《"数控一代"案例集》持续推出、越办越好，助百花齐放、引万马奔腾，为数控一代机械产品创新应用示范工程的成功、为"中国制造2025"的胜利、为实现中国制造由大变强的历史跨越做出重要贡献。

周济

2015年4月10日

前 言

山东是机械装备制造业大省，业已形成门类齐全、规模较大的产业体系。其中重型汽车、轻型卡车、大型锻压设备、工程机械、农业机械、石油机械、金切机床、木工机械、电工电器等行业规模居全国前列。2014年全省机械工业10317家规模以上企业完成主营业务收入30989.76亿元，突破3万亿大关，比上年增长12.98%；主营业务收入占全省工业的比重为21.6%。机械工业总产值、主营业务收入、利税总额、利润总额等主要指标居全国各省、区、市第二位，是山东省支柱产业之一。但同时，山东省机械装备制造业存在着企业自主创新能力不够强，产业结构不尽合理，中低端产品产能过剩，关键基础材料、核心基础零部件（元器件）、先进基础工艺和产业技术基础水平不高等共性问题，机械产品的数字化网络化智能化程度与国际先进水平相比尚有一定差距。为此，亟需抓住新一代信息技术与制造业深度融合的战略机遇，促进山东省机械装备制造产业的战略转型。

实施数控一代机械产品创新应用示范工程，应用数字化网络化智能化技术，提高机械产品的自主创新能力和产品附加值，是山东省装备制造产业转型升级的重要抓手和有效途径。在数控一代机械产品创新应用示范工程系列活动的推动下，用数字化技术改造提升传统装备或创新研发新一代数控装备已成为很多企业的自觉行为。示范工程的推进极大地促进了企业产品的升级换代，取得了一系列令人瞩目的成绩，企业的核心竞争力得到提高，有些技术和成果已经引起了国际同行的高度关注。《"数控一代"案例集（山东卷）》收录了山东省装备制造企业近年来在数字化技术应用中的典型案例，这其中包括了纺织机械、金属加工机械、数控系统及自动化装备、矿山机械、电工电器、轻工机械、建材机械、木工机械、食品机械、测试设备、基础件制造装备、能源装备等诸多行业特色显著的"数控一代"产品示范应用，体现了山东装备制造企业近年来在数字化装备和智能制造领域的发展和进步。可以说，本书正是山东省从实处着眼推动智能转型的执行力之具体体现。

在经济发展新常态下，数字化网络化智能化将是推动我国制造业转型升级的重要引擎。山东省机械装备制造业企业通过实施"数控一代机械产品创新应用示范工程"，抓住我国由制造大国迈向制造强国的历史机遇，一定能够实现新的发展，为实施"中国制造2025"、实现"制造强国"这一宏伟目标做出新的贡献。

《"数控一代"案例集（山东卷）》编委会

2014年4月

目录 CONTENTS

纺织机械

案例 1 筒子纱数字化自动染色成套技术与装备研究 / 1

案例 2 数控纺织机械成套设备的研发 / 11

金属加工机械

案例 3 轮胎模具专用数控加工技术及成套装备 / 17

案例 4 罗茨鼓风机叶轮加工成套技术与装备研究 / 25

案例 5 数控板料开卷矫平剪切生产线及新型数控直驱机床研发 / 37

案例 6 大型零件数字化加工技术与装备 / 47

案例 7 智能化油缸加工生产线 / 57

案例 8 汽车纵梁柔性制造数字化车间 / 67

案例 9 数控铣车复合齿轮加工专用机床 / 75

数控系统及自动化装备

- 案例 10　基于工业以太网总线 PAC 系统的研发及应用　　/ 83
- 案例 11　快速高效数控全自动冲压生产线　　/ 91
- 案例 12　工程机械抛喷丸数控关键技术与应用　　/ 97
- 案例 13　数控冲压自动化生产线系统　　/ 105
- 案例 14　高强度钢板热冲压成形自动化生产成套装备　　/ 115
- 案例 15　数控化子午胎胎面缠绕成套技术与装备　　/ 123

矿山机械

- 案例 16　数控带式输送机整机设计控制和关键技术研发　　/ 131

电工电器

- 案例 17　数字化焊接电源与相关装备　　/ 139
- 案例 18　电机绕组制造技术与数控成套装备研究　　/ 147
- 案例 19　智能化变电站用系列高压变频器　　/ 155

轻工机械

案例 20 数字化全自动行列式制瓶机 / 161

案例 21 数控高分子材料成套加工技术装备 / 167

建材机械

案例 22 数控自动化高端墙砖成型与码坯系统 / 175

案例 23 石材数控磨抛生产线 / 183

案例 24 数控技术在加气混凝土生产设备上的应用 / 191

案例 25 门窗幕墙数控加工设备 / 197

木工机械

案例 26 数控有卡无卡一体木工旋切机 / 203

食品机械

案例 27 肉类加工数控成套装备研制 / 211

案例 28 数控自动化油脂及植物蛋白加工技术装备 / 221

测试设备

案例 29 电液伺服多通道协调加载试验系统　　　　　/ 229

基础件制造装备

案例 30 液压传动产品数字化制造应用示范　　　　　/ 237

能源装备

案例 31 页岩气工厂化压裂智能装备与控制项目　　　/ 245

案例 32 半潜式平台 DP3 动力定位系统及其自动化系统　/ 251

案例 1
筒子纱数字化自动染色成套技术与装备研究

山东康平纳集团有限公司 / 机械科学研究总院 / 鲁泰纺织股份有限公司

纺织工业是我国传统产业，也是国民经济支柱产业。筒子纱染色是生产高档纺织品、提升产品附加值的纺织产业重要组成部分。通过创新研发筒子纱数字化自动染色工艺、生产流程自动化成套装备、生产全过程自动控制技术等，建成了数字化自动染色生产线和数字化染色车间，实现了筒子纱染色从原纱到成品的全过程数字化、自动化、智能化、清洁化生产。

一、导言

我国是世界上最大的纺织品生产国和出口国，纺织工业是国民经济支柱产业和重要的民生产业。筒子纱染色是生产高档色织、针织面料等众多纺织品、赋予产品功能、提升产品附加值的纺织产业重要组成部分。我国筒子纱染色企业用工近百万，年染纱1000多万吨，85%以上的色织用纱线通过筒子纱染色制造。印染企业废水排放占纺织行业的70%以上，是我国工业污水的主要来源之一。

筒子纱染纱品种繁多、染色设备规格多、装备自动化程度低，同时传统筒子纱染色工艺复杂、流程长，基本上靠技术人员和人工操作执行，上述原因造成传统筒子纱染色一次合格率低，通常为80%以下，且水耗、能耗、污水排放量高，劳动强度大。因此，人为因素的影响和自动化程度低已成为筒子纱染色行业迈向现代化的重大瓶颈，传统染色生产方式已无法满足时代的需求。

欧洲已进行卧式染色机生产流程的自动化研究，实现了局部自动化，染色一次合格率达到90%以上。国内普遍采用的立式染色机仅实现单机自动化，且立式染色机纱笼装纱层数多，纱杆排布密且无规律，染色机规格型号多且跨度大，纱笼需要无碰撞精准吊入吊出立式染色机，实现立式染色机染色全流程自动化的难度更大、控制更复杂。

实现筒子纱高质高效、节能减排降耗生产，减少人为因素影响、降低工人劳动强度，在筒子纱染色行业采取自动化和数字化技术是行业未来发展趋势。但筒子纱染色全过程数字化、自动化的实现存在工艺参数多、反馈控制复杂、纱线自动装卸易受损、染料助剂精准计量输送难、生产线成套装备自动精确控制等系列技术难题。

本项目通过多年的系统技术攻关及应用研究取得了重大突破，围绕数字化自动染色工艺技术、高效数控染色关键设备、生产全过程的中央自动控制系统及自动化染色生产线等方面，创新研发出筒子纱数字化自动染色工艺、生产流程自动化成套装备、生产全过程自动控制技术，建成立式染色机筒子纱全流程数字化自动染色生产线，实现了筒子纱染色从原纱到成品的全过程数字化自动生产、筒子纱数字化染色车间现场无人化操作，推动了纺织行业数字化、自动化、智能化、清洁化的技术进步。技术路线如图1所示。

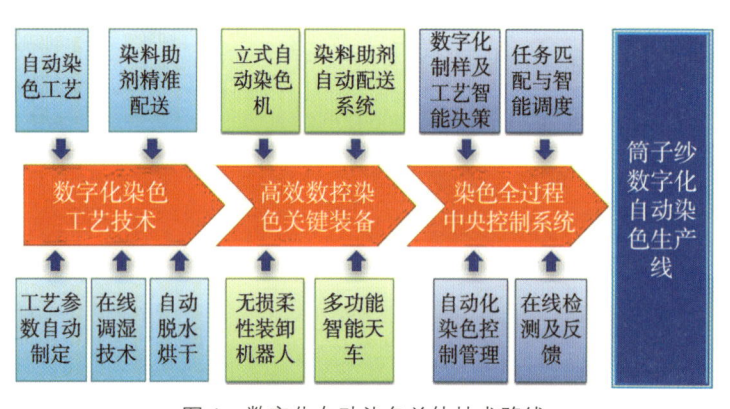

图1 数字化自动染色总体技术路线

二、主要研究内容

本项目的主要研究内容包括筒子纱数字化自动染色工艺技术、筒子纱数字化自动染色成套装备和筒子纱数字化染色生产全过程中央控制系统的研发，在成功完成上述三方面的研究后，建立起筒子纱数字化自动染色生产线。

1. 筒子纱数字化自动染色工艺技术的开发

传统染色工艺是基于人工操作而制定，部分工艺参数需现场确定、参数精准度低，无法满足数字化自动染色需求。为实现筒子纱自动化染色，需研发与之匹配的数字化自动染色工艺。本项目研究出染色各流程适于中央控制的数字化自动染色工艺技术，建立了筒子纱染色工艺参数自动化控制的数学模型，开发出全过程百万组工艺数据库，实现了工艺参数精准制定与自动生成，为筒子纱全流程数字化自动染色提供了重要的工艺基础。

（1）适于筒子纱数字化自动染色的工艺参数匹配与制定技术。传统的筒子纱制样、生产工艺参数制定依赖人工经验制定，打样偏差大、部分参数现场凭工人经验设定，纱线受环境影响重量波动2%～4%，染料助剂计量和烘干工艺制定基准偏差大。研究了人工打样配方与仪器标准校样配方的数值比对拟合，建立出多元制样配方自动调整数学模型，开发出数字化制样软件管理模块。研究了筒子纱染色生产过程中纱线与染料助剂、液位、脱水、烘干等参数间的关系，研发了集纱线调湿和称量为一体的纱线回潮控制技术，研究出染色工艺参数的自动匹配与制定技术，实现打样过程和批量生产过程的工艺参数精确制定。

（2）创新开发出筒子纱数字化自动染色工艺。在自动化染色工艺研究过程中，通过研究纱卷密度、厚度、穿透纱线染液的流速、流向、染液黏度、染缸压力、水头损失、最低液量时纱卷裸露高度等多个参数对自动化低液量染色质量稳定性的影响规律，建立了基于水头损失的数字化少水染色液位控制模型（图2），研究出液位、流量、压差对匀染性的影响关系，

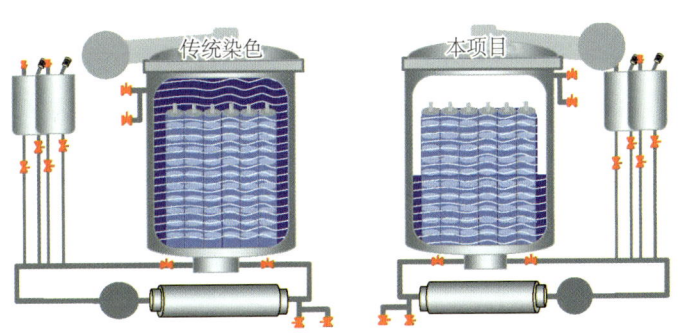

图2 少水染色液位控制模型

优化了自动化染色工艺参数,创新开发出数字化低水位半缸染色工艺,实现了染色平均节水27%,工艺时间缩短10%~25%,有效降低了层纱间的色差及色牢度差异。

(3)创建筒子纱数字化自动染色工艺数据库。随着消费者对纺织品颜色的色相、纯度和亮度要求的提高,染色花色品种呈几何倍数增加,准确制定染色工艺成为制约筒子纱染色的技术瓶颈。本项目统计分析了上百万个筒子纱染色的工艺流程及参数,研究了纱线种类、染料种类、染色浴比、染液温度等材料、工艺参数对染色质量的影响规律,通过染色工艺标准化及染色助剂与配方智能匹配,研究了各种纱卷的脱水、烘干工艺,建立起全流程的百万组工艺数据库,实现工艺方案精准快速确定。

2. 筒子纱数字化自动染色成套装备的研制

立式染色机纱笼高度比卧式染机高,纱杆排布密且无规律,纱笼需无碰撞精准吊入吊出立式染色机,规格从30~5000 kg跨度大,实现全流程自动化的难度更大、控制更复杂。本项目研究了全自动染色、染料助剂自动配送、纱线无损自动装卸、大吨位纱笼自动转运、筒子纱高效自动脱水烘干等系列技术,研制出染色工艺设备自动化系统、筒子纱自动化转运系统、染料助剂自动计量配送系统等筒子纱数字化自动染色成套装备(图3),为筒子纱全流程数字化自动染色提供了重要的装备支撑。

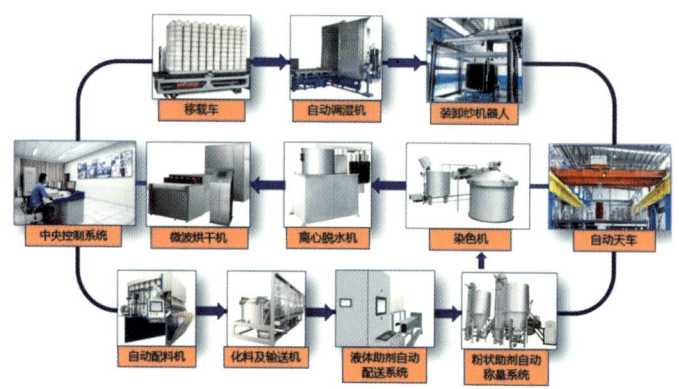

图3 数字化自动染色关键设备

(1)创新研制出基于中央控制的筒子纱立式自动化染色机。针对筒子纱染色全流程自动化运行的需求,研究了染色机远程控制及安全联锁技术,染色机与染料助剂加料系统、智能装运天车间的信息实时传输控制技术,开发出适合于染色流程自动运行的染色控制技术,研制出筒子纱立式自动化染色机(图4),解决了纱笼自动精准吊入吊出染缸、染料助剂适时添

图4 筒子纱立式自动化染色机

加、染色进程实时反馈等技术难题，实现了染色工艺参数的在线检测、反馈和精确执行。

（2）创新研制出粉状助剂精准称量及干式输送系统。染色生产中元明粉、纯碱等粉状助剂用量大，占批次染料助剂总量70%左右，存在易吸湿结块、粉状易飞扬，人工搬运困难，液体自动输送影响染色浴比、糊状自动输送易堵塞管路等难题。本项目提出粉状助剂自动称量及干式输送方法，研究了粉状助剂精确控制出料、称重实时检测及补偿、智能装运天车适时输送等关键技术，研制出盐类粉状助剂自动精准称量及其输送系统（图5）。所开发系统的最大量程600 kg，精度 ±0.2 kg，实现了粉状助剂的自动计量、精准输送。

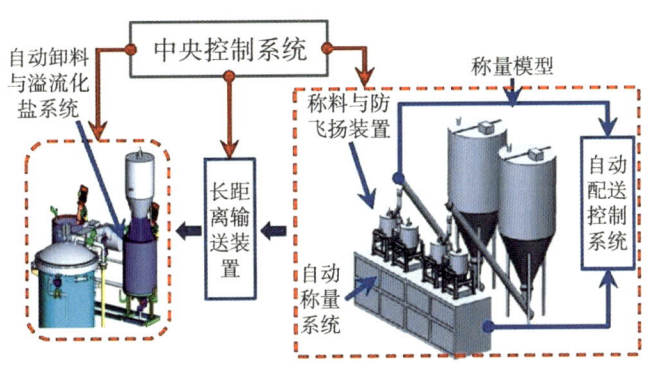

图5 粉状助剂精准称量及干式输送系统

（3）创新研制出纱卷柔性精定位数控化离心脱水机。目前筒子纱脱水普遍使用单机脱水方式，纱卷脱水变形大，纱卷装卸工位精度差。为实现远程控制的纱卷自动化装卸，分析了系统震动与旋转速度对纱杆精确定位影响规律，创新设计出高速旋转状态下筒子纱随型脱水转桶、柔性防变形纱杆精准定位机构和纱篮双重定位锁紧装置，研制出装卸工位柔性精定位自动离心脱水机，解决了纱篮定位精度低、纱杆易断自动回位等技术难题。采用本项目开发的脱水机，纱卷脱水后变形小、纱线损伤低，棉纱脱水后含水率可达到45%以下。

（4）创新研制出筒子纱隧道式数控化微波烘干技术及装备。针对传统热风烘干周期长、纱线易脆化、回潮不均匀、数控化自动化低等问题，本项目提出了筒子纱微波自动连续烘干方法，研究了多馈口腔体的微波场强均匀性分布规律，功率、纱卷排布与速率的自动匹配技术，优化出毛纱、棉纱、天丝等多种筒子纱微波烘干工艺，研制出CMW系列筒子纱数控微波烘干机（图6）。采用微波烘干筒子纱，比热风节能30%以上。

（5）创新研制出筒子纱无损柔性装卸技术及系列化机器人。立式染色机纱笼层高，纱杆密布无规律，抓取空间小，人工装卸劳动强度大[8～10吨/（人·日）]；由于纱线纤细，在人工装卸时纱卷及纱管盘易损坏，在自动装卸时存在夹持力小易掉纱、夹持力大纱线易损伤等难题。针对上述难题，本项目开展了纱线种类、含水率等与机械手的摩擦夹持规律，自

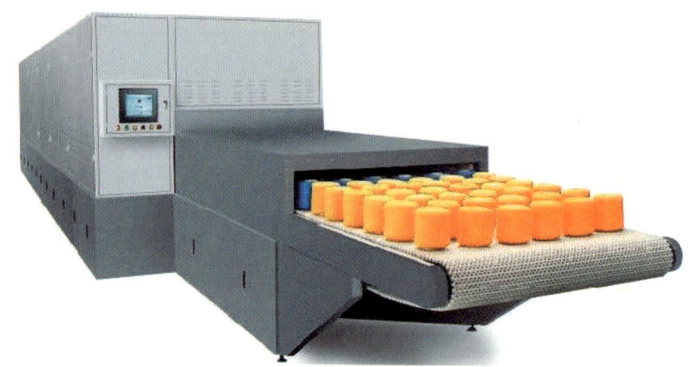

图 6　CMW 系列筒子纱数控微波烘干机

动化装卸方法及路径优化,直角坐标机器人整体结构及直线运动单元,远程控制系统等研究,设计开发出高刚度、轻结构、防变形的抓纱机构,研制出装纱、脱水、烘干系列化纱线无损柔性装卸机器人(图7),实现了筒子纱在染色、脱水、烘干等多工序间自动化高效无损装卸,所开发系列机器人的有效行程达 5000 mm × 3000 mm × 3000 mm。

图 7　装纱、脱水、烘干系列化装卸机器人

(6)创新研制出多功能智能装运技术及装备。为实现纱笼在装卸、染色及脱水烘干等区域间自动化转运,架起染色任务、工艺信息与物料输送等一体化连接的桥梁,本项目研制出多功能智能装运天车(图8)。在开发过程中分析了快速装运过程中纱笼摇摆幅度及方向对天车定位精度的影响规律,研究了大跨距长距离重载双动力同步控制、安全快速精准制动等技术,开发出任务执行与工况实时反馈的远程控制系统,解决了重型高速转运过程中纱笼精准装运、物料与信息的同步传输等技术难题,实现了多区域、大跨距、长距离、精定位的自动化纱笼等物料装运。所开发智能装运天车的行程达 70 m × 12.5 m × 5 m,负载 5000 kg。

图 8　多功能智能装运天车

3. 筒子纱数字化染色生产全过程的中央自动化控制系统的研发

为实现筒子纱染色全流程生产任务的自动控制，解决控制点多、信息量大、在线检测、实时反馈闭环控制、自动化运行可靠性等难题，本项目开发出中央控制的筒子纱生产全过程自动化控制系统（图9），实现了染色工艺过程的智能化控制，为筒子纱全流程数字化自动染色提供了重要的系统保障。

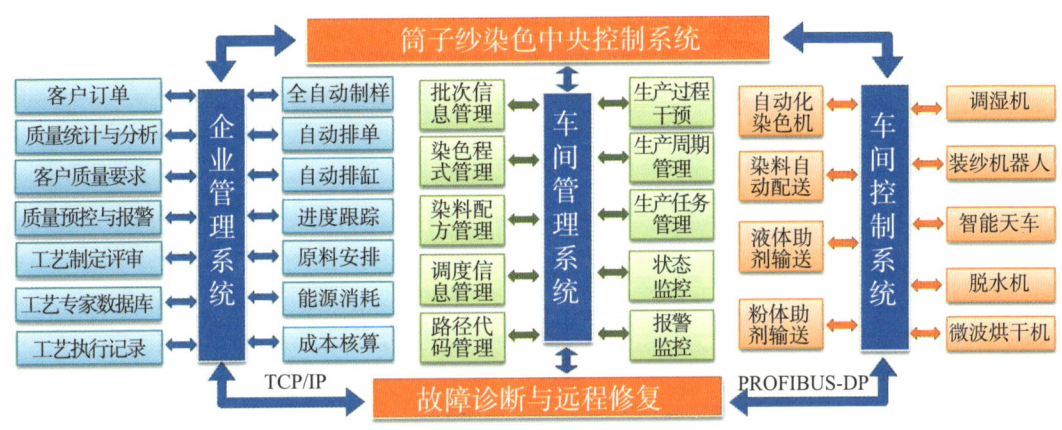

图9　筒子纱生产全过程自动化控制系统

（1）筒子纱数字化自动染色生产线的在线检测及反馈闭环控制技术。传统染色生产主要是单机设备的控制运行，缺乏整个生产线系统的在线检测与反馈控制，造成染色任务信息、工艺控制、物料智能匹配等成为信息孤岛。为打通染色流程信息孤岛，本项目研究了自动染色过程中工艺、物流等设备运行状态和生产工艺参数的数据采集及处理技术、参数在线检测、补偿与传输技术（图10），开发出筒子纱染色成套工艺参数在线检测及实时反馈的控制软件系统，实现了染料助剂计量输送、染色工艺、任务进程、脱水烘干等100多台设备、2000多个参数信息点的自动在线检测、实时调整的闭环控制。

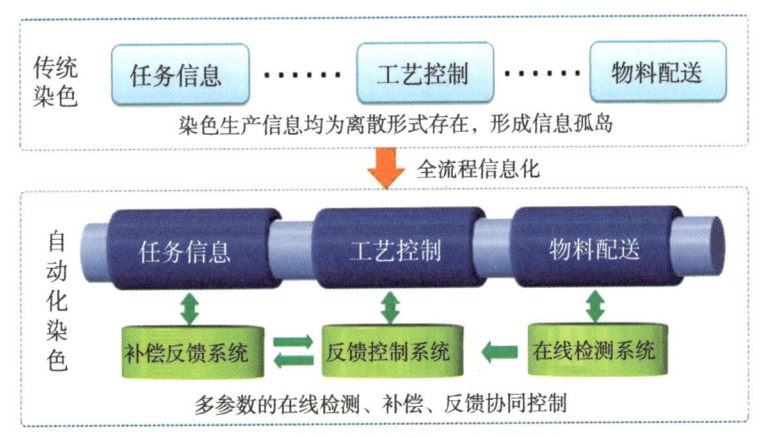

图10　生产线多参数协同控制技术

（2）筒子纱数字化自动染色控制管理技术。为满足多品种柔性自动化染色生产需求，本项目通过染色工艺、生产节拍、物流转运周期等离散型控制研究，建立了包含络纱、染色、脱水、烘干、染料助剂等多参数的生产任务单为源头的控制驱动模式（图11），采用生产任务所有并行工序执行状态实时读取，任务执行完成状况优先级判定与智能调度，开发出具有自主知识产权的筒子纱全流程自动化染色智能控制管理系统（图12），所有设备均由中央控制室控制、多生产任务及其执行进程的智能匹配，提高设备利用率及染色生产效率。

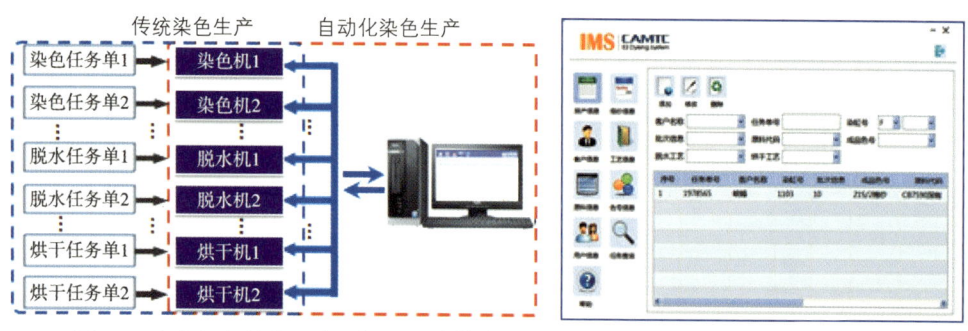

图11　生产任务单为源头的控制驱动模式　　图12　自动化染色智能控制管理系统

（3）数字化自动染色生产线安全可靠性运行技术。针对筒子纱染色车间温度高、湿度大、干扰因素多、生产线稳定运行控制等问题，本项目研究了设备控制系统抗干扰、设备运行异常报警、系统安全互锁、工艺数据在线调度和核对二次确认、工位反馈与软件记忆双重控制等技术，创新开发出染色机、智能天车、脱水机、装卸机器人等设备安全联锁控制系统及人工干预系统，研究出系统管理、集中调度、单机控制的控制体系，创新建立起设备故障级、参数异常级、实时监控级、远程诊断级的四级安全可靠性保障体系（图13），有效保证了设备安全可靠运行。

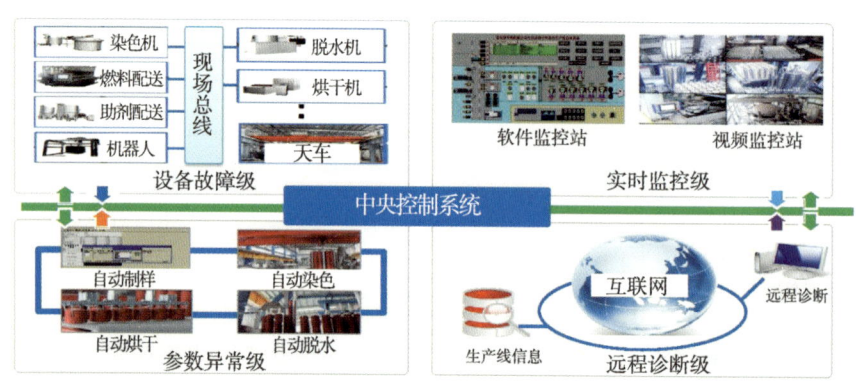

图13　四级安全联锁保障体系

4. 筒子纱数字化自动染色生产线的建立

通过自动化染色工艺深入研究、关键设备成套研制、控制系统自主开发等多方面创新，为筒子纱全流程自动染色提供了重要的工艺基础、装备支撑和系统保障。在自动化染色关键工艺技术及装备等方面取得重大突破，创新建立起筒子纱数字化自动染色生产线和生产车间（图14和图15），解决了染色生产中的突出技术难题，形成了数字化自动染色工艺、全自动立式染色生产线成套技术及装备，实现了从原纱到成品的生产流程自动化运行和染色车间无人化操作。

图14 3000 t/a 筒子纱自动化染色生产线

图15 10000 t/a 筒子纱数字化染色车间

三、结论

采用筒子纱数字化自动染色成套技术及装备，实现生产流程自动化运行、工艺参数精准化执行、生产进程智能化调度，染色一次合格率提高，减少回染率，减少资源消耗，达到筒子纱染色高质高效、节能减排降耗生产。采用本技术可实现染色吨纱用水由110～130 t 下降至78～82 t，节水27%；吨纱蒸汽用量从7.7 t 下降至6.2 t，节约蒸汽19.4%；吨纱用电量从2000 kWh 下降至1750 kWh，实现节电12.5%，污水排放量从108.9 t 下降至79.2 t，减少污水排放26.7%。我国规模以上纺织企业年生产纱线3000万 t，其中1/3为筒子纱，在行业推广后节能减排效果明显，具有显著的经济和社会效益。

本项目所开发的成套技术及装备已在山东康平纳、鲁泰纺织等建起了11条自动化染色生产线，用于毛、棉、丝、麻、化纤等多种筒子纱染色生产，染色一次合格率在95%以上。

四、展望

本项目突破了筒子纱数字化自动染色的成套工艺、高效数控染色设备、系统控制等技术瓶颈，开发出具有自主知识产权的筒子纱数字化自动染色成套技术及装备，建成筒子纱数字化自动高效染色生产线，提高了我国纺织染整行业工艺装备水平，推进印染行业向数字化、绿色化、节能化方向发展，促使传统纺织产业转型升级改造，大幅度降低劳动强度，有效提高染色生产效率，实现染色过程清洁化生产，对纺织行业技术进步具有重要推动作用。

案例 2
数控纺织机械成套设备的研发

青岛纺织机械股份有限公司

针刺非织造布是纺织产品的重要领域，主要应用于生产人造革基布、过滤材料、汽车内饰材料、水利工程和高速公路建设中用的土工布等。数控非织造布成套设备的研制和使用可实现非织造布的高效优质生产。自主开发的棉纺羊绒联合分梳生产线、半精纺梳理成套设备、宽幅高效羊绒分梳联合生产线等成套设备，数控化、成套化水平得到进一步提高，实现了节能、高效和绿色化生产。

一、导言

青岛纺织机械股份有限公司始建于1920年，是我国第一台梳棉机和纺织电机的诞生地，也是我国最大的纺织梳理设备制造厂。2005年12月16日，国营青岛纺织机械厂改制，更名为青岛纺织机械股份有限公司。主导产品有针刺非织造布成套设备、纺织专用电机、金属针布等。近年来，企业自主研发了新型成套非织造布针刺、水刺系列产品、半精纺梳理系列产品、羊绒梳理系列产品、绣花机系列产品、加工中心等系列产品，产品的数字化、成套化水平得到进一步提高。截至2013年年底，企业固定资产净值为10亿元，实现年销售收入9.2亿元。

二、数控一代纺织成套设备

1. 数控非织造布成套设备

图1 非织造布生产线

针刺非织造布成套设备包括开包机、粗开松机、精开松机、大仓混棉机、喂棉箱、梳理机、铺网机、喂入机、预针刺机、针刺机、成卷机等设备（图1）。主要应用于生产人造革基布、过滤材料、汽车内饰材料、水利工程、高速公路建设中用的土工布等。

水刺生产线除包括开包机、粗、精开松机、杂乱梳理机、铺网机、牵伸机等设备外，还拥有平网水刺机、园网水刺机、烘干机、高速卷绕机及水处理设备。水刺产品主要用于卫生巾、尿不湿、面巾、卫生用品等。

（1）BG系列非织造布针刺机。

我国的针刺非织造布技术是在20世纪80年代初进入起步阶段的，刚进入起步阶段的生产时，所使用的针刺设备，运行时振动较大，噪音较高，仅能运行于低频率区间，而且牵伸率很大，难以控制。通过自主创新，提高设备的工艺水平和制造水平，研发了BG系列非织造布针刺机（图2）。主要技术参数：工作宽度为1200～5000 mm；生产速度为1～7 m/min；双轴驱动，针刺频率可达 1500 刺/分。

BG 系列非织造布针刺机控制系统采用先进的 PLC 进行控制，各个电机变频调速，工艺参数实现可视化的人机界面编程，采用先进的触摸屏显示，可方便对电机速度、工艺参数的显示和修改，机身带有针板限位按钮，可实现针板限位自停。机身出带有剥网板和托网板距离自动检测装置，可实现自动控制针板的针刺深度，实现自动化调节。

图 2　非织造布针刺机

（2）BG 系列非织造布梳理机。

针刺非织造布生产线梳理机采用双道夫、双凝聚装置，上、下两套凝聚装置均可移开不用或单独使用，可以方便地适应不同产品的要求；机上飞花吸点将短绒排到滤尘室；道夫边吸点可根据产品幅宽的不同调节位置，并将吸走的纤维直接送入储棉箱回用，解决了传递过程中的偏差问题，锡林整体的制造工艺，不仅提高了生产效率，也提高了锡林的使用性能（图 3）。主要技术参数：工作宽度为 600、2000、2500 mm；生产能力为 50、250、350 kg/h；最大出网速度为 100 m/min；出网克重 10 ~ 50 g/m^2。

图 3　非织造布梳理机

梳理机全机采用先进的伺服控制系统，保证了全机及前后道设备的同步，使得启停设备时纤网的质量更加稳定；通过 PLC 和伺服控制器通讯实现对各个伺服电机速度进行调节，从而使得设备运行的稳定性提高，速度更加平稳，保证了梳理机纤网的均匀度；设备机身带有可靠的防轧装置和金属检测装置，可实现自动检测，一旦有问题实现自动紧急停止，保证针布不受损伤。工艺参数实现可视化的人机界面编程，采用先进的触摸屏显示，可方便对电机速度、工艺参数的显示和修改。高度集成的自动化控制方式，全机实现了一键式启停。

（3）BG 系列非织造布铺网机。

近年来，随着我国经济的快速发展，人们对非织造布的需求越来越多，要求也越来越

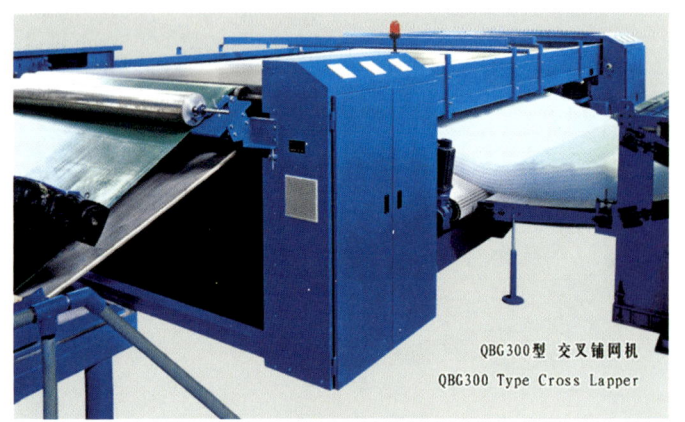

图 4　非织造布铺网机

高，对非织造布的生产设备要求数字化、成套化，并且高效、可靠。目前，国内的铺网机大多还是老式的二帘或三帘结构，这种结构的铺网机，其中输送帘的结构比较复杂，稳定性也较差。针刺非织造布生产线高速铺网机，可实现非织造布的高效优质生产（图4）。

主要技术参数：工作宽度为入网 600 mm、2000 mm、2500 mm；出网为 1400 ~ 6000 mm；铺网速度为 70 m/min。

针刺非织造布生产线高速铺网机采用夹持式铺网，防静电皮板，光电传感器及自动控制皮板纠偏装置，铺网皮板与铺网小车均采用大功率伺服电机，具有先进的伺服控制系统。另外还特设有输送帘张紧结构，当输送帘高速运行时，输送帘下部的拉力和上部所承受的由张紧结构主动辊旋转所产生的张力大小相等，方向相反，并作用在同一个张紧结构上。因此，输送帘在运行过程中始终处于张紧状态，达到运行平衡。

高速铺网机，采用碳纤维皮带，先进的伺服控制系统，带有 profile 轮廓修整系统，5 只大功率电机准确控制各部件的运动电动/手动输出帘高度节装置，结构简单合理，控制精确。通过 PLC 和伺服控制器通讯实现各个伺服电机速度进行调节，从而使得设备运行的稳定性提高，速度更加平稳，保证了纤网的均匀度。工艺参数实现可视化的人机界面编程，采用先进的触摸屏显示，可方便对电机速度、工艺参数的显示和修改。高度集成的自动化控制方式，全机实现了一键式启停。

2. 羊绒梳理成套设备、半精纺、棉纺成套设备

（1）半精纺清梳联生产线。

半精纺梳理工艺是由我国自主创新发展起来一种成熟纺纱新工艺，青岛纺机根据市场需求开发、研制的半精纺适纺设备也逐渐趋于专业化、系列化，主要有一机一斗系列、清梳联自动生产线系列。其核心设备半精纺清梳联合机见图5。

主要技术参数：每条生产线可配 2 ~ 4 台梳理机，梳理机产量达到 7 ~ 25 kg/h。

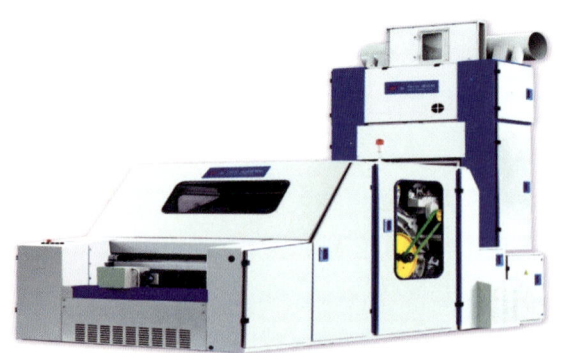

图 5　半精纺清梳联合机

喂给机为目前较为先进的双箱形式，上箱为气压控制，下箱为气压加振动控制，双罗拉握持喂入，防缠绕并保证输出均匀的筵棉。

针对半精纺原料搭配灵活多变、有些纤维质嫩易损伤的特点，梳理机选择多重优选针布配置及多种滤尘方式，主要速度控制全部采用变频调速，并配有适量的变换轮，方便用户使用。

开发的适用于半精纺产品的自调匀整装置，有效保证了条干的均匀度及重量的不匀率。

整条生产线采用连续吸尘系统，生产过程中排出的尘、杂及时输送到滤尘室，使得车间生产环境更加环保、清洁。

（2）羊绒清梳联生产线。

棉纺成套设备有单机型式、清梳联自动生产线型式，自主开发的FB1233型高产梳棉机实现了数字化自动控制、连续化生产。

主要技术参数：台时产量3～5 kg/h；含粗率＜0.15%；含杂率＜0.15%；纤维损伤12%±1%；综合提取率≥95%（洗净绒含绒量70%以上）。

数字化应用情况及质量效果：整条生产线采用一个电器柜集中控制，大屏幕显示，所有的工艺参数均可通过屏幕调整。原料的喂给采用气流输送形式，彻底解决了传统的人工喂料、加料造成的台间差异大，产品质量不稳定的问题，提高了设备的有效运转率。整条生产线采用连续吸尘系统，生产过程中排出的尘、杂及时输送到滤尘室，使得车间生产环境更加环保、清洁。

三、主要成果

非织造布设备获得实用新型专利14项，发明专利1项，取得多项核心专项技术。企业承担的高效非织造布生产线关键设备及针布等专件项目被国家发改委列入新型纺织机械重大技术装备专项，该项目获得《国家发改委新型纺织机械重大技术装备专项资金》的支持，总投资额5293万元。

棉纺、羊绒联合分梳生产线成套设备及半精纺梳理成套设备技术达到国内领先水平，拥有新型实用专利5项。该项目获得"国家发改委新型纺织机械重大技术装备专项资金"的支持，总投资额7321万元。自主开发的国内首套宽幅高效羊绒分梳联合生产线成套设备，实现节能、降耗、绿色化生产，显著提高了劳动生产率。

公司始终坚持创新发展，每年将不少于销售收入3%的资金投入到产品研发和技术进步之中。同时吸收国外技术开发应用先进的伺服控制系统。近年获得发明专利1项，实用新型专利23项，主持或参与制定国家和行业标准共计7项。在基本型的基础上开发出高速伺服梳理机、高速伺服铺网机等新产品，提高了核心竞争力。

案例 3
轮胎模具专用数控加工技术及成套装备

山东豪迈机械科技股份有限公司

汽车工业的快速发展使轮胎产品的多样化需求日新月异,对轮胎模具的加工精度、花纹结构和工艺数字化等方面提出了更高的要求。把轮胎设计、模具设计和加工工艺紧密结合,研制开发的轮胎模具数控加工技术及专用加工数控成套装备,提高了我国轮胎模具制造业及其专用装备制造领域的技术水平,促进了我国轮胎工业高端技术产品大步走进国际市场。

一、导言

轮胎模具是模具行业最具个性化、动态性的产品门类之一，在加工精度、花纹结构和工艺数字化等方面对加工装备提出了更高的要求，把轮胎设计、模具设计和加工工艺紧密结合，研制开发轮胎模具数控加工技术及专用加工数控成套装备，对促进我国轮胎工业的发展意义重大。

轮胎模具包括高性能铝镁合金轮胎模具、组合片式子午线轮胎模具、巨型子午线轮胎模具、翻新胎模具等，产品的系列化呈现品种繁多的特点，因此模具的设计制造要求高效率、高精度、高质量、低成本。轮胎模具设计、制造工艺的数字化为轮胎模具制造专用装备的数控化奠定了基础。包括数控电火花成型机床、数控刻字机、数控铣花机、数控电极雕铣机、大深径比气孔数控加工机床、数控三坐标激光测量仪、花纹块专用加工中心等专用数控装备的研发应用提高了我国轮胎模具制造业及其专用装备制造领域的技术水平，高端技术产品已经走进国际市场，取得了显著的经济效益和社会效益。

山东豪迈机械科技股份有限公司（以下简称"豪迈科技"）主营业务为轮胎模具及橡胶机械和数控机床的研发、生产、销售，以及高端零部件铸锻加工和进出口业务等。年产各类轮胎模具8000套。轮胎模具出口总额占国内轮胎模具出口总额的62%。牵头成立了橡胶模具及制造装备产业技术创新战略联盟，建立了完备的专用数控装备研发及推广应用平台。

二、数控一代的轮胎模具数控加工成套装备

1. 轮胎模具专用数控电火花成型机床

主要包括巨型工程轮胎模具专用电火花成型机床（DGC2400A）（图1）、轮胎再制造模具专用电火花机床（DMP600）、轮胎模具专用新型电火花成型机床（DMZ1400B）、七轴轮胎模具花纹块专用电火花成型机床（DH610）、摩托车胎模具专用电火花成型机床（DMC800）等。研发了基于 Ether MAC 高速实时以太网总线的轮胎模具专用电火花机床单元自动控制系统，进一步提高了轮胎模具加工自动化程度。

（1）技术关键。

在轮胎模具行业中，花纹圈加工是轮胎模具制造过程中的核心工序。花纹圈制造有3种主流加工工艺：电加工、精密雕刻和精密铸造。而电加工应用最广泛。自主开发轮胎模具花纹圈电火花加工工艺及轮胎模具专用数控电火花成型机床，实现了轮胎模具花纹圈的高精度、高效率、低能耗加工。其关键技术及创新点表现为：①采用旋转式精密分度技术，实现

了较大规格工程胎模具的精密分度加工，加工范围大、定位精度高；②采用自主研发的恒流电火花加工技术，加工质量稳定、加工效率高、节能效果明显；③应用电极防烧结技术，减少了电极损耗，延长了使用寿命；④自主研发的专用控制系统，实现了加工自动化。

（2）创新成果。

应用轮胎模具专用数控电火花成型机床，实现精确去除加工余量，精度误差为 0.05 mm；花纹圈的加工效率提高了 50%；通过应用高效节能无阻电源，实现节能 35%。

现已累计批量应用系列轮胎模具专用数控电火花成型机床 280 台套，年产各类轮胎模具 8000 台套，实现销售收入 8.55 亿元，利税 3.85 亿元，经济效益显著。轮胎模具专用数控电火花成型机床的研发改变了我国半手工制造轮胎模具的工艺，提高了轮胎模具制造业的装备技术水平，社会效益显著。

2. 轮胎模具专用数控刻字机

轮胎模具专用数控刻字机（XK1200）（图 2），该机床用于加工轮胎模具胎侧板高速精密雕铣。轮胎模具专用数控刻字机（XK1200），先后投入 120 台套应用于各类轮胎模具的加工，使用效果良好。

（1）技术关键。

轮胎模具专用数控刻字机具有自动化程度高、加工精度高、加工范围大、刚度高、控制便捷、性价比高等优点，实现自动化智能加工，降低对操作人员技术水平的依赖，缩短操作人员的培训周期，大幅度降低操作者劳动强度。其关键技术及创新点主要为：①采用国外先进五轴系统，并安装闭环反馈自动对刀仪，实现自动检测、自动换刀；②实现网络传输程序，适合于网络 DNC 管控系统，提高加工自动化程度，缩短加工辅助工时，提高生产效率

图 1　轮胎模具专用数控电火花成型机床　　　图 2　轮胎模具专用数控刻字机

50%；③安装切削油循环过滤控制系统，提高加工质量，改善加工环境。

（2）创新成果。

轮胎模具专用数控刻字机用于加工轮胎模具胎侧板上的字体、装饰线、排气线、图形等，其通过应用高端数控系统，实现全自动化加工，加工精度高、效率高、表面质量好，无需钳修作业，缩短轮胎模具制造周期，提高产品核心竞争力。轮胎模具专用数控刻字机已经取得授权专利。

3. 大深径比气孔加工专用数控机床

大深径比气孔加工专用数控机床属国内首创，它采用机加工方式，实现在多曲率花纹块工件的法线方向进行大深径比排气孔的快速加工。

（1）技术关键。

深径比气孔加工专用数控机床的关键技术及创新点表现为：①该机床选用合适枪钻及合理切削参数，并采用高压切削液排出切屑，解决大深径比气孔加工排屑和冷却难度大、刀具损伤率高的问题；②4个直线轴设计重复定位精度0.01 mm，两个摆动轴设计旋转精度1′，保证大深径比气孔加工精度，孔径加工范围：1.6～2.5 mm；孔深加工范围：70～120 mm；③基于CAXA2011开发多曲率花纹圈大深径比气孔智能钻机专用编程插件，实现高深径比小孔数字化加工，达到提高加工效率3倍的目标；④配备刀库和自动对刀仪，实现定位、打引导孔、钻孔、扩孔、测量多工序集成，提高大深径比气孔加工自动化程度。

自主开发国际先进水平的大深径比气孔加工专用数控机床（DQK1200），其采用机加工方式，实现在多曲率的法线方向进行大量大深径比排气孔的快速加工，开辟了在多曲率型腔工件上智能化、高效率、高质量加工排气孔先河。通过对刀具和加工工艺的不断改善，解决了大深径比气孔加工排屑和冷却难的世界性难题。并自主开发了一款应用于平面绘图软件中的专用编程插件，只要将需要打孔的工件平面图和各曲率的曲线图输入程序，就可生成NC代码，提高了排气孔加工的自动化程度，且加工质量高，无需钳修作业，缩短了加工周期。

（2）创新成果。

已经试制成功两台大深径比气孔加工专用数控机床（DQK1200），应用效果良好，未来计划投入15台进行小批量应用。自主开发的国际先进水平的大深径比气孔加工专用数控机床（DQK1200）用于加工轮胎模具花纹块排气孔，取代传统的手动气钻加工方式，加工效率提高150%；排气孔加工质量高，无需钳修作业，缩短了轮胎模具的生产周期。

豪迈科技年产各类轮胎模具8000套，每套轮胎模具的气孔按照2000～5000个的数量来计算，其气孔的加工数量就在1600万～4000万个。据此测算，2013～2014年上半年，本产品的需求量约为130台（套），可实现新增销售收入6500万元，经济效益显著。大深径比气孔加工专用数控机床（DQK1200）的应用可实现高效率、高质量、低成本加工轮胎模具排气孔，缩短产品制造周期，提高产品质量，增强轮胎模具产品的核心竞争力，提高了轮胎模具制造装备的自动化水平，社会效益显著。

4. 数控三坐标激光测量仪

自主开发数控三坐标激光测量仪（MLK1500），实现对轮胎模具花纹圈的高精度、高效率测量。

（1）技术关键。

自主研发数控三坐标激光测量仪，用于测量轮胎模具花纹圈。其关键技术及创新点为：①测量过程中利用激光测量，非接触式无摩擦无变形，测量精度提高；②激光测量时对轮胎模具花纹圈进行连续旋转扫描，能够对圆内面取点，取点个数可以从几万到几十万，测量准确，效率高；③使用操作方便，与现有机械触发式三坐标测量相比，测量和数据处理速度提高3倍以上，系统功率降低50%。

该数控三坐标激光测量仪结构为：底座上设置用于放置轮胎模具花纹圈的工作台，且底座内设有升降驱动装置，升降驱动装置连接有升降滑座，升降滑座上安装有旋转驱动装置，旋转驱动装置的顶部安装激光探头，激光探头与计算机处理单元连接。对轮胎模具花纹圈测量时，将轮胎模具花纹圈放置在工作台，使所轮胎模具花纹圈的中心线与工作台的中心线重合，再由升降驱动装置驱动所述升降滑座上升，使激光探头从底座内部及工作台内伸出，到达设定高度后，旋转驱动装置驱动激光探头旋转开始扫描，激光探头将采集的数据自动输入到计算机处理单元，由计算机处理单元对采集的数据进行处理，对测量到的花筋、钢片等数据进行剔除，并自动生成测量报告。

（2）创新成果。

现已成功试制数控三坐标激光测量仪（图3），并进行小批量使用，与机械触发式三坐标测量仪相比，具有测量效率高等优点，应用效果良好。

图3　数控激光三坐标激光测量仪

5. 自主开发轮胎模具花纹圈专用加工中心

自主开发的轮胎模具花纹圈专用加工中心用于轮胎模具花纹圈的精铣定型，是精铣工艺制造轮胎模具的关键装备。

（1）技术关键。

自主开发轮胎模具花纹圈专用加工中心，用于轮胎模具花纹圈的精雕成型，其关键技术及创新点为：轮胎模具花纹块是内曲面工件，成套花纹块周向排列组成花纹圈，是轮胎硫化定型的关键部件。该机床根据花纹块的形状特点，设计机床结构及各轴行程，设计为3个直线轴及2个摆动轴，解决通用机床加工过程中的干涉问题；根据花纹块加工工艺，将多道工序进行集成，实现一次装夹，完成多个工艺流程；采用国外先进五轴系统，实现全闭环控制，精度达到0.005 mm；采用非接触式激光对刀仪，对刀速度快，精度高；采用在线测量系统，实现工件自动找正及加工后精度在线测量；采用高速电主轴，实现高低速自动切换，实现低速大扭矩，高速精切削的复合加工方式。

（2）创新成果。

该装备具有加工质量高、效率高的特点，通过工艺优化，实现生产效率提高10%，节能20%。自主开发的轮胎模具花纹圈专用加工中心已投入批量化应用，年产全钢子午线轮胎模具3000套，实现销售收入3.55亿元，利税1.5亿元，经济效益显著。轮胎模具花纹圈专用加工中心的研制成功，提高了我国轮胎模具制造行业的装备技术水平，社会效益显著。

6. 自主开发HM型巨胎硫化机

（1）技术关键。

自主开发HM型巨胎硫化机（图4），填补国内空白。依靠强劲的研发实力与国内外众多的轮胎生产厂家合作的基础，经过两年的技术准备和积累，研究出了HM型巨胎硫化机。其关键技术及创新点为：HM型巨胎硫化机采用上下双锥面配合导向、无油润滑轴承配合、花纹块与侧板上下对称分型、合模预定位等技术，使开合模行程较小、二次定

图4 HM型巨胎硫化机

位准确、轮胎换型方便，硫化过程安全高效，硫化出的巨胎达到小型工程胎的精度等级。其自主开发 HM 型巨胎硫化机，同时为轮胎制造厂商提供优质的巨型工程胎模具产品及巨型轮胎硫化机，实现了机模整体配套。主要规格有 122″、145″、170″、188″ 和 210″，可硫化的轮胎规格从 27.00R49 ～ 59/80R63。

（2）创新成果。

HM 型巨胎硫化机主要国际客户群体有：美国固特异公司、法国米其林公司等世界知名的轮胎制造业巨头。2013 年，HM 型巨胎硫化机整机出口日本横滨。2009 年，公司为美国固特异生产的 211 英寸（1 英寸 = 2.54 厘米）的巨胎硫化机，是全球最大的巨胎硫化机。

巨型子午线轮胎模具共计出售近 50 台套，实现销售收入 12721 万元，利润 5091 万元，实缴税金 1908 万元，经济效益显著。

项目产品已经申报专利 13 项，其中发明专利 4 项，实用新型 9 项，已获得 4 项实用新型授权。HM 智能型巨胎硫化机于 2011 年获得国家火炬计划立项。

三、展望

（1）建立了轮胎模具新产品、轮胎模具加工工艺、轮胎模具加工专用数控装备研发三位一体的研发体系，为轮胎模具制造的高精度、高效率、高质量、低成本、清洁环保奠定了坚实基础。

（2）在此基础上，研发了包括数控电火花成型机床、数控刻字机、数控铣花机、数控电极雕铣机、大深径比气孔数控加工机床、数控三坐标激光测量仪、花纹块专用加工中心等专用数控装备，提高了我国轮胎模具制造业及其专用装备制造领域的技术水平，并逐步走向国际市场。

（3）通过实施科技创新，共获得项目成果 20 项，其中转化为新产品 8 项，新技术新工艺 5 项，专用数控机床 7 项，同时取得了显著的经济效益和社会效益。

案例 4

罗茨鼓风机叶轮加工成套技术与装备研究

山东理工大学 / 山东省章丘鼓风机股份有限公司

罗茨鼓风机叶轮形状特殊，每一叶的断面轮廓形线由渐开线、摆线、圆弧等多段曲线组成，叶轮之间要求有良好的间隙密封，因此对型线加工精度要求较高，加工制造困难。开发的罗茨鼓风机叶轮加工成套技术及数控装备显著提高了叶轮加工精度和效率，解决了国产罗茨鼓风机叶轮型线易造成泄漏大、温升高、效率低、压力低等问题。

一、导言

罗茨鼓风机由于具有抽气量大、压力随系统阻力的变化而变化的自适应性、输送介质不含油、结构紧凑、运行可靠、使用寿命长、操作维修方便等优点，被广泛用于电力、石油、化工、化肥、钢铁、冶炼、制氧、水泥、食品、纺织、造纸、除尘反吹、水产养殖、污水处理、气力输送等各部门行业。

罗茨鼓风机叶轮形状特殊，每一个叶的断面轮廓形线由渐开线、摆线、圆弧等多段曲线组成，两个叶轮之间要求良好的间隙密封，因此对型线加工精度要求较高，加工制造十分困难。

目前企业用于罗茨鼓风机叶轮加工的数控机床（数控龙门刨床和数控牛头刨床）存在的突出问题：①人工分度，分度精度低，叶轮叶片的厚度不一致，在啮合过程中，两叶轮径向密封间隙不均匀，过大或过小，经常出现装配干涉，需要人工修形；②机床刚性差，刀具切削力变化大，导致：叶轮型线误差大、在叶轮长度方向型线尺寸不一致，两叶轮在轴线方向密封间隙不一致，过大或过小，出现装配干涉；大吃刀量加工时，刀具颤振，无法实现大吃刀量加工，加工效率低；滑枕往复频率增大时，整个机床会出现颤振，加工效率进一步降低；③叶轮分度和装夹定位都要由人工完成，自动化程度低；④数控系统的功能不能适应罗茨鼓风机叶轮加工的工艺要求：只有直线和圆弧插补功能，对于复杂曲线只能采用直线或圆弧逼近，程序段多，刀具的落刀点不在轮廓型线上，控制误差大；换刀后需要人工进行对刀定位，误差大、效率低；加工中无法对吃刀深度、单次进给量等参数进行在线调整。

叶轮型线是罗茨鼓风机生产的核心技术，它直接影响着产品的性能指标。国产罗茨鼓风机叶轮型线均采用传统型线，同时在叶轮对滚啮合过程中啮合部位的有效密封长度短，易造成泄漏大、温升高、效率低、压力低等性能问题，因此开发罗茨鼓风机叶轮加工成套技术与装备对于解决叶轮型线高效率高精度加工、提高国产罗茨鼓风机核心竞争力意义重大。

二、主要研究内容

（一）发明了变量可分离的正高次代数曲线合成差分插补数控加工方法

采用差分插补方法实现了在统一算法下的直线和正高次曲线的直接插补，采用曲线叠加圆弧合成差分插补方法，解决了正高次曲线刀具半径补偿的刀具中心轨迹复杂计算问题（图1和图2）。

1. 变量可分离的正高次曲线差分插补方法

正高次曲线: $P_m(x)=Q_n(y)$ （1-1）

其中： $P_m(x)=a_m x^m+a_{m-1}x^{m-1}+\cdots+a_1 x$ （1-2）

$Q_n(y)=b_n y^n+b_{n-1}y^{n-1}+\cdots+b_1 y$ （1-3）

m，n 为正整数，$x=0$ 处 $1\sim m$ 阶差分 $jx1$，$jx2$，$\cdots$，jxm，由（1-3）式可求出在 $y=0$ 处 $1\sim n$ 阶差分 $jy1$，$jy2$，$\cdots$，jyn，以曲线加工起点为坐标原点，起点处的切线在第一象限建立曲线相对坐标系，则在起点处 $P_m(0)=Q_n(0)=0$。当 X 坐标轴或 Y 坐标轴进给一步时相应的坐标值加 1，同时相应的坐标的函数 $P_m(x)$ 或 $Q_n(y)$ 加上该点一阶差分值，进给过程中尽量保持 $P_m(x)=Q_n(y)$。进给方式 X 或 Y 坐标轴可单独进给，也可两坐标轴同时进给，按插补误差最小的进给方式进给。

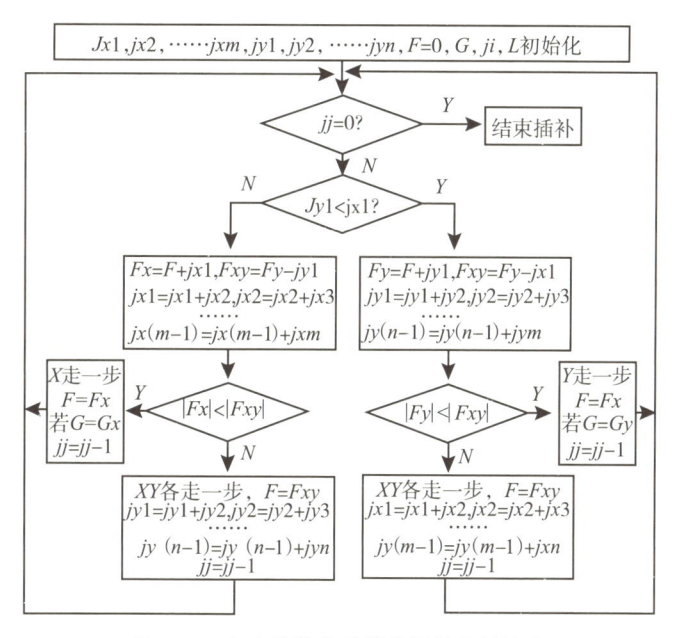

图 1　正高次代数曲线差分插补方法流程

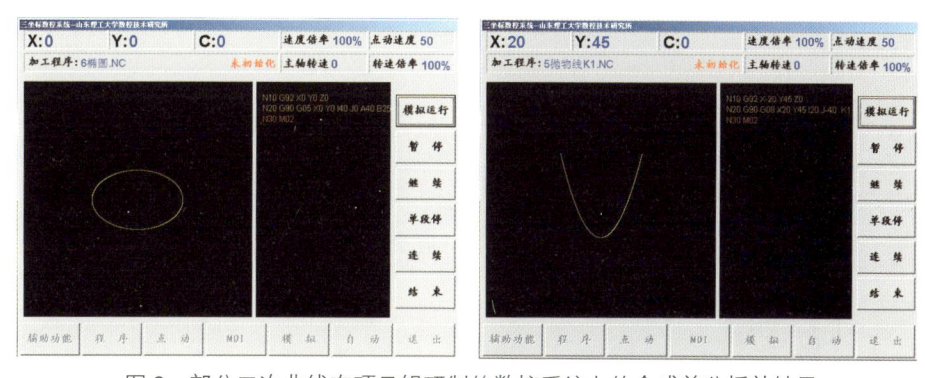

图 2　部分二次曲线在项目组研制的数控系统上的合成差分插补结果

2. 正高次代数曲线叠加刀具圆弧的合成差分插补方法

对于直线和圆弧来说，其等距线仍然是直线和圆弧，但对于其他高次曲线来说，其等距线往往不再是原来的曲线类型，这给这类曲线数控加工的刀具半径补偿带来了难题。为解决该问题，项目提出了正高次代数曲线叠加刀具圆弧的合成差分插补方法（图3）。

（1）以轮廓曲线即变量可分离的正高次代数曲线加工起点为坐标原点，起点处的切线在第一象限建立"曲线相对坐标系"，并计算轮廓曲线在相对坐标系中的方程 $P_m(x)=Q_n(y)$，其中：$P_m(x)=a_m x^m+a_{m-1}x^{m-1}+\cdots+a_1 x$，$Q_n(y)=b_n y^n+b_{n-1}y^{n-1}+\cdots+b_1 y$，$a_m$、$b_n$ 为系数，m、n 为自然数，x、y 为变量。

（2）建立"刀具圆相对坐标系"，并给出刀具圆在相对坐标系中的方程。

（3）将待加工轮廓曲线和刀具圆的参数初始化。

（4）根据刀具圆的位置参数 Sbz 与合成插补斜率偏差判别函数 δ 的数值确定插补方式，其中合成插补斜率偏差判别函数 δ 为轮廓曲线斜率 k_l 与刀具圆斜率 k_s 之差。

$$k_l-k_s=(j_l x1-\frac{j_l x2}{2})(j_l y1-\frac{j_l y2}{2})-(j_s x1-\frac{j_s x2}{2})(j_s y1-\frac{j_s y2}{2})$$，通分后的分子，即：

$$\delta=j_l x1 j_s y1-j_s x1 j_l y1+0.5(j_s x2 j_l y1-j_l x1 j_s y2+j_s x1 j_l y2-j_l x2 j_s y1)+0.25(j_l x2 j_s y2-j_s x2 j_l y2)$$

其中，$j_l x1$：多项式 $P_m(x)$ 在 x 处一阶差分；$j_l x2$：多项式 $P_m(x)$ 在 x 处二阶差分；

$j_l y1$：多项式 $Q_n(y)$ 在 y 处一阶差分；$j_l y2$：多项式 $Q_n(y)$ 在 y 处二阶差分；

$j_s x1$：刀具圆在 x 处一阶差分；$j_s x2$：刀具圆在 x 处二阶差分。

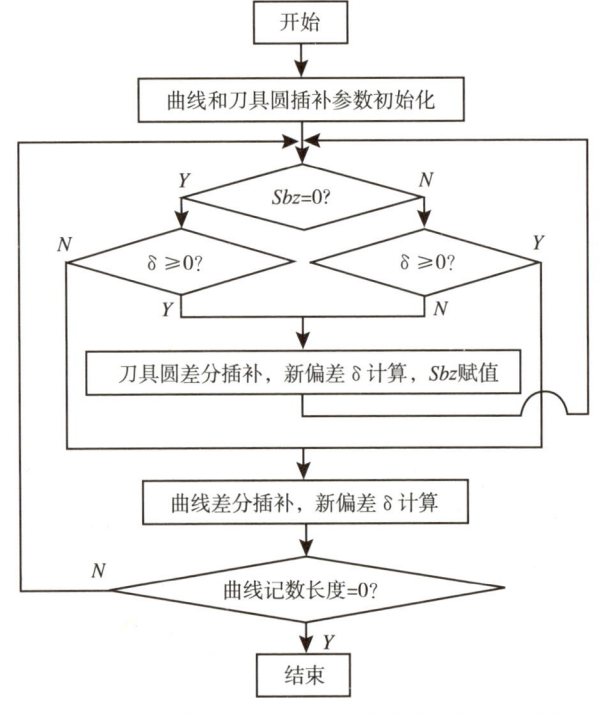

图3 正高次代数曲线叠加刀具圆弧合成差分插补方法的流程

j_yy1：刀具圆在 y 处一阶差分；j_yy2：刀具圆在 y 处二阶差分；

如 Sbz = 0 且 $\delta \geq 0$，按刀具圆进行差分插补，计算新偏差 δ 并对 Sbz 重新赋值；

如 Sbz = 0 且 $\delta < 0$，则按轮廓曲线进行差分插补，计算新偏差 δ；

如 Sbz ≠ 0 且 $\delta \geq 0$，则按按轮廓曲线进行差分插补，计算新偏差 δ；

如 Sbz ≠ 0 且 $\delta < 0$，则按刀具圆进行差分插补，计算新偏差 δ 并对 Sbz 重新赋值。

在合成插补时，基于左右偏刀、加工象限指令与曲线凹凸性判断数控加工刀具的内外偏，刀具的内外偏决定合成插补运动是加还是减。

（5）如曲线计数长度 =0，结束插补；否则，返回步骤（4）。

（二）创立了二次曲线样条函数对任意参数曲线拟合方法

开发了相应的数控编程软件，实现了在给定拟合误差下用二次曲线样条拟合任意参数曲线的自动分段、类型匹配与自动拟合，并使得曲线拟合节点上一阶导数的连续，大大减少了程序代码的段数，提高了曲线的数控加工精度。

要实现基于二次曲线统一插补的任意平面参数曲线数控加工的关键是设计适合差分插补方法的二次代数样条曲线拟合平面参数曲线算法，其中心思想是：基于曲线切矢分析曲线局部形状，并根据曲线局部形状利用"分割—合并"策略确定曲线分割点。具体步骤如下：

步骤1：根据平面参数曲线 $\begin{cases} x=x(t) \\ y=y(t) \end{cases}$ 导数、曲率分析曲线整体性质，查找出曲线的奇点、拐点并分析曲线段凹凸性，基于曲线特征点将曲线初步分为"三角凸"曲线段。

步骤2：对步骤1中分段曲线作如下处理：

（1）基于参数 t 平均分成 N 段。

（2）对每段曲线弧用二次曲线拟合。

二次曲线的参数有理多项式形式可表示为 $r(t)=\dfrac{w_0B_0^2(t)b_0+w_1B_1^2(t)b_1+w_2B_2^2(t)b_2}{w_0B_0^2(t)+w_1B_1^2(t)+w_1B_0^2(t)}$，其中 $0 \leq t \leq 1$，$b_i \in R^2$，w_i 成为权重，b_i 为控制顶点，$B_i^n(t)=C_n^i t^i(1-t)^{(n-i)}$ 为 Bernstein 基。

如图4，用 A、B、C 分别代替多项式中的 b_0、b_1 和 b_2，则 △ABC 称为二次曲线的控制多边形，点 A、B、C 称为二次曲线的控制顶点。二次曲线弧的端点分别是三角形顶点 A 和 B，曲线在端点处切于三角形边 AB 和 BC。

如果控制三角形 △ABC 三边方程及顶点坐标如图4所示，则二次曲线族方程可表示为 $(a_1x+b_1y+c_1)(a_2x+b_2y+c_2)=k(a_3x+b_3y+c_3)^2$。调整参数 k，可获得不同的二次曲线弧，当参数 k 满足方程

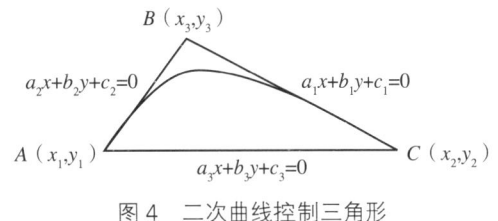

图 4 二次曲线控制三角形

$a_1b_2+b_1a_2=2ak_3b_3$，二次曲线弧的对称轴平行于坐标轴。

（3）分析曲线拟合误差，如误差大于给定误差，则将曲线均分为二段；如拟合误差小于给定误差，则判断其与相邻曲线合并确定的二次曲线段拟合误差是否小于给定误差。如是，则合并为一；否则，不进行合并。

（4）如曲线既不能分割亦不能合并，则停止"分割—合并"。

步骤3：根据二次曲线段一般表达式计算数控加工G代码的各个参数，并输出数控加工代码（图5和图6）。

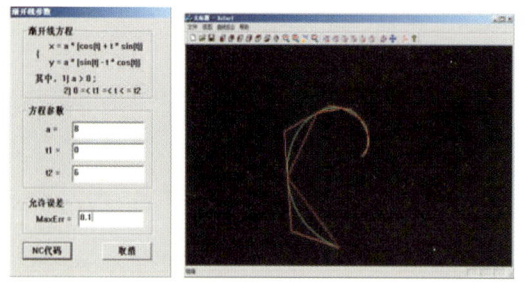

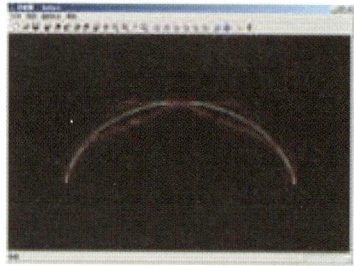

图5　渐开线方程、参数、离散及二次曲线样条生成　　图6　摆线方程、参数、离散及二次曲线样条生成

（三）正高次代数曲线叠加刀具圆弧的合成差分插补方法应用于数控系统的研制

研制成功了嵌入式、全数字、开放式结构的具有多种独特控制功能的三坐标插床数控系统和数控插床，填补了国内空白，并在国际上首次将数控插削加工技术引入到罗茨鼓风机三叶叶轮的加工中，避免了工件多次装夹定位带来的误差，实现了三叶罗茨鼓风机叶轮加工的全自动（刀具自动定位、自动转位、自动夹紧、通过刀具自动定位实现刀具磨损自动补偿、自动加工）。

研制的数控系统除具有参数设定、程序编辑、手动、MDI、点动、模拟、自动、电子手轮、故障诊断等常规功能外，还具有一些独创的特殊控制功能。

（1）二次曲线直接插补及其刀具半径补偿功能、Windows操作界面、加工轨迹动静态跟踪显示、网络通讯等功能。

（2）针对罗茨鼓风机三叶叶轮加工的功能：①采用独创的高精度自动对刀定位仪，实现了刀具的快速高精度定位（误差在0.001 mm之内），解决了对刀定位人工调整的低精度和低效率的技术问题；②一次装夹，完成三个叶面的自动加工，避免了人工120°分度转位和安装定位及其所造成的误差，提高了加工精度，省却了反复进行工件装夹、调整的辅助时间；③采用控制工作台移动实现插削加工返程的自动让刀，避免了机械让刀机构所带来的误差；④在不停止加工的前提下，一次往返加工进给量可以随时增减，既提高了加工效率又避免了可能出现的"扎刀"现象，提高了加工质量；⑤间歇工进与连续快进可随时通过按键转换状态，在加工过程中可快速越过出现的空刀，从而提高加工效率；⑥在粗加工阶段，如遇局部加工余量过大，可通过控制实现对余量过大部位的往返多次加工，从而使加工顺畅并提高加工质量；⑦在加工程序不变的情况下，数控系统根据设定自动调整每次三个叶面循环加工的余量，从而实现由粗加工到精加工的多个自动循环。这些独特的功能不仅方便了操作、大幅度提高了加工效率，比传统数控刨床（刀具人工找正定位、人工120°翻转、人工夹紧）提高200%以上，而且从根本上保证了叶轮的加工精度。

图7～图10是项目研制的数控系统、数控插床，加工的三叶罗茨鼓风机叶轮和研制的自动对刀定位仪。

数控机床的对刀定位精度对加工轨迹的位置精度存在严重的影响。数控插床的工件坐标系原点设在旋转工作台的中心线上，对刀定位的作用就是使圆形刀具的中心线与旋转工作台的中心线相重合并求得该位置在机械坐标系中的位置坐标。刀具每更换一次由于安装位置的误差都要进行一次对刀定位。对刀定位可以采用人工的方法实现，但精度低，效率低。为此项目独创了图10（a）数控插床专用对刀定位仪。该对刀定位仪通过锥柄与旋转工作台的锥孔配合保证对刀内圆面与旋转工作台的轴线同心。对刀定位时数控系统控制刀具移动使其与对刀内圆面接触，并以中断方式检测两者接触的电信号，通过坐标计算和自动控制将刀具移动到对刀定位仪的中心。这一过程的实现有6个步骤，如图10（b）中（1）～（6）所示，

（a）基于PC104总线的数控系统硬件　　（b）数控系统操作面板

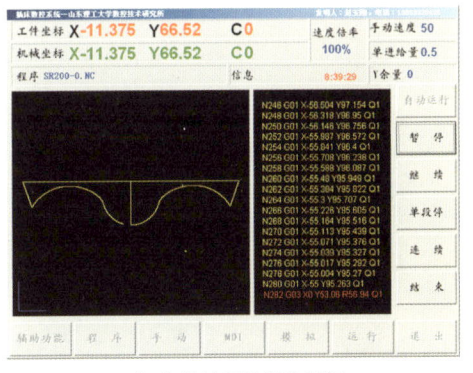

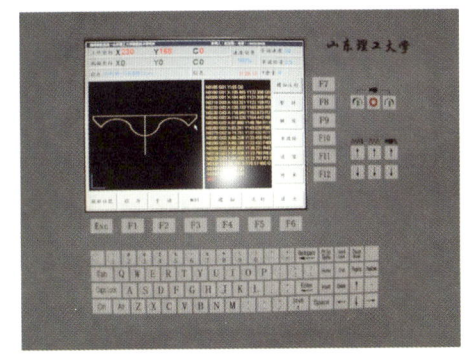

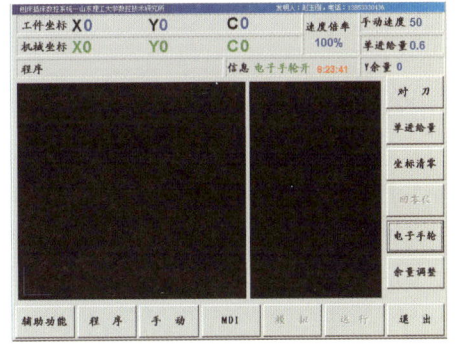

（c）数控系统的初始化界面　　（d）数控系统的加工控制界面

图7　研制的插床用数控系统硬件与软件操作界面

图8 应用于加工罗茨鼓风机三叶叶轮的数控插床

图9 数控插削加工的罗茨鼓风机三叶叶轮

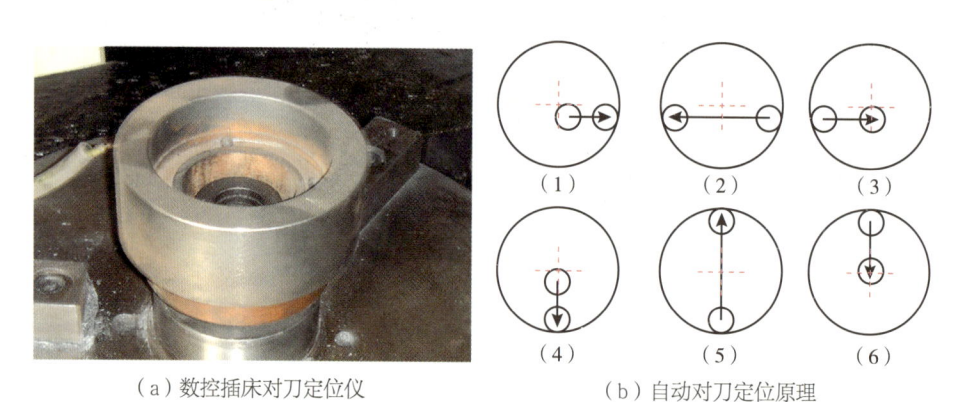

（a）数控插床对刀定位仪　　（b）自动对刀定位原理
图10 独创的插床用对刀定位仪及其工作原理

时间20 s。该对刀定位仪的另一个功能是刀具磨损的自动补偿，其原理是经过前述对刀定位过程，通过坐标计算可以得到刀具的半径，并对参数区的刀具半径进行修改。

（四）双坐标数控系统和数控龙门刨床

研制成功了具有多种独特控制功能（大部分与插床数控系统相同，在此不再叙述）的数控刨床用嵌入式、全数字、开放式结构的双坐标数控系统和数控龙门刨床（图11），实现了双叶罗茨鼓风机叶轮加工的全自动（刀具自动定位、叶轮自动翻转定位、通过刀具定位实现刀具磨损自动补偿、数控加工），加工的叶轮型线位置精度和形状精度都达到了设计精度，加工出的叶轮不需人工修形，数控龙门刨床自动对刀定位原理如图12所示。加工效率比配备德国西门子数控系统的数控龙门刨床（人工找正、人工夹紧、人工180°翻转）还要提高50%以上。

图11 罗茨鼓风机双叶叶轮加工数控龙门刨床

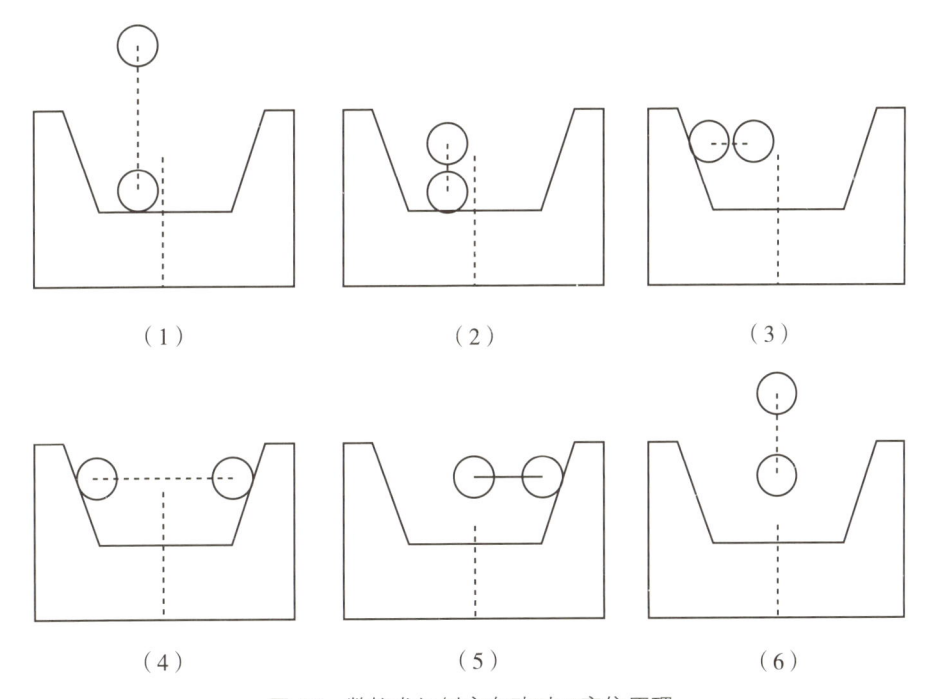

（1）　　　　　（2）　　　　　（3）

（4）　　　　　（5）　　　　　（6）

图12 数控龙门刨床自动对刀定位原理

（五）复合型线双叶和三叶叶轮

叶轮是罗茨鼓风机最关键的部件，其型线的优劣和加工精度直接影响罗茨鼓风机的性能。项目针对罗茨鼓风机先进叶轮型线的开发，研究了国际上先进的罗茨鼓风机复合叶轮型线，研究开发了复合型线（以啮合理论、密封间隙的长度及其均匀性为约束条件，以容积效率为优化设计目标，在各种常规叶轮型线的基础上优化计算得到叶轮的复合型线）双叶和三叶叶轮。与二次曲线样条函数拟合参数曲线的方法相结合，设计开发了罗茨鼓风机双叶、三叶叶轮的参数化设计与编程软件。

图13是项目组为企业开发、填补国内空白、替代进口产品的适合于中低压场合的罗茨鼓风机复合叶轮型线对滚模拟情况，其特点是容积效率高，是目前国际上容积效率最高的中低压罗茨鼓风机型线之一，在污水处理、水产养殖等场合广泛使用。

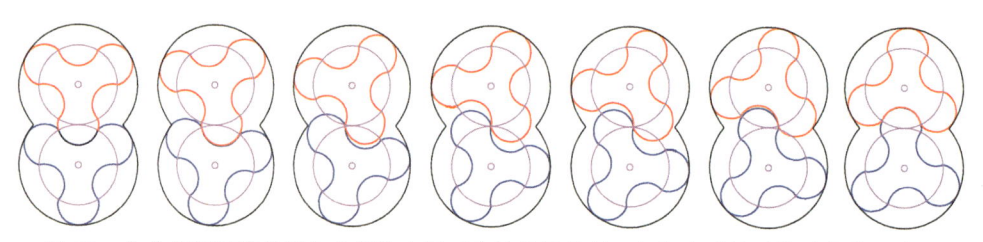

图13 为企业新开发并投入应用的中低压高性能罗茨鼓风机复合叶轮型线对滚模拟情况

图14是项目组为企业开发、填补国内空白、替代进口产品的适合于高压场合的罗茨鼓风机复合叶轮型线对滚模拟情况，其特点是高压下低泄漏，是目前国际上高压下容积效率最高的高压罗茨鼓风机型线之一，在气力输送和电厂脱硫除尘场等合广泛使用。

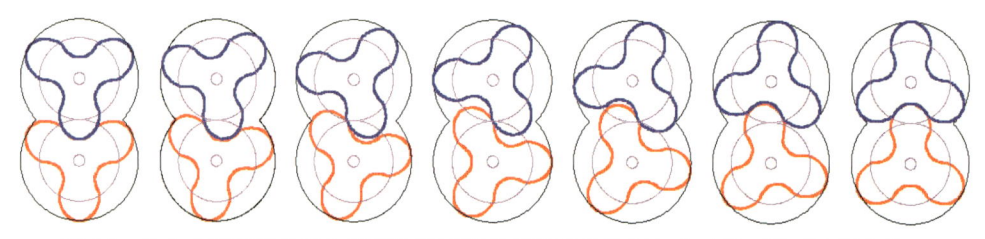

图14 为企业新开发并投入应用的高压高性能罗茨鼓风机复合叶轮型线对滚模拟情况

图15是项目组为企业新开发并投入应用的高性能双叶罗茨鼓风机复合叶轮型线，其中图15（a）叶轮填补国内空白，图15（b）、（c）为在传统摆线型线、渐开线型线基础上改进的复合型线双叶罗茨鼓风机叶轮，经改后两种罗茨鼓风机的性能都有了显著提高。

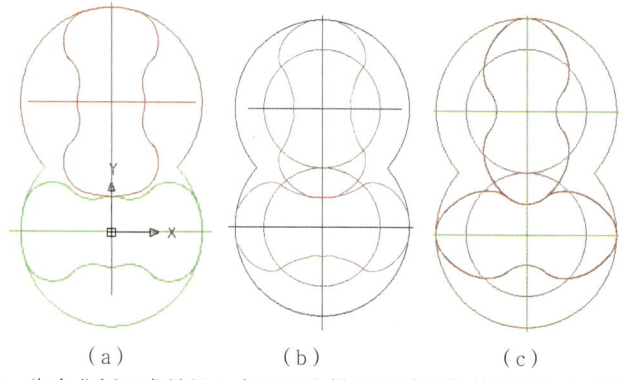

（a） （b） （c）
图15 为企业新开发并投入应用的高性能双叶罗茨鼓风机复合叶轮型线

三、主要技术参数及先进性对比

本项目为解决罗茨鼓风机泄漏问题所提出并应用的"以叶轮密封间隙与最短有效密封长度为约束条件、以容积效率为优化设计目标的罗茨风机叶轮复合型线优化设计方法",从理论上解决了有效降低泄漏的叶轮复合型线设计问题,在此基础上开发了多种填补国内空白、性能达到国际先进水平的罗茨鼓风机。

与国内外同类技术产品相比,本项目针对罗茨鼓风机双叶叶轮加工所研制的多功能数控系统、数控刨床及其工艺工装,不仅大幅度提高了罗茨鼓风机双叶加工的精度,而且因为自动化水平的提高,加工效率提高50%以上;本项目针对罗茨鼓风机三叶叶轮加工所研制的多功能数控系统、数控插床及其工艺工装,不仅大幅度提高了罗茨鼓风机三叶加工的精度,而且因为自动化水平的提高,加工效率提高200%以上。主要技术参数与先进性对比如表1所示。

表1 主要技术参数与先进性对比

功 能	国内外现有数控刨床	本项目研制的数控插床与数控龙门刨床
抬落刀控制	传统机械让刀机构实现,产生误差	伺服轴控制实现,不产生误差
往返进给量	固定,加工效率低	动态可调,加工效率高
对刀	人工找正(不少于30 min),误差:≥±0.05 mm	在线自动(不多于0.5 min),误差:±0.002 mm
插补方法	直线、圆弧	直线、圆锥曲线
双叶叶轮翻面定位	人工找平,精度低、效率低	平行四边形夹具自动找平,精度高、效率高(数控龙门刨床)
三叶叶轮装夹、分度	人工分度、工件多次装夹定位,精度低、效率低	自动分度,工件一次装夹定位完成三面加工,精度高、效率高(数控插床)
加工余量调整	修改程序,程序重新从起点运行	动态调节,程序持续运行
间歇工进与连续快进状态转换	无此功能	动态实现
复合叶轮型线程序	不提供	提供复合叶轮型线程序

四、结论与展望

本项目独创了正高次代数曲线差分插补运算方法和正高次代数曲线叠加刀具圆弧的合成

差分插补方法，实现了高次曲线的直接插补及其刀具半径补偿；独创了二次曲线样条函数拟合任意参数曲线的方法，实现了曲线的自动分段、最佳匹配与自动拟合，并保证拟合节点上一阶导数的连续，提高了曲线加工的控制精度。项目罗茨风机叶轮加工的特殊功能要求，将上述理论用于数控系统的研制，研制成功了适合罗茨风机叶轮加工的嵌入式、全数字、开放式结构的数控系统，以此为基础研制了数控插床、数控龙门刨床，并独创了旨在提高加工精度和效率的多种装置和控制功能，为我国企业提供了罗茨风机叶轮加工的高精度、高自动化的关键成套设备。项目组针对先进、高性能罗茨风机的开发，研究开发了多种填补国内空白的复合型线双叶和三叶叶轮，设计开发了罗茨风机叶轮参数化设计与数控编程软件，为企业提供了罗茨风机开发的关键技术。项目研究成果的推广应用，打破了罗茨风机中高端产品市场被国外大公司垄断的局面，我国产品不仅替代了进口，而且还大量出口国际市场。项目研究成果解决了国内罗茨风机行业共性的重大技术和装备问题，研究成果产业化并在行业推广应用产生了巨大的经济效益和社会效益，为我国罗茨风机行业的发展做出了巨大贡献。

案例 5

数控板料开卷矫平剪切生产线及新型数控直驱机床研发

山东宏康集团

数控板料开卷矫平剪切生产线是我国机械、冶金及物流配送等行业的关键工艺装备。热轧钢板卷、不锈钢板卷等工业用金属材料通过上料、开卷、矫平、剪切、码垛、出料、打包连线处理，从而加工成不同规格的金属板材，实现了多工序的数控化自动生产；数控新型直驱系列金切机床产品结构简单、实用，采用大扭矩套装伺服主轴电机直接驱动主轴，取消了中间传动环节，实现了近零传动。

一、导言

数控板料开卷矫平剪切生产线是我国机械、冶金及物流配送等行业"十二五"期间升级换代的关键工艺装备。

数控板料开卷矫平剪切生产线是将热轧钢板卷、不锈钢板卷等通过上料、开卷、矫平、剪切、码垛、出料、打包连线处理,从而加工成用户所需不同长度规格平板的金属板材精整装备。数控板料开卷矫平剪切生产线产品处理板材厚度为 0.2 ~ 25.4 mm,宽度为 800 ~ 3000 mm,通过数控和大规模集成电路控制和变频调速,达到各控制单元小型、安全、适用、操作简单、维修方便等功能,实现机—电—液—气—仪表自动控制,达到人机对话和故障自动报警等功能,实现了从板卷上料—开卷—引料—送料—粗矫平—剪板—精矫平—码垛—包装等工序的依次自动完成,集成创新性强,自动化程度高,运行稳定可靠,达到国际先进水平,解决了用户加工难题,使用户实现了绿色低碳运行。

数控新型直驱系列金切机床产品在技术设计方面力求结构简单、实用,采用大扭矩套装伺服主轴电机直接驱动主轴,取消了中间传动环节,简化了机械结构,实现了近零传动。具有定位精度高、响应速度快、机械刚度和可靠性高、噪声低、保养费用低等优点。具有高效率、高性价比和结构简单、易诊断、易维修等优点,符合机械装备智能、绿色、低碳的发展方向,既适应大批量零部件的加工,又适用于加工形状复杂和工序繁琐零部件的制造,作为经济型数控机床工作母机,使用范围广泛。

二、数控化的板料加工生产装备

1. 数控板料开卷矫平剪切生产线(图1)

该系列产品由张力开卷机、六重式矫平机、飞剪机、双工位气垫码垛机等组成的开卷矫平飞剪生产线,采用现场总线控制技术,提高了生产线的可靠性和自动化程度。自主创新研制的辊式测量装置、曲柄滑块垂直剪切位移跟进系统,结构紧凑合理,实现了钢板的动态剪切,提高了加工精度和生产效率。

图1 系列数控板料开卷矫平飞剪生产线

2. 系列数控板料开卷矫平纵剪生产线（图2）

针对薄型板卷加工的开卷、纵剪分条、收卷等三环节，至少16道生产工序的处理，将款板卷分条成为所需宽度的板卷组。自主研制了张力开卷机、纵剪机、转塔式换刀装置、带材卷曲张力施加设备、张力卷取机等主要设备，通过集成创新，是该生产线具有自动化程度高、板材表面质量好、加工精度高、生产效率高等特点。

图2 系列数控板料开卷矫平纵剪生产线

3. 系列数控板料开卷矫平移动剪切生产线（图3）

由张力开卷机、粗/精矫平机、移动剪板机、伸缩式皮带输送机、连续落料码垛机等组成的开卷矫平移动剪切生产线，该系列产品主要有以下创新点：

1）自主研制了伺服驱动机架往复运动机构，并采用直线滚动导轨，提高了定位精度和剪切精度。

图3 系列数控板料开卷矫平移动剪切生产线

2）研制的可深弯下开式钢卷引头装置，是开卷过程中的钢板弯曲变形充分，内部应力得到释放，提高了板型矫正能力。

3）研制的钢板两组对辊双边轧延装置，对板材局部施加足够的轧制力，使板材横向内应力趋于平衡，有效改善板材波浪弯、镰刀弯等缺陷。

4）研制的切边机等距连杆齿轮转动机构，解决了切边刀距变化时齿轮中心距变动的问题，提高齿轮啮合精度。

5）采用液压下动式剪切方式和液压串联式油缸，结构简单、紧凑，故障率低，生产效率高。经省级鉴定，达到国际先进水平。两项新产品被认定为山东省重点领域国内首台套技术装备。

4. 25.4×3000 大型超宽数控板料开卷矫平剪切生产线（图4）

该生产线是对≤ 24.5 mm的中厚金属钢卷进行开卷、矫平、移动剪切、码垛等工序的加工，主要有以下创新点：

图4 25.4×3000 大型超宽数控板料开卷矫平剪切生产线

1）研制成功了国内最大规格开卷矫平移动剪切生产线。

2）采用了伺服控制同步移动，实现了移动剪切。

3）自主开发了开卷矫平移动剪切生产线的总线控制系统和交错式输送辊道。

4）集成应用了连续落料码垛技术、金属板卷对中装置、金属板卷铲头装置自主专利技术等。

该产品为国内外首条超宽热轧钢卷开卷矫平剪切生产线，经省级鉴定达到国际先进水平，被认定为山东省重点领域国内首台套重大技术装备。

三、数控新型直驱系列金切机床

1. 数控直驱铣镗床（图5）

（1）直驱传动，减少传动链，提高传动精度。

采用特别定制的大扭矩套装伺服主轴电机直接驱动主轴（图6和图7），取消了中间传动环节，简化了机械结构，实现了近零传动。具有以下优点：响应速度快、灵敏度高、随动性好；速度和位置精度高；传动刚度高；结构紧凑、可靠性高、维护简便；转矩—电流特性的线性度好；运动安静、噪声低。

（2）超短圆柱回转支撑，提高工作台支撑强度。

工作台采用超音频淬硬圆环导轨超短圆柱滚动回转支撑代替通常采用的非淬火铸铁导轨滚珠滚动回转支撑，增加了回转工作台接触刚性，提高了回转工作台承重能力（图8）。

（3）拖链内置，有效保护管路，提高机床外观质量。

采用了机床拖链内置技术，使X、Z向

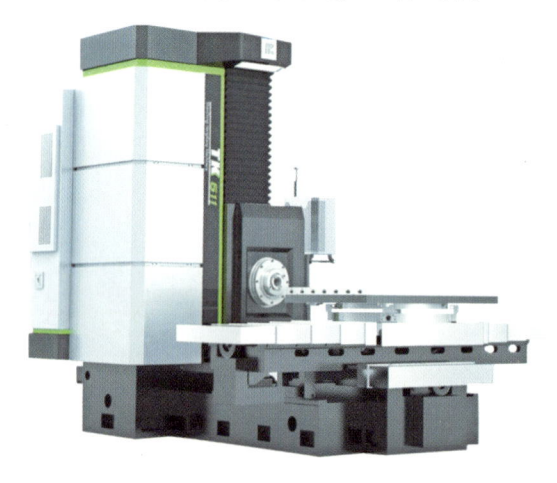

图5 数控直驱卧式铣镗床

传统的齿轮结构

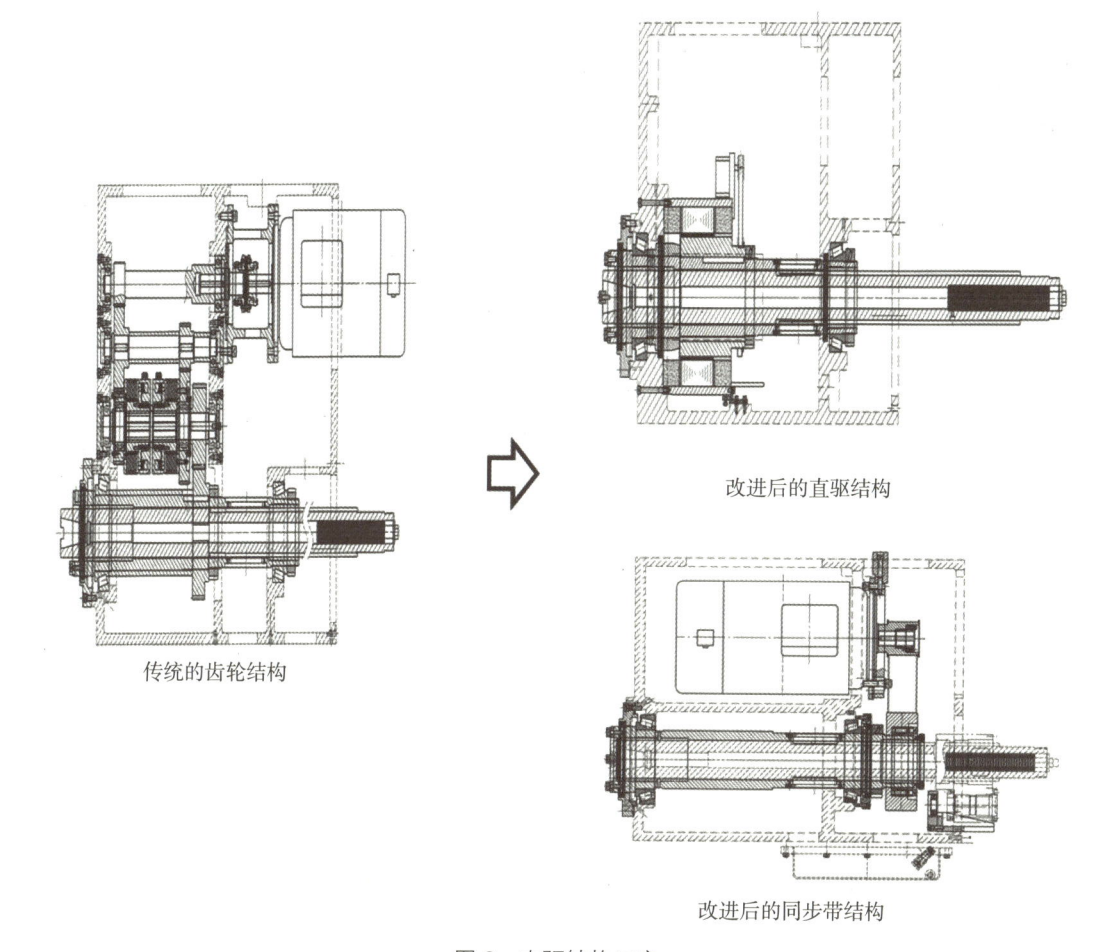

改进后的直驱结构

改进后的同步带结构

图6 直驱结构示意

（a）传统机床主传动机构　　（b）宏康直驱传动

图7 传统机床主传动机构与宏康直驱传动对比

41

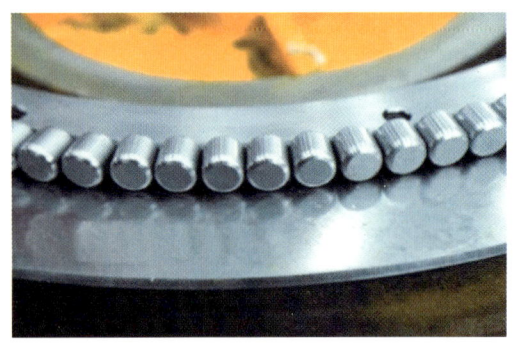

图 8 超短圆柱回转支撑

拖链内置到机床导轨不锈钢伸缩防护罩内部,保护了机床管路,美化机床外观。本技术已获得实用新型专利授权。

2. 数控立式加工中心(图 9)

(1)工作台直接在床身上做横向移动(X 轴),立柱做纵向移动(Y 轴)两轴进给互不影响,工作台长度尺寸得到延伸,能够有效解决用户加工过程中较长零部件的加工问题。

(2)采用动柱式结构,工作台直接与床身接触,不受其他工作单元影响,结构均衡,刚性稳定,承重能力好,解决了传统床身式极限位置承重能力不稳定的问题。

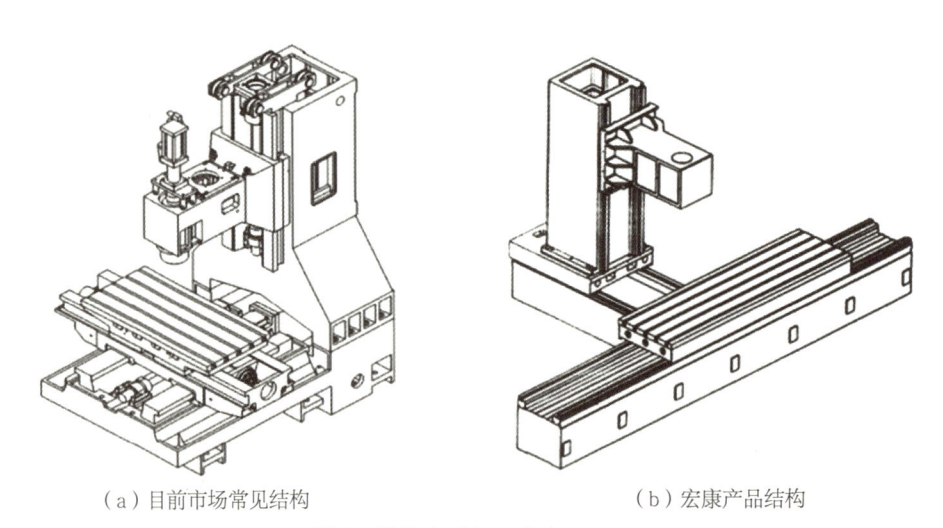

(a)目前市场常见结构　　　　　　(b)宏康产品结构

图 9 数控立式加工中心

(3)本机床配置刀库及自动换刀装置并采用卡爪式拉刀机构,结构简单可靠,同时提高了加工效率。整个刀库与立柱分离,减轻了立柱运行时的自身载荷,减小了设备振动量,提供一种运行平稳可靠、易于调整并能提高加工精度的立式加工中心的自动换刀装置。

3. 双工位加工中心

该类产品提供一种具有即可单独移动又可同步运行的两个工作台且生产效率高的双工位卧式加工中心。

在十立柱两侧设置了工作台1和工作台2，并通过一副床身导轨安装在X向床身上，两工作台分别与丝杠连接，两根丝杠平行设置在X向的床身上方，两个工作台分别装在两个滑座上，使两个工作台即可单独移动又可同步移动，操作方便，安全可靠，生产效率高，已进入小试阶段。

4. 数控龙门车床

（1）单龙门车床（图10、图12）。

采用龙门架代替传统车床的大托板，刀架及小托板倒挂于龙门架上，去掉了常见结构中的大托板横托板的阻碍，增大了加工棒料的直径范围，加强了对粗长轴的加工能力。由于龙门架支撑在床身和支撑壁上的水平导轨上，龙门架移动灵活，加工稳定可靠。本发明操控保养方便，制造及使用成本低，便于批量制造与推广。

（2）多龙门车床（图11）。

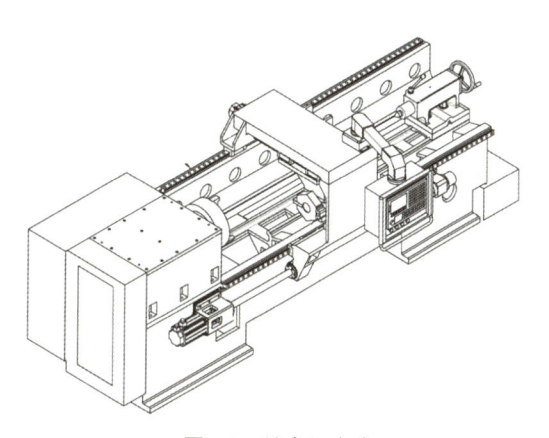

图10 单龙门车床

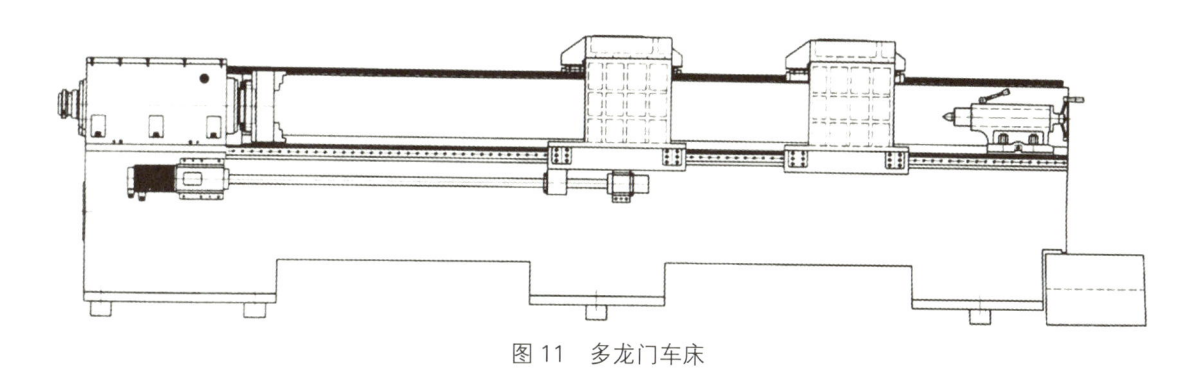

图11 多龙门车床

在床身的前侧或后侧装有支撑壁，在床身和支撑壁上的同一副水平导轨上安装有两套或两套以上龙门架和刀架机构，每套龙门架与床身之间安装有各自独立的龙门架进给装置，每套龙门架进给装置，通过各自的数控系统带动龙门架和刀架机构沿床身和支撑壁上的水平导轨横向移动，多通道的数控系统分别控制多个龙门架和刀架机构进行加工进给运动，大大提高了加工速度与整体的加工效率，缩减了加工时间，操控保养方便，制造及使用成本低廉,特别适用于较长工件的高效加工。

数控新型直驱技术已经应用于车铣复合加工中心的研发生产(图13)。

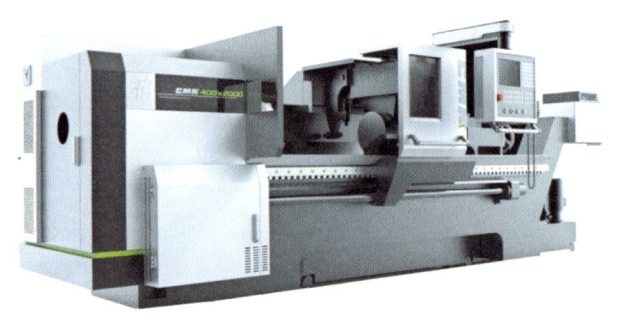

图12 数控龙门卧式车床　　图13 车铣复合加工中心

四、主要成果

主持并主稿制定了国家标准GB 26485-2011《开卷矫平剪切生产线安全要求》、GB 26486-2011《数控开卷矫平剪切生产线》国家标准,JB/T 10678-2006《板料开卷矫平剪切生产线》《锻压机械噪声限值弯管机中小型三辊卷板机噪声限值》《中小型三辊卷板机精度》等18项国家和行业标准。拥有70项国家专利和多项专有工艺技术,其中发明专利8项,实用新型专利62项。《25.4×2200大型中厚板精整成套设备》《(3-12)×2000开卷矫平移动剪切生产线》项目被列入国家重点新产品计划。开发的计算机控制金属板材矫平机、(17-65/75)×1650型精矫机被科技部列为国家级火炬计划项目。2项产品被认定为山东省重点领域首台(套)技术装备,1项产品被认定为山东省重点领域首台(套)重大技术装备,2项产品被认定为中国工业重大技术装备首台(套)示范项目。

数控直驱系列金属切削机床产品家族已经有数控直驱系列铣镗床、加工中心和数控车床三大类,拥有3项发明专利、31项实用新型专利。

五、展望

1. 系列化数控材料开卷矫平剪切生产线

数控弯管机国产化数控系统,开卷矫平剪切生产线和大型三、四辊卷板机等20多个品种、200多个规格的高新技术产品,产品数控化率达80%。产品不仅能替代进口,还出口到韩国、美国、西班牙、乌克兰等国家。该项目列入万台数控机床应用国产数控系统国家数控机床科技重大专项计划和超高强热轧钢板冷态强力矫直技术合作研究科技部国际科技合作重大专项。

2. 新型结构的系列数控直驱金切加工机床

采用大扭矩套装伺服主轴电机直接驱动主轴，取消了中间传动环节，简化了机械结构，实现了近零传动，具有响应速度快、灵敏度高、随动性强、刚性好、易维护等特性。

该项目技术和产品符合机械产品数字化、智能化、成套化的发展趋势，是我国钢铁冶金、汽车、工程机械、石化、海洋工程装备、家电、物流配送等行业需要的绿色、智能、低碳的关键工艺装备，应用前景广阔。

案例 6
大型零件数字化加工技术与装备

威海华东数控股份有限公司

我国在大型精密高端制造装备方面核心技术较缺乏，在高速、高精、多轴、复合、大型、重型数控机床及功能部件等高端装备严重依赖进口。因此，要从装备制造业大国向强国迈进，我国装备制造产业必须在大型零件数字化加工技术、关键零部件与加工装备方面有所突破，促进大型、精密数控机床向高精度、高效率、高自动化、智能化方向发展。

一、导言

装备制造业是我国国民经济的战略性产业，是产业结构调整、优化升级和持续发展的根本手段和基础产业，装备制造企业提供的产品水平和性能，不仅代表自身国际竞争能力的高低，同时也决定各产业国际竞争能力的强弱。

数字化加工技术与装备是先进制造技术、信息技术和智能技术在装备产品上的集成和融合，数字化加工技术与装备的水平已经成为当今衡量一个国家工业化水平的重要标志。数字化加工技术与装备的主要特征是成套、技术先进、智能化程度高、综合性强、设计工艺制造的高难度、高质量，是体现装备制造业综合实力，关系到国家工业化、国防现代化的基础工业。主要服务于我国能源、交通、冶金、化工、航空、水利以及国防工业等国民经济各部门。目前美国、德国、日本等少数发达工业国家在大型精密高端制造装备方面具有国际领先水平，我国在高端装备、关键零部件和高档数控系统等领域严重依赖进口，因此，要从装备制造业大国迈进装备制造业强国，我国装备制造产业必须在数字化加工技术与装备方面有所突破。

威海华东数控股份有限公司的主导产品有数控龙门镗铣床系列产品、数控龙门导轨磨床系列产品、数控落地铣镗床系列产品、数控立车、数控立、卧加工中心、数控龙门导轨磨床、平面磨床、内外圆磨床及大型、重型、特大型、特重型数控机床等9大系列360多种规格品种的产品。

该技术中心2007年被认定为省级技术中心，2010年获批成立山东省镗、铣、磨工程技术研究中心，2011年获批成立山东省大型精密数控机床工程实验室，拥有山东名牌产品3项，"HDCNC"商标被评为山东省著名商标。公司共获授权专利120项，其中发明专利30项，软件著作权3项，共有60项新产品通过了省级技术鉴定。多项产品获得省、市科技奖励，其中BZM650博格式轨道板专用数控磨床获得山东省科技进步二等奖，RF-CNC50/160六轴数控滚齿机获得2012年山东省科技进步三等奖。

二、关键智能部件实施方案及先进性

1. 实施方案

（1）自动上、下料功能部件（图1）。

数字化加工装备上、下料采用自动方式，装卡工作站的上、下料功能部件包括底座、托盘卡盘、弹簧卡紧油缸、托盘驱动电机、托盘交换液压缸等，通过托盘交换油缸动作将托盘交换至物流自动引导小车。

当装夹工作站工件装夹完成后，输入装夹完成指令，物流自动引导小车运行到指令装夹工位，托盘卡盘上的弹簧卡紧油缸放松，托盘交换液压缸动作将托盘交换至物流自动引导小车，实现车间自动上料；当工件加工完成后，物流自动引导小车按相反动作流程，将托盘交换至装夹工位，实现自动下料。

（2）刀具（附件）自动交换系统（数控双柱立式铣车中心）。

在机床的右侧地基上安置了一套刀具（附件）自动交换系统（图2），附件库可用于4个不同的附件铣头；而刀具库托盘可放置60个ISO50的刀具。托盘系统由一副钢制外罩保护，以防灰尘、铁屑或冷却液的进入。在刀具和附件头的自动更换过程中，钢制外罩能够自动地开启和关闭。

刀具库托盘系统的转动由一个伺服电机来驱动，这个伺服电机则通过数控系统来对刀具系统进行操纵管理。换刀时，通过数控系统控制程序指令，机床滑枕运动到换刀点原点，滑枕将刀具放回刀具库托盘的空刀位上，滑枕内的拉刀装置释放，滑枕复位，数控系统指令伺服电机运动，将目标刀具转动至换刀点，滑枕向下运动至换刀点，自动抓取刀具。

本机床滑枕基于可换头技术设计，通过数控系统控制程序指令，机床的滑枕运动至各个附件头换头位置，滑枕自动选取各主轴头，通过液压－机械锁紧系统锁紧并装卡于工作位置。

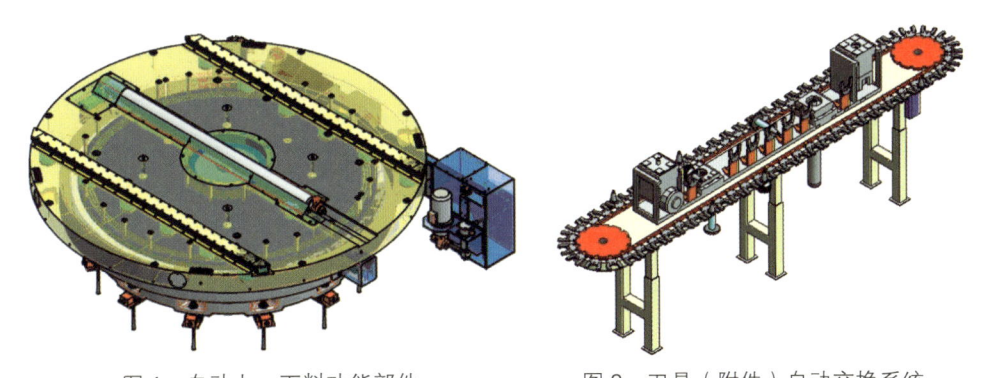

图1　自动上、下料功能部件　　　　图2　刀具（附件）自动交换系统

（3）刀具自动交换系统（数控落地铣镗中心）。

刀具自动交换系统为立卧两用链式结构（图3），安装在立柱左侧，通过换刀机械手实现刀具交换，刀库容量为60把。机床数控系统具有程序预读功能，刀盘将下一程序语句所需的刀具提前运动至换刀点，换刀时，通过数控系统控制程序指令机床滑枕运动到换刀原点，机械手将机床主轴上的刀具取下，运动至刀盘侧换刀点位置，机械手动作实现刀具交换。

49

(4)附件头自动交换系统(铣镗中心)。

在机床工作台旁边设置有附件头库,可容纳4个附件头,本机床滑枕基于可换头技术设计,换头时,通过数控系统控制程序指令,将机床滑枕运动至各个附件头换头位置,滑枕自动选取各主轴头,通过液压-机械锁紧系统锁紧并装卡于工作位置(图4)。

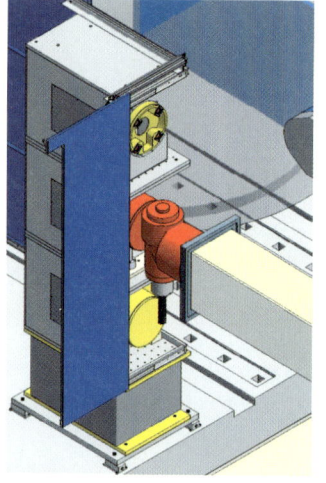

图3 刀具自动交换系统

图4 附件头自动交换系统

(5)数字化加工设备数控系统(图5)。

本数字化加工设备数控系统由一个服务器、两台工业交换机、各机床及自动检测装置的数控系统组成,服务器置于中央控制室内,通过硬件防火墙与内部局域网相连,工业交换机与各机床的连接采用工业以太网进行连接。网络结构采用星型结构,星型结构的连接方式易于扩展网络节点,且不会因为单台设备的故障而影响整个网络通讯。通过MES/ERP网络化系

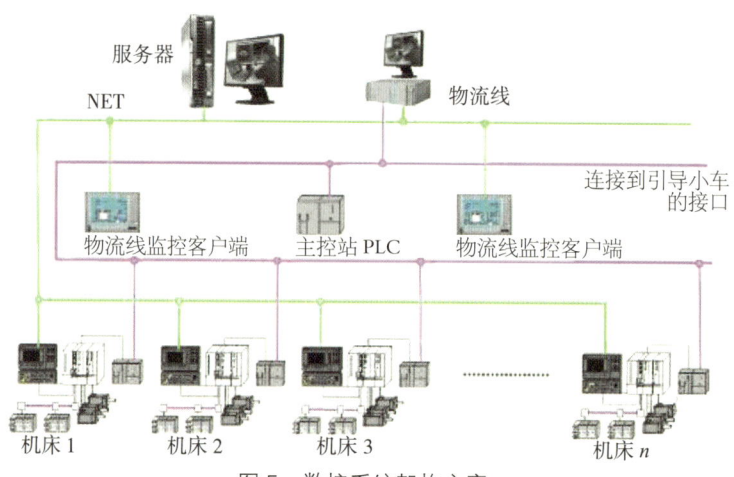

图5 数控系统架构方案

统管理软件，对各机床、自动检测、自动清洗装置、物流自动引导小车进行控制，完成部门间精确传递生产信息，以及生产现场数据采集和在制品管理。

（6）物流自动引导小车。

托盘转送采用物流自动引导小车实现（图6），运输车安装了托盘驱动系统及运输车驱动系统，有轨式物流自动引导小车沿着公共运输通道与6台加工及清洗装置、自动检测装置并列布置，可将装卡工位的毛坯件运输至机床，或者将加工完成后的工件运输到清洗、检测、停放和卸货的工位。

物流自动引导小车采用双伺服电机经精密减速机驱动齿轮齿条传动，双伺服电机采用主从控制及电子预加载技术来消除传动间隙，确保物流自动引导小车运行可靠。

（7）智能托盘识别系统。

在PES-100数字化加工车间中，采用工业无线射频技术（RFID）进行托盘识别。无线射频技术是一种非接触式的自动识别技术，包括读写器和编码盘（图7）。与常规条形码识别方式相比，RFID技术具有防水、防油、防磁、耐高温、使用寿命长、读取距离大、存储容量大且存储信息更改自如等优点，能在油渍、潮湿、灰尘等恶劣条件下使用。

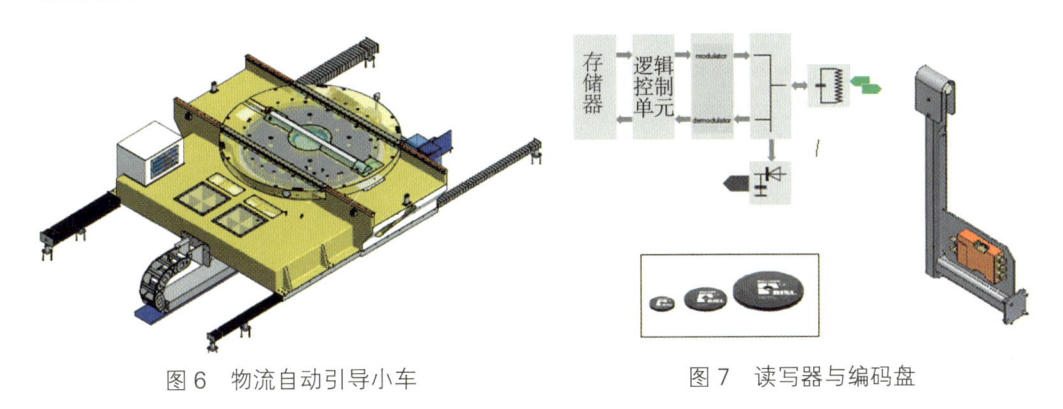

图6 物流自动引导小车

图7 读写器与编码盘

在每个托盘上沿180°对称安装有两个编码盘，在每个工位和物流自动引导小车及测量设备上都安装有读写器，建立数据转接站，主要完成接收服务器和上位机接口发送过来的产品类别数据、托盘的ID信息获取（包括：托盘编号、托盘上工件类型、工件加工状态等）。在托盘到达装卸和各加工检测区域设置的定位点，托盘标签激活并将该区域的地址代码下发，同时根据任务设置需要改变托盘标签的状态。

空托盘进入装卸工作区域后，托盘到达定位点后标签就被激活，并与读写器建立数据通信，报告自身的ID及所在位置，装载待加工产品后将已知的产品类别信息传输给读写器，由读写器将货物类别数据叠加给托盘标签，物流自动引导小车按服务器要求将此托盘运出后，再进行下一个托盘的工作。携带待加工产品的托盘根据服务器的要求被运送到各加工位置或是检测位置，托盘标签再次被激活并接收地址码，并与安装在加工设备上的读写器建立数据通信，报告自身ID、所载货物类别等信息，由控制系统进行比对确认，无误后进行此工序的加工任务或是检测任务。此工序完成后，由此设备上的读写器负责整合数据信息，以备计数统计、查询和处理。则直接进入到下一道工序。

在下一道工序上，托盘被转换到托盘装卸区，托盘上的成品工件被卸下后，此区域的定位传感器再次将托盘标签激活并直接将标签的状态恢复成原始状态（除标签自身ID外不携带任何信息）。

管理中心可以在任何时间获知某一托盘的位置、状态和运输工件的类别，同时还可以通过后台数据统计出库存、流水、生产数量及效率。所有数据都会记录保存在服务器中，可详细的查询历史记录，实时了解情况。

（8）在线自动检测装置。

该设备的在线自动检测装置为三坐标测量机，作为数字化加工车间的一个工位，三坐标测量机配备自动上、下料功能部件。采用移动龙门式高架结构设计，可自动更换探针，完成各种箱体类、自由曲面零件和复杂形状零件的测量与分析。实现在线检测时，首先要在计算机辅助编程系统上自动生成检测主程序，将检测主程序由通信接口传输给三坐标测量机，通过G31跳步指令，使测头按程序规定路径运动；当测球接触工件时发出触发信号，通过测头与数控系统的专用接口将触发信号传到转换器，并将触发信号转换后传给三坐标测量机的控制系统，该点的坐标被记录下来；信号被接收后，三坐标测量机停止运动，测量点的坐标通过通信接口传回计算机，然后进行下一个测量动作；上位机通过监测CNC系统返回的测量值，可对系统测量结果进行计算补偿及可视化等各项数据处理工作。

在线自动检测装置具有以下功能模块（图8）：①测量主程序自动生成模块。主要完成零件待测信息的输入，生成检测主程序；②数据处理模块。对测量点坐标进行补偿，完成各

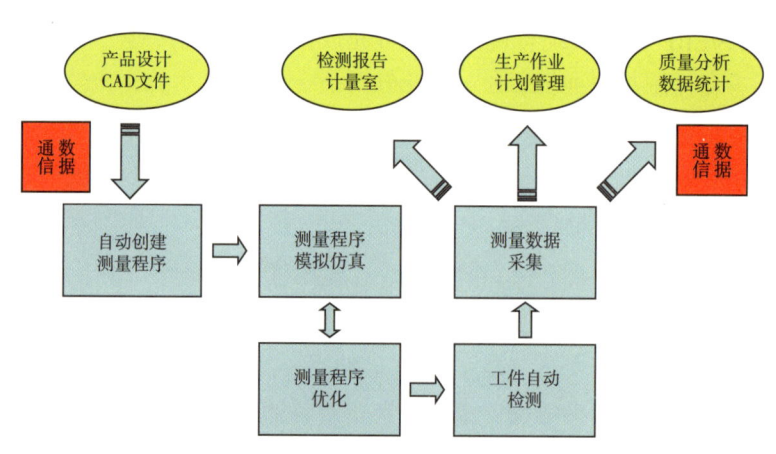

图8 在线自动检测装置功能模块

种尺寸及精度计算。通过打开测量结果数据文件，获得测量点坐标信息，经过相应的运算过程最终得到所测值。③通信模块。完成主程序与被调用宏程序的下载及测量点坐标信息的接收，测量数据的上传。

（9）智能传感器。

该设备使用大量智能传感器，从功能方面主要分以下 4 种：

1）一体式磁栅测量系统。物流自动引导小车的位置检测通过一体式磁栅测量系统实现，一体式磁栅测量系统与物流自动引导小车轨道集成为一体，磁栅尺贴装在直线导轨上，读数头随线轨滑块一起运动。本物流系统物流自动引导小车轨道全长为 108 m，磁栅的精度等级为 ±5 m/1000 mm，物流自动引导小车定位精度为 0.02 mm/1000 mm，全长 0.2 mm，重复定位精度为 0.015 mm。

2）流量传感器。加工设备所有静压导轨均采用恒流式静压导轨，静压导轨油流量通过流量传感器在线监测，当流量低于额定值时，传感器发出预警信号。

3）压力传感器。加工设备所有静压导轨静压油及液压传动部分液压油压力均采用压力传感器进行监测，当压力低于设定值时，传感器发出预警信号。

4）温度传感器。由于发热引起的温升，会导致加工设备产生热变形，而影响加工精度。为保证机床具有稳定的加工精度，本数字化车间所有加工设备静压导轨静压油温均采用外置温度传感器配合油冷机控制（图 9），确保油温与基础部件温差始终保持在 ±1℃范围内。

图 9　温度传感器、油冷机

2. 先进性

（1）实现 MES/ERP 管理系统有机结合。可完成部门间精确传递生产信息，以加强企业生产现场数据采集和在制品管理，实现可视化管理。

（2）成功构建 MES 网络化管理系统。可实现自动化托盘上下料、托盘在线数字化跟踪及生产过程实时监控；可实现加工参数优化，具备设备故障自动预警功能。

（3）规格最大、结构最复杂、精度最高的数字化加工车间。最大加工能力为 4 m×4 m×3.5 m，托盘数量 35 件，托盘直径 φ3500 mm，载重 50t，托盘重复定位精度 0.015 mm。

（4）工艺柔性大。能满足风电设备行业大、中型精密箱体类、盘套类、异型结构件类等多品种复杂零件的批量加工生产，在工件一次装夹后，可完成车、铣、钻、镗、铰、攻丝和轮廓、空间曲面的加工。同时也可用于机械制造行业类似零件的批量生产。

（5）可实现多品种零件均衡性混流生产。加工设备可实现单机或群控运行模式，具有 3

种工艺并行，5类零件混线加工的任意组线控制。

（6）针对风电机组关键部件如轮毂、齿轮箱等典型零件，建立了一套合理的工艺方案评价体系，并对加工参数进行了优化，提出了合理的典型零件加工方案。

三、主要应用领域

1. 能源行业

可用于1.5～5MW风力发电机组变速箱箱体、轮毂、行星轮架、轮毂、齿轮箱、塔架连接、转矩支撑座等关键零件的自动化加工（图10）。目前，生产最多的齿轮箱风力发电机组，由于其结构复杂，完成各种部件的制造需要不同机床设备进行加工。如风机的变速箱，主要由箱体、行星轮系和变速机构等组成。首先是风机变速箱体，它属于大型箱体，根据发电量的不同，直径在2～3m，大部分为分体结构。加工时需要镗杆直径为160～200mm的数控落地铣镗床，加工精度要求较高，目前风机制造企业对此类机床的需求主要仍依靠进口。其次是风机轮毂，轮毂加工需加工部位可分为主轴系与叶片孔系两部分。为了得到最优的投入和产出比，采用数控立式车铣中心与数控落地镗铣中心组成的柔性制造线来加工是较为理想的选择。

图10 重型箱体类零部件加工制造

2. 机械制造行业

主要用于机床主轴箱、齿轮箱箱体的批量精密加工（图11）。机床主轴箱及齿轮箱箱体是机床的重要部件，最大的加工难度为多孔系的精密加工，孔系的加工精度直接影响机床的整体性能。采用数控立式车铣中心与数控落地镗铣中心组成的柔性制造线来加工是较为理想的选择，可实现变换一次装夹来完成所有平面及孔系的精加工。

图 11 大型复杂机械零部件加工制造

四、展望

"十二五"期间将重点发展面向航空航天、船舶、发电设备制造业需要的重型、超重型数控加工机床，多轴联动及复合加工机床，高速及高效加工机床，大型、精密数控机床等，向高精度、高效率、高自动化、智能化方向发展。因此，未来大型零件数字化加工设备将具有以下几个特点：①高速、高效、高精度、高可靠性；②模块化、智能化、柔性化、集成化；③开放性。

案例 7
智能化油缸加工生产线

山东普利森集团有限公司

油缸广泛应用于挖掘机、装载机等工程机械和其他机械装备，目前国内生产厂家多采用传统的加工方法，配备锯床、倒角机床、数控车床、深孔镗床、钻床、外圆磨床、环缝焊接机等设备，单人单机多工序生产，效率和精度较低。智能化油缸加工生产线采用机器人及数控系统，自动完成工件的传送、上料、加工、下料、检测等，实现了油缸的智能化自动加工。

一、导言

山东普利森集团有限公司设有省级企业技术中心、山东省深孔加工工程技术研究中心、山东省工业设计中心。主导产品有大中型普通车床、数控车床、重型机床、深孔加工机床等共400多个品种，700多个规格。其中深孔类机床按加工方法不同有深孔钻、镗、滚压、珩磨等不同类型，加工直径最小 $\phi 1.5$ mm，最大达 $\phi 1000$ mm，加工深度已达 18 m，市场占有率达 75% 以上；公司年生产各类机床能力达5000余台，为航空航天、汽车、模具、矿山、工程机械、风电核电、大型水利等行业提供了大量优质装备。

二、智能化油缸加工生产线

1. 油缸加工存在的问题

油缸按照用途分主要分两大类：工程油缸和煤机缸，工程油缸主要应用于挖掘机、装载机等工程机械上，煤机缸主要应用于矿山液压支柱，油缸加工精度IT7～IT9，工序复杂，需要多种机床配合加工，目前国内生产厂家都采用传统的加工方法，配备锯床、倒角机床、数控车床、深孔镗床、钻床、外圆磨床、环缝焊接机等设备，人工操作，单机生产，这种情况存在以下问题：

（1）每个设备旁边均设置料区，都需要配备吊具，占地面积大，车间利用率低，不利于现场管理。

（2）每台设备都需要工人进行操作，用人多，成本高。

（3）质量不稳定，很多精度靠人的技能保证。

（4）无法确定车间的产能，无法精确确定每个油缸的完成时间。

（5）零件需要人工中转，效率低。

要提升国内缸套、轴类零件加工的自动化水平，必须在提高国产数控装备单机和功能部件质量水平的同时，提高成套化、智能化水平核心技术能力。

2. 智能化设计方案

智能化油缸加工生产线用于工程油缸、煤机缸的自动加工，采用机器人自动完成工件在各个工序间的传送、上料、加工、下料。生产线上主要配置机器人、内孔、外圆的粗、精加工设备，设备的选择，根据具体零件的加工要求进行配备。生产线上机床均配备刀具检测装置、每次加工前自动检测刀具破损情况、确保加工尺寸稳定，采用以上办法，可以实现液压油缸的自动机械加工，生产节拍12～15分钟/件，可以实现自动化上下料和均衡化混流生产，通过工业以太网实现设备的互联与集中监控，基于信息技术构成集成化的车间现场管控系统提升国内缸套、轴类零件加工的自动化水平。特别适用于批量零件的加工，不适合单件生产。

生产线主要配置平端面倒角数控车床、深孔刮滚机床、数控车削加工中心、四孔钻床、外圆磨床、检测设备、机器人及控制系统等，选配扫描仪、打码机。生产线具有柔性，可以加工其他种类的油缸，也可以满足生产线内机床设备加工工序的零件，而不只局限于油缸。

生产线配集中冷却润滑、铁屑处理系统。

3. 智能化油缸加工生产线主要结构及布局（图1）

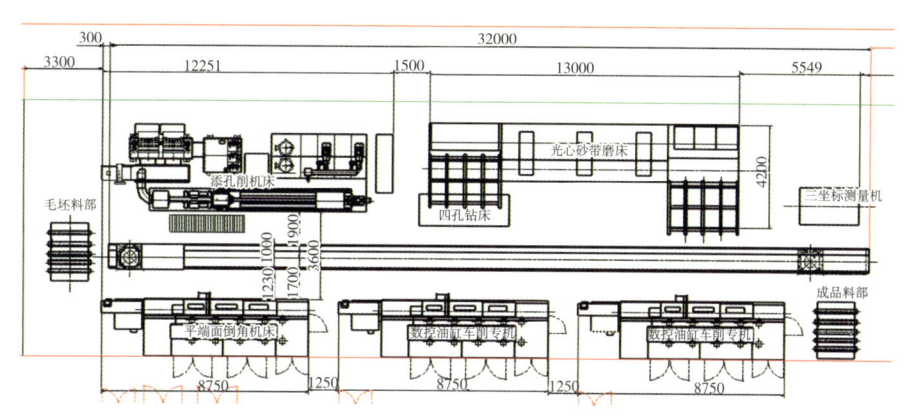

图1 智能化油缸加工生产线结构布局示意

整体布局为：中间为机器人用床身，上面镶装直线导轨，机器人及拖板可以在导轨上快速移动，移动速度可达 30 ~ 60 m/min，机器人及拖板传动为齿轮齿条传动，以实现工件在工序间的快速传递，机器人床身一端为毛坯区，一端为成品区，机器人床身两边分布加工机床，机床按照加工工序顺序排列（图2和图3）。

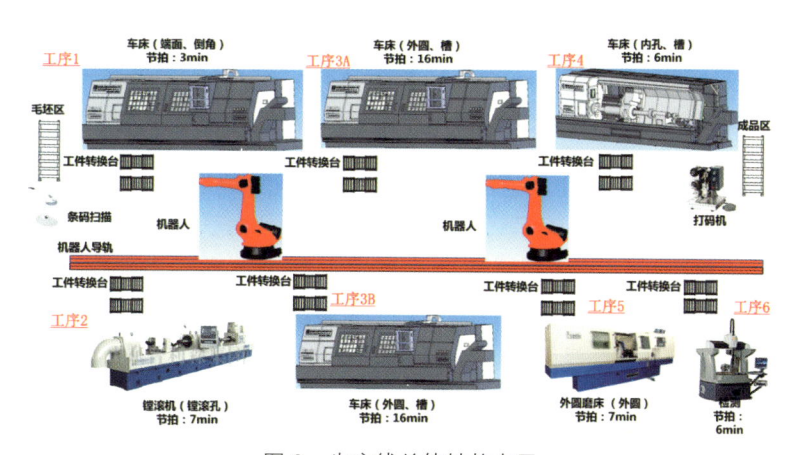

图2 生产线总体结构布局

根据项目需要，该自动化系统由以下部分组成：

（1）机器人系统。由机器人本体、机器人基座、机械手、移动上下料台架、铁屑去除和收集装置等组成。负责各机床的上下料和工件的去屑、移动。

（2）轨道装置。由基座、导轨、齿条系统、伺服电机等组成，负责驱动机器人在各工位间的移动（图4）。

（3）电气控制系统。由PLC、运动控制器、工控机、传感器、低压元件、电控柜等组成，负责系统全部的供电、检测、逻辑控制和运动控制等。同时也包括网络通讯的硬件软件、实现上位和远程编程、调试、监控及故障处理等功能。

（4）安全防护系统。由安全指示灯以及安全护栏、安全门等组成。实现工作区的全封闭控制，确保人员和设备的安全生产。

（5）辅助系统。在本系统中由固定上下料台架、刀具检测系统、元件质量检测系统、打码读码系统等组成。所有辅助系统都与电气控制系统相连，实现中央工艺控制和信息化。

①工件置料架
②外围磨床
③镗滚机
④6640机器人
⑤行走机构

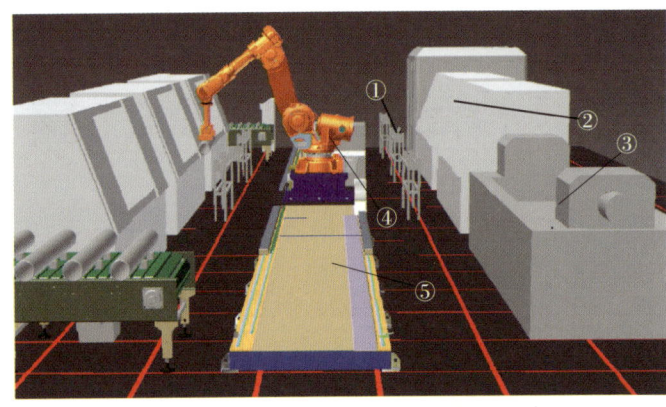

图3 生产线轴测

图4 机器人导轨示意　　图5 油缸缸体智能化自动生产线

4. 数控技术关键及主要创新点

（1）采用混流生产中的工件识别技术，实现自动化上下料和均衡化混流生产，通过工业以太网实现设备的互联与集中监控，基于信息技术构成集成化的车间现场管控系统。

（2）刀具与工件尺寸在线自动监测技术，确定刀具磨损破损情况，对工件关键尺寸进行测量。

（3）采用机器人V字型上料基准料架，解决机器人上料基准问题，机器人可以将毛坯料顺利地装在机床卡爪上并且与卡盘端面靠齐。

（4）智能化油缸加工生产线为油缸加工的柔性制造提供了依据，降低了劳动力，实现了油缸加工的智能化、规模化生产（图5）。

（5）关节机器人通过与机床的信号交互运送毛坯和缸筒，并且通过监测系统对缸筒质量做出判断。

（6）多任务数字化集成控制系统完成了机器人和机床的信号采集、分析和处理，生产情况能够以报表的形式打印和保存。

5. 产品工艺总结及关键工艺验证

根据本机床的工艺方案，关键件工艺放在重要位置，充分利用现有的德国瓦德利希龙门导轨磨、德国MD5IT-4A车削中心、瑞士Stude磨床、德国CW1000卧式加工中心、俄罗斯落地镗铣床、意大利DEA三坐标测量机等具有国际先进水平的加工检测设备确保产品质量以公司多年积累的工艺经验为基础，充分利用现有设备、工装、检测手段，并将先进的工艺攻关成果和科学技术纳入工艺资料。其工艺措施如下。

（1）机械加工工艺。

1）工艺编制严格贯彻国家新标准，在选用加工机床时，配以与零件相适应的机床，并注意经济性、高效性。

2）对于主要零件的每一项精度要求，在工艺上都采取了可靠工艺措施和工艺装备，确保关键件加工实施最佳方案。

3）关键件加工。①主轴加工：充分利用我公司先进的成组技术，运用典型化系列化工艺规程，缩短了工艺资料编制及加工生产周期，同时为精度稳定提供了可靠保证。②主轴箱体加工：主轴箱孔精度高，为了保证箱体加工精度，半精加工在进口俄罗斯落地镗铣床上进行，孔、端面以及各螺孔一次装夹加工完成，主轴孔的精加工在进口坐标镗上进行。③床身、拖板加工：在充分时效的基础上，粗精基准分开，粗精加工分开，确保导轨加工精度。

（2）装配工艺。

按深孔加工机床产品质量分等规定中一等品的要求装配，在试制前准备了装配工艺卡片，关键部件的检查记录，整机调试检查记录。对关键件的精度有 20% 的储备量，对床头箱主轴系统、纵、横向进给系统装配工艺都采取了切实可行的措施。

1）基础大件导轨精度是机床精度的根本保证，针对该机床大件超长的特点，采用各种必要的工艺手段，配备各项检测工装严格控制装配精度。

2）主轴箱部件综合精度是影响工作精度的关键，必须以可靠的装配手段达到上述要求，主轴组件必须进行静平衡，主轴与主轴轴承、轴承与壳体选择最佳配合，主轴预紧量应严格控制，确保主轴精度。

（3）热处理工艺。

零件热处理总的工艺原则，是采用成熟的国内先进热处理工艺和热处理经验。①执行国家热处理新标准，需热处理的零件，从硬化层深度的均匀性和金相组织都严格把关。②根据机械加工进度，对关键件的工艺提前做好准备以确保关键零件的合格率。③以公司的热处理设备，充分利用现有的成熟工艺经验，降低热处理成本，缩短生产周期。

（4）工艺试制总结。

通过智能化油缸加工生产线的试制生产，进一步提高了高效率机床的生产经验，也验证了工艺的合理性、可行性，经验证工艺文件完整、正确，能指导生产，为批量生产做好了必要的准备。

6. 与同类产品性能及价格比较

该生产线为国内第一条智能化油缸加工生产线，性能指标和技术参数与意大利 INTERPUPP 相关产品比较见表 1。

表 1　与同类产品性能价格比较

项目 \ 厂家	意大利 INTERPUPP	山东普利森集团有限公司
生产节拍	20 分钟/件	12 分钟/件
加工精度	IT7～IT9	IT7～IT9
混流生产	有	有
刀具自动在线检测	有	有
价格	约 300 万美元	1100 万人民币

从表 1 可以看出，本产品从加工效率和加工精度、性能与意大利 INTERPUPP 机床相当，生产线配置合理，具有很好的性能价格比优势。

7. 技术质量效果

智能化油缸加工生产线是国内第一条油缸缸体智能化自动生产线，该项目的研制成功不仅可以提升国内缸套、轴类零件加工的自动化水平、促进功能部件的核心技术研发，还可以提升国产数控装备整体水平及国际竞争力，将对机械行业智能制造起到引领作用。

产品标准化程度达到90%以上，降低了制造成本，在缩短设计周期，减少工艺文件的编制和工装的设计制造，简化生产管理，提高劳动生产率及提高产品质量等方面，都有显著的经济效益。主要技术指标如表2所示。

表2 智能生产线主要技术指标

指　　标	参　　数	指　　标	参　　数
加工直径范围	60～250 mm	生产节拍	12分钟/件
加工长度范围	500～2000 mm	加工精度	IT6～IT7
机器人动作速度	2 m/s	ERP集成功能	有
机器人最大抓取重量	165 kg	刀具自动在线监测	有
机器人移动速度	24 m/min	故障自动预警	有
关键智能部件占有率	近70%	远程诊断	有

智能油缸加工生产线可以有效地提高生产率，大幅度地提高加工精度，有效地节省人工成本和生产成本。该生产线具有的示范效应：

（1）自主研发国内第一条油缸缸体智能化自动生产线，实现自动化上下料和均衡化混流生产。

（2）通过工业以太网实现设备的互联与集中监控，基于信息技术构成集成化的车间现场管控系统。

（3）提升国内缸套、轴类零件加工的自动化水平。

（4）项目的成功研制将会在该类零件自动化生产线加工起到示范作用。

三、主要成果

公司近3年已承担完成省级技术创新项目27项，均通过省级鉴定，深孔类产品TK21100、TZK25、智能化油缸加工生产线等9项达到国际先进水平，其他产品多数达到国内领先水平。公司是深孔类加工机床国家行业标准编制单位，制订了多项深孔加工机床标准，其中主持制定的行业标准12项，2项已发布实施，2项已发布。

（1）已发布实施的行业标准：① JB/T 6088.01-2006《深孔钻镗床第1部分：精度检验》；② JB/T 6088.02-2006《深孔钻镗床第2部分：技术条件》。

（2）已发布的行业标准：① JB/T 11579.1-2013《小型数控深孔钻床第1部分：精度检验》。② JB/T 11579.2-2013《小型数控深孔钻床第2部分：技术条件》。

拥有授权专利91项，其中发明专利8项。2011—2013年有27项产品通过省级鉴定，其中12项获得成果奖励。

四、经济效益和社会效益分析

生产线主要配置机器人，内孔、外圆的粗、精加工设备，配备平端面倒角数控车床1台、深孔刮滚机床1台、油缸加工车削中心2台、四孔钻床1台、外圆磨床1台、检测设备1台、机器人及控制系统等1套。生产线选配集中冷却、铁屑处理系统。不同的零件加工生产线设备有所区别，设备的选择是根据零件的加工特点配备的。

根据市场需求分析及预测，以汽车前置油缸加工生产线为例，一条生产线的购买价格小于1200万元，比购买意大利品牌的深孔刮滚机床（1400万元/台）价格还要低。对于油缸加工企业而言，该生产线为智能化油缸加工生产线，作业区内无人看守，极大地节约了用人成本，加工精度靠设备保证，不再依靠工人技术水平，减少人为因素的影响，保证了加工的质量稳定性，生产线加工效率高，12～15分钟/件，具有非常可观的经济效益。

工业化和信息化的深度融合正在促进制造业由传统制造向数字化、智能制造转变。智能化油缸加工生产线项目的研发对于促进加工机械装备的数字化、网络化、智能化、绿色化有一定示范作用，对促进我省装备制造业转型升级具有重要意义。

五、展望

该项目的研制成功，不但可以提升国内缸套、轴类零件加工的自动化水平促进功能部件的核心技术研发，还可以提升国产数控装备整体水平及国际竞争力，项目的成功研制将会在机械加工行业起到引领作用。自动加工生产线符合当今制造业发展的趋势，满足油缸生产厂家转型升级的需求，能为油缸生产厂家和主机生产厂家创造相当可观的经济效益和社会效益。

综上所述，该生产线功能性强、造型美观、工作可靠，能够满足国内外用户的要求，具有较好的性能价格比和市场前景，有较高的经济效益和社会效益，属于转型升级产品的范畴，能够为工程机械、煤炭机械等行业的大批量油缸生产带来丰厚的经济效益，具有广阔的市场前景。

案例 8
汽车纵梁柔性制造数字化车间

济南铸造锻压机械研究所有限公司

国内汽车纵梁加工中通用设备多，关键成套设备少，高端装备依赖进口。自主研发汽车纵梁柔性制造所需的智能成套设备，对提高我国汽车产品的技术水平和制造质量有重要意义。汽车纵梁柔性制造数字化车间由数控辊压生产线、机器人等离子切割生产线等 17 套主要设备组成，实现了汽车车架纵梁的柔性、高效、精益、绿色、智能化混流生产。

一、导言

济南铸造锻压机械研究所有限公司成立于 1956 年，是原机械工业部所属国家一类科研院所改制成立的国家高新技术企业，隶属于中国机械工业集团有限公司。拥有部级唯一的机械工业铸造装备工程研究中心和山东省铸造机械装备工程技术研究中心、机械工业高端数控锻压装备工程技术研究中心、国家数控成形冲压装备产业技术创新战略联盟等科技创新平台。其核心技术围绕六大产业技术发展方向，包括清洁高效绿色铸造成套装备、高档数控开卷校平生产线、数控冲剪折设备、高端汽车纵梁成套装备、数控激光加工设备等。

二、汽车纵梁柔性制造数字化车间

汽车制造业是国民经济的重要支柱产业之一，2012 年我国汽车产销量近 2000 万辆，其中卡车、中大型客车等商用车占有 1/4 的份额，是世界第一汽车大国。但是，我国汽车工业更多居于全球汽车供应链的低端，国产整车出口全年仅有 105.6 万辆，亟待提高核心竞争力，实现由大到强的转变。

汽车装备制造业的技术水平决定了汽车产品的技术水平和制造质量，以汽车纵梁加工为例，国内中低档设备多、中高档设备少，通用设备多、关键设备少，单一设备多、成套设备少，高端装备依赖进口，迫切需要研发汽车纵梁柔性制造装备等汽车制造领域所需的智能成套设备，以满足先进的汽车产品制造的需求，为我国汽车业由大到强的转变提供装备支撑。

1. 数字化车间概况

汽车纵梁柔性制造数字化车间项目是为国内汽车厂研制，适应当前汽车制造业多品种小批量生产模式，主要用于中重卡、部分轻卡和大客车车架高强度 U 型纵梁的制造。

项目设计由数控辊压生产线、机器人等离子切割生产线等 17 套主要设备组成，占地面积 16000 m^2，通过配置自动输送系统、辊道系统、上下料系统、智能识别系统、在线检测装置及 MES/ERP 管理系统，实现了汽车车架纵梁的柔性、高效、精益、绿色、智能化混流生产。项目总投资 1.2 亿元，其中数控设备投资 9000 余万元，智能化装备及系统投资 3000 万元。

汽车制造业需求正从大批量产品生产转向小批量、客户化单件产品的生产。在这样的市场环境下，由数控设备组成的自动化、柔性化生产线，实现汽车纵梁混流生产、快速制造，能够满足现代汽车小批量的生产模式需求，提供快捷、优质的服务。

汽车车型的多样化涉及车架以及纵梁的变化（纵梁的形状尺寸及固定孔的数量、大小、分布变化），汽车纵梁柔性制造数字化车间采用国际上最先进的辊压成形和纵梁腹面、翼面数控冲孔生产线新工艺，实现了中、重型，中型卡（客）车纵梁单件或小批量多种规格的车架纵梁的混流生产要求。

汽车纵梁柔性制造数字化车间采用局部连续成形技术、在线检测技术等，采用数控化生产设备、物流设备和信息化管理系统，实现生产线上各主要设备的全自动化联线生产和集中监控，实现了汽车零部件制造技术的柔性、高效、精益、绿色、智能化需求。

依靠智能控制、数字化生产、实时检测保证产品精度，提高产品质量；自动化水平的提高，由大批量的刚性生产转向多品种少批量的柔性生产；以计算机网络和大型数据库等IT技术和先进的通讯技术的发展为依托，企业的信息系统也开始从局部的、事后处理方式转向全局指向的、实时处理方式，显著提高了生产效率。国内汽车纵梁的生产效率过去一般为100～150根/天（两班制），研制的汽车纵梁柔性制造数字化车间生产率为38根/小时，效率提高4～6倍，每根纵梁的生产能耗大幅降低，降低了生产成本，加快了新产品投放市场的速度。

2. 数字化车间系统构成及主要用途

（1）主要用途。

汽车纵梁柔性制造数字化车间适应当前汽车制造业多品种小批量生产模式，主要用于中重卡、部分轻卡和大客车车架纵梁（图1）的高效、柔性即时生产（图2和图3）。

传统的汽车车架纵梁生产工艺是：①制坯：平板料裁剪成单倍尺窄的条料；②落料冲

图1 车架纵梁　　　　图2 车架加工

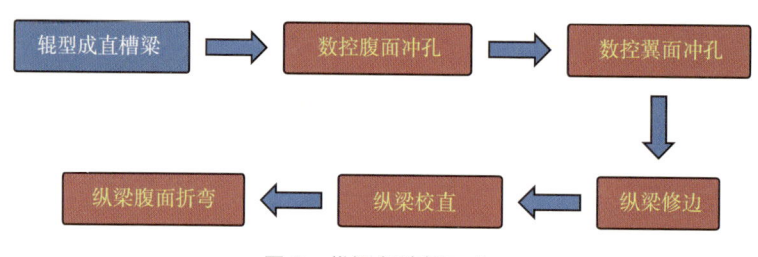

```
辊型成直槽梁 → 数控腹面冲孔 → 数控翼面冲孔
                                      ↓
纵梁腹面折弯 ← 纵梁校直 ← 纵梁修边
```

图3 纵梁制造新工艺

孔：大型压机加模具落料冲孔或人工钻孔；③压制：大型压机加模具压制成槽形梁；④钻孔：摇臂钻。由于模具制造周期长，一台大型压力机的制造周期为1.5年，一套模具制造周期在8个月左右，且成本高昂，模具更换调整困难，传统的汽车纵梁生产特点只能是少品种大批量，改型困难。

本项目采用如下国际上最先进的辊压成形和纵梁腹面、翼面数控冲孔生产线采用局部连续成形技术新工艺。与传统汽车车架纵梁生产工艺相比，具有如下优点：①生产效率高、自动化程度高、柔性化程度高、制件精度高、可靠性高；②节省原材料、节省能源、节省中间转序、节省人力；③制件废品率低、生产噪音低、劳动强度低；④设备投资少、维护费用少；⑤产品变型快，适用于多品种小批量生产。

采用数控化生产设备、物流设备和信息化管理系统，实现生产线上各主要设备的全自动化联线生产和集中监控，达到汽车纵梁生产的智能化、绿色化。该成套生产线与传统工艺流程相比，具有较高的生产柔性，并且在节材、高精度、高可靠性、高生产率和环保等方面具有更大的优势。

（2）数字化车间系统构成。

汽车纵梁柔性制造数字化车间由数控柔性辊压生产线、打标机、数控腹面冲孔生产线、数控翼面冲孔生产线、机器人等离子切割生产线、校直机4台纵梁腹面折弯生产线等20余台主要数控加工设备构成，完成汽车纵梁零件从原料到成型、冲孔、切割、折弯等多工艺加工。

汽车纵梁柔性制造数字化车间实现各主要设备的全自动化联线生产的生产线柔性管理与调度系统，即用来实现辊压线—打标机—数控腹面冲—数控翼面冲—机器人等离子切割机—校直机（人工干预校直，不参与联线自动化控制）—纵梁腹面折弯机的全自动化联线生产的生产线柔性管理与调度系统。

配置自动输送系统、辊道系统、上下料系统、智能识别系统、在线检测装置等，集成生产控制系统（MES）、网络通讯系统、物料管理系统、物料输送执行机构、检测系统、信息显示与输出系统完成生产线计划管理、设备管理、品质管理，实现生产线生产计划的优化编制、计划下达、计划修改、零件工艺路线的设定、加工程序的选择等作业。

生产线 MES 控制各物料输送执行机构，进行生产线物料的自动分配、跨线调运等，将物料自动输送到各生产设备，自动调用加工程序，对来料进行加工，实现生产线全自动连线生产，达到生产线无人或少人化作业的目的。

配有两台 LED 大型显示屏（3 m×1.5 m），显示生产线生产信息、设备状态、通知通告等。LED 大屏幕显示屏与车间级 IPC 通过以太网交换机进行通讯。

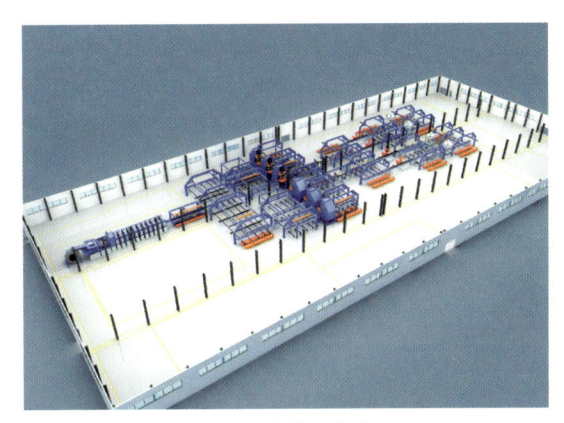

图 4　生产线设备布置

汽车纵梁柔性制造数字化车间的生产线设备布置如图 4 所示。

3. 汽车纵梁柔性制造数字化车间的实施方案

（1）MES 系统。

按照数字化车间的设计理念，采用先进的自动化、数字化、远程化和生产程序标准化技术，使用网络信息化平台，结合数据库、计算机网络、OPC 技术、自动识别和专用组态等各种计算机软硬件技术手段，将上层的管理信息与底层的自动化设备进行有机结合，对生产全过程实现信息化管理。

（2）设备故障自动预警系统。

预警系统由传感器、数控系统、总控系统、物料执行单元、关联数据库、判断数据库构成，主要实现如下功能：①预警系统具有专家系统的功能，系统对每个检测的设备建立档案，通过收集大量历史数据与各设备的经验数据，对不符合范围的情况进行报警；②传感器检测终端执行机构的使用时间及频率，对易发故障点的实时数据进行统计；③实时生产产品数据则由总控系统经过物料单元采集，并发向关联数据库；④易损件的使用时间由数控系统计算统计，实时记录数据发送至总控系统，数据发往关联数据库；⑤数据经与关联数据库进行数据的整定，最后又判断数据库并数据判断后做出预警处理。

（3）智能在线检测系统。

智能在线检测技术主要包括：汽车纵梁冲孔偏差的实时快速测量与定位补偿技术、汽车纵梁折弯角度、回弹角度自动测量和自动修正技术。

（4）实时监控系统。

当系统出现异常时报警，异常部分能够在屏幕上显示，出现故障的单机设备停止运行。

单机设备需将设备的工作状态、故障状态代码等信息发送给总控 PLC。

能停机报警，由人工识别工件上的零件代码标识，人工操作调用程序加工。

（5）成形过程物料输送的系统规划与设计技术。

该汽车纵梁柔性制造数字化车间有 6 种加工工艺，共 19 条生产线，工件的转运和上下被划分到 5 个物料单元控制。各物料控制单元通过伺服电磁行吊、链条、辊道等机构由物料单元控制系统根据上位系统规划的工艺路线自动实现工件的转运和上下料。

（6）标识及识别系统。

标识及识别系统由打标机、标识识别装置组成，用于对物料进行打标标识，并在物料流转的过程中，通过识别装置，对物料上打印的标识进行识别，与 MES 及各物料管理单元的内存信息进行比对，保证信息传递的准确性。

（7）安全技术。

本项目满足《生产设备安全卫生设计总则》《机械安全防护装置固定式和活动式防护装置设计与制造一般要求》《机械安全防止上下肢触及危险区的安全距离》《机械安全避免人体各部位挤压的最小间距》《机械工业职业安全卫生设计规范》等相关安全规定、标准要求。

三、主要成果

近 5 年来，公司承担了高档数控机床与基础制造装备国家科技重大专项 18 项，目前已有 6 项顺利通过国家验收。承担国家科技支撑计划 1 项，科技部项目 6 项，财政部项目 2 项，国机集团、省市课题 20 余项，多项成果完成验收，得到政府和上级经费支持，荣获省部级等上级部门授予科技奖励 32 项。其中，在车架纵梁柔性制造装备领域拥有发明专利 8 项、实用新型专利 32 项，软件著作权 10 项。《车架纵梁柔性制造成套生产线》获山东省重点领域首台（套）项目；车架纵梁柔性制造成套生产线获山东省科技进步一等奖；一种"U"形梁三面冲孔工艺及其使用的生产设备获山东省专利一等奖；多通道高效五主机数控三面冲孔生产线获中国机械工业集团科学技术进步一等奖；变截面汽车纵梁数控平板冲孔生产线获中国机械工业科学技术奖科技进步二等奖。

获授权专利 110 项，其中，国际发明专利 1 项（美国）、国内发明专利 13 项、实用新型专利 81 项、外观设计 3 项以及软件著作权 12 项。负责制修订国家和行业标准 74 项，其中国家标准 33 项，行业标准 41 项。共有 26 项新产品通过省级以上科技成果鉴定。

在工程化技术研究及成果推广、技术转让等方面，采取以合同制为主的管理运行模式，研究成果推广应用率达 100%。科研人员不仅能研究开发出国内一流技术的先进产品，而且开发的产品紧贴市场，合同项目履约率 100%。公司相继建设完成高端数控锻压机械成套装备产业化基地，高档绿色铸造成套装备产业化基地和高端数控激光加工装备产业化基地项目，拥有一批关键加工设备，具备强有力的科技成果转化的基础条件。数控前宽后窄折弯机、数控三面冲孔生产线、数控辊型生产线、中厚板数控开卷矫平分条收卷生产线等汽车车架纵梁车间关键生产线设备先后在一汽、二汽、重汽、柳汽、陕汽、北汽福田、江淮等厂家应用推广，车架纵梁柔性制造成套生产线为国家重点领域的快速发展提供了有力的装备支撑。

四、展望

目前，世界汽车工业发展趋势是节省资源、节能环保、轻量化和智能化，采用柔性化、智能化、数字化生产已成为汽车工业转型升级的重要途径和手段。由于汽车纵梁工艺的复杂、加工设备的多样化，成套装备技术涉及较多的相关工艺技术和产业链协同，制造装备的数字化、智能化成为技术的关键。本项目的研究开发不仅是制造装备技术的提升，同时对国内品牌汽车工业和其他工业领域提高核心技术的竞争力和汽车行业自主创新能力具有重要意义。

案例 9
数控铣车复合齿轮加工专用机床

龙口市蓝牙数控装备有限公司

国产数控机床中低档产品产能过剩,高档数控机床、特别是专用数控机床与国际先进水平有较大差距。斜齿轮、螺旋圆锥齿轮、端面齿轮、蜗轮蜗杆等复杂零件的传统加工工艺复杂,需要多工序、多台设备共同完成。采用集成展成法加工技术和数控技术开发的多功能数控复合加工机床,集车削、铣削、制齿等工序于一体,可实现复杂零件一次性加工完成。

一、导言

近年来，我国数控机床产业得到了长足发展，总体技术水平有了较大提高，普通级数控机床基本实现产业化，可以满足市场需求，但国产数控机床中低档产品产能过剩，高档数控机床及高速主轴、精密导轨、数控系统等高端产品依靠进口。一些国防基础工业发展的高端设备，西方发达国家对我国实行技术封锁政策，高效、精密、专用加工机床缺乏，对我国装备制造业的产业安全构成了威胁。

龙口市蓝牙数控装备有限公司的产品主要由数控机床、工业机器人和装配线工具三大产业组成，主要产品有CXF80数控车铣复合机床、CX60数控铣车复合齿轮加工机床、SKCX100立式数控铣车复合齿轮加工机床和数控高效径向冷挤压成形机等。其中，以SKCX100立式数控铣车复合齿轮加工机床和数控高效径向冷挤压成形机等多项技术产品获得国家专利，2011年获山东省科技进步二等奖，获山东省第六届发明创业奖二等奖。

二、数控铣车复合齿轮加工专用机床

1. SKCX100立式数控铣车复合齿轮加工机床

斜齿轮、螺旋圆锥齿轮、端面齿轮、蜗轮蜗杆等复杂零件的传统加工工艺复杂，需要多工序、多台设备共同完成。集成展成法加工技术与数控技术开发的集车削、铣削、制齿等工序于一体的多功能复合加工机床，可实现零件一次性加工。

（1）研发背景。

目前，国内外齿轮制造业（直）弧齿锥齿轮等复杂齿轮的加工普遍采用车外圆、铣键槽（花键）、制齿、磨齿等多道工序，工序相对比较分散，工件经多次装夹，加工精度和尺寸一致性难以保证，且加工辅助时间长，生产效率低。随着航空、航天、汽车等行业的发展升级，对复杂齿轮的精度要求也在日益提高，如对（直）弧齿锥齿轮及其关连轴柄的尺寸精度和位置精度的一致性要求至少提高了一个数量级，以现有的工艺和设备生产，只能采用选配方式筛选合格品，效率低、成本高，且互换性仍难以保证。

（2）关键技术。

1）单刀硬齿面切削加工理论与技术研究。探索和研究单刀硬齿面切削加工理论，研发单刀硬齿面切削加工技术，优化单刀硬齿面切削加工工艺参数，实现HRC58-62的硬齿面切削加工，加工精度达到5~6级，实现以铣代磨。

2）直齿、锥齿轮车铣组合加工工艺研究。研究铣削主轴和车削主轴相互之间的运动方位关系、运动方式、定比（同步）等关键技术，进行直齿锥齿轮车铣组合加工工艺研究，利用展成法实现各类齿轮、端面齿以及花键等零件的加工（图1）。

3）单角度摆动铣削加工技术及其工艺研究。研发单角度摆动铣削加工技术，确定铣削主轴最佳摆动角度，优化单角度摆动铣削加工工艺，实现对锥齿轮空间角度曲面的高精度加工。

4）X、Y、Z、A、C五轴联动复合加工弧齿锥齿轮技术研究。研发X、Y、Z、A、C五轴联动技术，以实现利用展成法对弧齿锥齿轮的复合加工。

5）专用CAM软件系统及数控立式数控车铣机床开发。开发（直）弧齿锥齿轮车铣复合加工的专用CAM软件系统，实现对复杂锥齿轮零件加工的精确控制；开发立式数控车铣机床，实现直齿锥齿轮车铣复合高效、高精度加工。

（3）主要创新。

1）自主开发立式铣削主轴角度摆动装置，提高铣削主轴的刚性。利用现代先进工艺和加工技术，对现有立式铣削主轴角度摆动装置机构进行了改进和重组，加装了旋转分度伺服电机轴和上下窜刀伺服电机轴，由系统控制驱动；增加了立式铣削主轴角度摆动装置（图2），角度分度精准度，旋转更流畅，窜刀位置更加精确，操作更加方便、简易；立式铣削主轴角度摆动装置各结构部位进行了特殊设计和选材，并利用液压夹紧固定方式进行分度定位，铣削主轴整体刚性大幅提升，保证了立式铣削主轴角度摆动装置在加工工件的过程中的稳定性和可靠性；借助通过系统的控制把立式铣削主轴角度摆动装置的运行编制到程序中，按加工工艺自动运行。

2）采用硬质合金刀片旋风铣削曲面齿加工工艺，可用于淬硬齿轮的加工，实现以铣代磨。结合现代硬质合金刀片的工艺技术，采用旋风铣削加工工艺，对曲面齿齿轮进行加工。由于采用了硬齿面的加工技术和淬硬刀片的运用，对精密工件的加工达到了以铣代磨的效果，可直接对淬硬后的工件加工直齿、斜齿、曲面齿等复杂工件，提高了加工精度和效率。

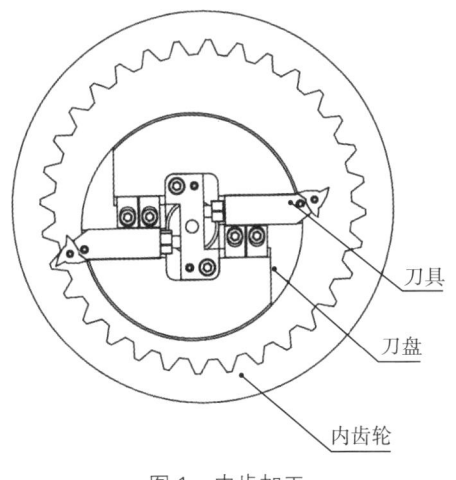

图1 内齿加工

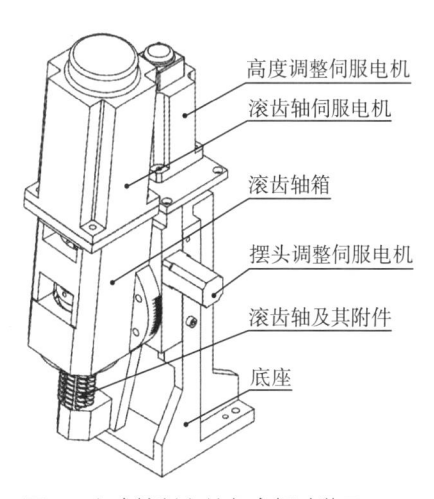

图2 立式铣削主轴角度摆动装置

3）自主研发五轴联动复合加工弧齿锥齿轮加工工艺，实现弧齿锥齿轮的铣车复合加工。铣削主轴与车削主轴垂直，铣削主轴镶嵌硬质合金刀片的刀杆，双主轴定比旋转（电子挂轮），X、Y、Z、B、C五轴联动，可实现用展成法完成各类弧齿、锥齿轮、内齿轮等工件的加工；铣削主轴与车削主轴成一定角度，铣削主轴装镶嵌硬质合金刀片的刀杆，双主轴定比旋转（电子挂轮），可实现用展成法完成锥齿轮空间角度曲面的加工。加工时无需特殊夹具，避免了多次装夹，提高加工精度、增加刀具的有效切削刃长度，减小切削力，提高刀具使用寿命，降低成本。

4）采用数控电子挂轮及展成法加工技术，实现分度平直面和端面及锥面等复杂廓形的加工。基于展成法加工原理研制开发机床机械系统，即在工件旋转的同时，刀具也以大于工件的转速旋转，通过改变刀具和工件的相对运动轨迹，加工各种齿轮和多边形工件及复杂工件。展成法加工原理成功的关键在于车削主轴与铣削主轴转速比的精确度，采用了电子挂轮技术，基于数控技术实现多个轴的定比转速，实现了车削主轴和铣削主轴的任意定比转速同步功能，在保证功能和精度的基础上，省去了由车削主轴到铣削主轴（包括花键、离合等几十个零件）的动力和同步连接，大大简化了复杂的机械传动，增加了机床的通用性和标准化性。

通过对双轴同步技术的研究开发，研究了铣削主轴和车削主轴相互之间的运动方位关系、运动方式、定比（同步）等关键技术，进行了直齿锥齿轮车铣组合加工工艺研究，利用展成法实现了各类齿轮、端面齿以及花键等零件的加工（图3～图5）。

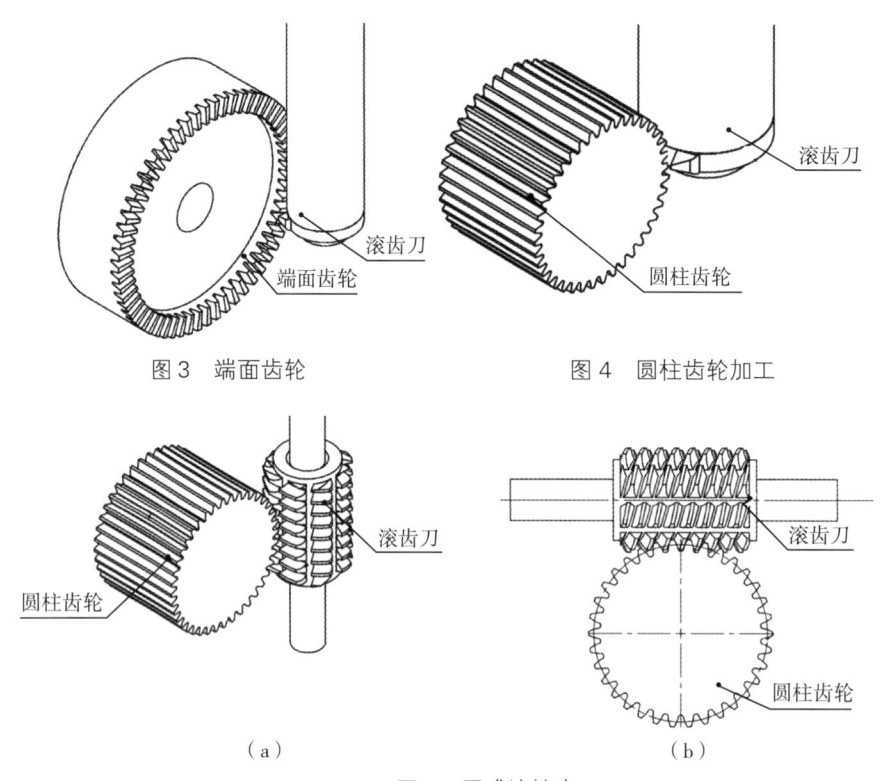

图3 端面齿轮

图4 圆柱齿轮加工

（a） （b）

图5 展成法铣齿

（4）技术质量效果。

主要应用于电动工具、工程机械配件、汽车零部件、海洋船舶配件等领域已取得较好的应用效果，具有广阔的市场前景。

产品技术填补了国内研发和产业化能力的空白，进一步提高了我国齿轮行业的技术装备水平，推动我国机床制造业产业升级换代。同时，工艺装备水平的提高有助于提高齿轮产品质量，从而缩短与国外先进设备在制造水平上的差距。

项目年产立式数控铣车复合加工机床30台，为公司新增年销售收入6000万元，净利润1300万元，经济、社会效益显著。

（5）主要成果。

SKCX100立式数控铣车复合齿轮加工机床于2012年获国家发明专利，同时于2012年年底经省科技成果鉴定。2013年获烟台市技术发明三等奖。

2. 数控高效径向冷挤压成形机

数控高效径向冷挤压成形机是一种结构先进的新型冷挤压设备（图6和图7）。主要优点是可在整个较长行程上得到相同的压制力，提高冷挤压工件的精度，适用于楔块式径向多向挤压成形机构的压制力从90°垂直变向传递的结构形式，具有挤压行程较长、压力均匀，机械结构简单等特点，同时可根据具体的应用情况对压力机的行程、压制力和速度进行编程控制。

（1）研发背景。

目前国外已普遍采用冷挤压工艺生产低碳钢、中碳钢和合金钢工件，重量由几克到5000多克。冷精锻件的形状多种多样，如齿轮、齿条、同步齿圈、花键轴等。采用冷精锻工艺成形小模数行星伞齿轮的技术也日趋成熟。采用冷锻工艺（冷挤压成形或冷摆辗成形）生产的模数小于4的行星伞齿轮，其齿形精度可达DIN6级。

近几年来，我国随着工业生产以及科学技术的蓬勃发展，冷挤压技术得到了迅猛发展。

图6 数控高效径向冷挤压成形机床　　图7 数控高效径向冷挤压成形机简图

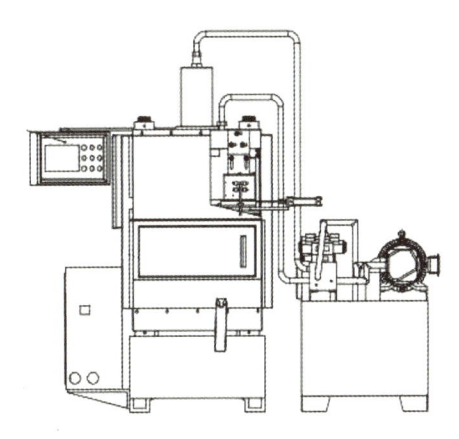

不少高等学校、科研院所和企业公司都开展了冷挤压技术的实验研究，其成果已广泛应用于现代制造业。冷挤压技术的普及和推广，已成为现代工业发展水平的重要标志之一。

国内已具备设计和制造各级吨位挤压压力机的能力。但一些高精度、高效率、高难度的工件冷挤压制造目前大部分还要依靠进口冷挤压技术和设备来完成。此差距无疑阻碍了冷挤压技术在更大范围内的推广与应用。

（2）关键技术。

1）研发了径向冷挤压技术。冷挤压成形机采用液压流量控制的方式，与数控系统进行紧密配合，可根据具体的应用情况对压力机的行程、压制力和速度进行分段编程控制，加大压制力分段挤压成形，使材料可控成形，解决了在冷挤压当中工件由于受冲压速度过快而使材料组织结构破坏的问题，同时节约原材料，提高了冷挤压工件的精度和生产效率。

2）研发与挤压机配套应用的组合模具。为适应带凸凹缘和多段不同形状等复杂工件冷挤压成形需要，组合模具通过在模腔内设置多个均匀分布的楔块、楔块内侧径向设置挤压成形刀具，楔块外侧楔面与模腔内斜面配合相对运动，由冷挤压成形机传输轴向动力，组合模具模腔中的楔块沿模腔内斜面运动，使冷挤压成形机传输轴向动力，转化为90°垂直变向压制方向力传递到成形模，实现了多方向一次径向挤压成形。

3）伺服驱动送料一次成型。由于模具的送料结构采用了八工位转盘式旋转送料方式，在伺服电机的驱动下，带动工件依次循环进入模腔，同时模具采用了上下模腔分合同心技术，上下模腔可以同时进行工件压制工作，既可以保证工件的同心精度，又达到了合并工序、减化工艺流程的效果。结构简单、效率较高，原来需要多次成形的工件变为一次成形。

4）开发带凸凹缘多段工件冷挤压成型工艺，实现了复杂形状工件的少无车削加工。改变了带凸凹缘多段工件需要进行车削、铣削等传统机械加工工艺，加工效率高，设备投放量小，同时提高了模具使用寿命，提高了原材料利用率，实现了节能、降耗、环保。

研制冷挤压标准硬质合金刀具，解决刀具使用寿命低和更换工艺复杂的问题（图8）。

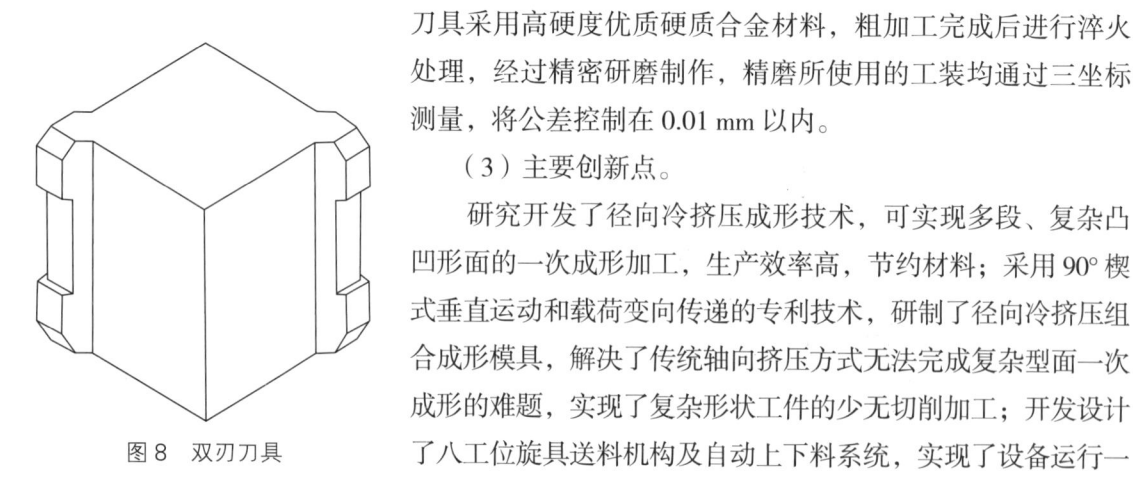

刀具采用高硬度优质硬质合金材料，粗加工完成后进行淬火处理，经过精密研磨制作，精磨所使用的工装均通过三坐标测量，将公差控制在 0.01 mm 以内。

（3）主要创新点。

研究开发了径向冷挤压成形技术，可实现多段、复杂凸凹形面的一次成形加工，生产效率高，节约材料；采用90°楔式垂直运动和载荷变向传递的专利技术，研制了径向冷挤压组合成形模具，解决了传统轴向挤压方式无法完成复杂型面一次成形的难题，实现了复杂形状工件的少无切削加工；开发设计了八工位旋具送料机构及自动上下料系统，实现了设备运行一

图8 双刃刀具

定时间内的无人值守；研发了特殊的、适用于本设备的冷挤压集润滑、冷却、清洗功能于一体的工作液，提高了模具的使用寿命和工件质量稳定性。

（4）技术质量效果。

集成应用机、电、液、气一体化技术，研发了适合于旋具头类工件加工的数控高效径向冷挤压成形机，对于提高旋具头类工件加工专用装备技术水平具有重要意义。项目达年产立式数控铣车复合加工机床100台，项目的实施具有较好的经济、社会效益。

（5）主要成果。

数控高效径向冷挤压成形机床已申请国家发明专利，并已被受理，处于公布和实质审查阶段。机床于2013年通过省科技成果鉴定，技术填补国内空白，总体技术达到了国际先进水平。

同时围绕数控装备产业已申报国家发明专利6项，其中3项已授权。以新技术为基础开发了新产品CXF80系列机床、CX60数控铣车复合齿轮加工机床、SKCX100立式数控铣车复合齿轮加工机床、数控高效径向冷挤压成形机和盘式旋风铣组合刀具等，其中CXF80系列机床于2011年获得山东省科技进步二等奖。

三、展望

数控铣车复合加工机床是一种集车削、铣削、制齿等工序于一体的全新结构多功能复合加工机床，集成了展成法加工技术与数控技术，可实现斜齿轮、螺旋圆锥齿轮、端面齿轮、蜗轮蜗杆等复杂零件加工。

冷挤压生产工艺技术已逐渐成为中小锻件精化生产的发展方向。冷挤压工艺的生产率比切削加工要高几倍到几十倍，材料利用率达70%～80%。冷挤压件尺寸精度高、表面质量好、机械性能好，已成为金属塑性精密成形技术中不可缺少的主要加工手段之一。

随着机械、汽车工业的发展，零件的加工精度和加工效率要求不断提高，数控复合精密加工成为重要的发展趋势，齿轮及复杂形状零件的高精度高效加工与加工工艺密切相关，高档专用数控装备长期依赖进口，因此开发生产我国具有自主知识产权的高效高精专用数控机床有较好的应用前景。

案例 10

基于工业以太网总线 PAC 系统的研发及应用

济南凌康数控技术有限公司

以太网总线平台（EtherMAC）是面向整个制造自动化控制的实时同步工业以太网总线平台，适合于具有硬实时性和高同步性要求的运动控制系统应用。该平台的主控制器采用标准以太网卡，不用强实时操作系统可实现高性能实时同步，系统扩展方便，广泛应用于包括数控机床、机器人、IC 制造设备等各类运动控制设备的控制及解决方案。

一、导言

济南凌康数控技术有限公司主要从事基于以太网的实时同步多轴运动控制平台及其应用研究，依托于山东大学科研力量，研发了具有高性能实时同步的以太网总线平台（Ethernet for Manufacture Automation Controlller，EtherMAC），申请了 7 项发明专利，其中 3 项获得授权。该平台的主控制器采用标准以太网卡，不用硬实时操作系统可实现高性能实时同步，系统扩展方便，可广泛应用于各类运动控制设备的控制，包括数控机床、机器人、IC 制造设备、纺织设备、食品机械、印刷印染机械、医疗设备、造纸设备、木工机械、包装机械、装配线、材料处理、橡胶机械、自动缠绕设备、激光加工设备等。

公司专注于开放式、总线化、软件化运动控制平台研发、生产和销售，为多领域和多行业提供开放、易用、优质、可靠的 PAC（Programmable Automation Controller）平台和系统解决方案。依托自主的创新技术优势，致力打造中国品牌的 PAC 平台，为客户提供优质、便捷、高效的产品和服务。

二、EtherMAC 平台简介

EtherMAC 是面向整个制造自动化控制的实时同步工业以太网总线平台，特别适合于具有硬实时性和高同步性要求的运动控制系统应用。

EtherMAC 技术在保证主控制器采用标准网卡的情况下，无需硬实时操作系统支持可实现高性能的实时同步运动控制，主控制器可采用具有标准以太网接口的嵌入式 PC 或触摸屏，使得主控制器不依赖特定的供应商，方便进行系统的升级扩展，降低成本，保护客户的投资。

EtherMAC 总线技术平台的系统结构如图 1。其产品体系有 3 层：① PAC（可编程自动化控制器）应用开发平台（总线化功能模块+自动化软件平台）；②各种应用控制系统；③ EtherMAC 总线协议栈 IP。我们已完成如下产品体系的开发。

（1）开发了以太网总线化功能模块：Cortex-A8 嵌入式主控制器模块、伺服驱动接口模块 e-Link（可以与日系、台系和国内主流的伺服驱动接口）、松下总线型（RTEX）伺服驱动网关、安川 MII、MIII 总线伺服驱动网关、国产华中 NCUC 总线伺服网关、步进电机控制接口模块、各类数字 I/O 模块、模拟 I/O 模块、编码器接口模块以及多种功能模块等。

（2）借用国际主流软运动控制、软 PLC 开发工具 CoDeSys，开发了 EtherMAC 多轴运动控制开发平台，可供系统集成商二次开发集成不同的工艺需求，同时我们还提供底层通讯驱动 DLL，可集成更加复杂的控制算法。

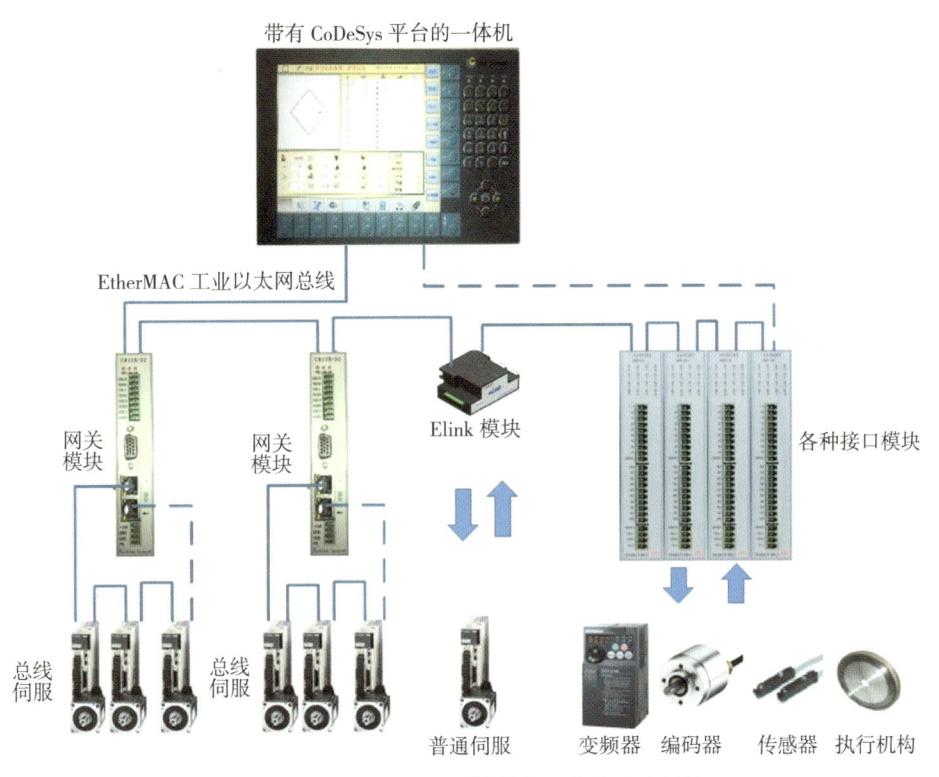

图 1　EtherMAC 总线技术平台的系统结构

（3）完成了机械加工、机器人、纺织机械、建材机械等行业 10 项应用系统的开发和市场销售。

（4）IP 产品目前以 FPGA 的 IP 核授权形式与国内伺服驱动厂家合作，向市场提供 EtherMAC 总线接口的网络型驱动器和 I/O 模块。

基于 EtherMAC 总线技术平台的 PAC 系统，主控采用标准的 PC 或嵌入式硬件，支持多种操作系统，可实现硬实时性能。平台具有软硬件的开放性、功能接口模块化、种类齐全，升级扩展方便；提供符合 IEEE61131-3 国际标准的 PLCOpen 编程规范，方便现场应用工程师结合掌握的工艺知识实现个性化的控制系统。为数控一代产品提供完整的扩展解决方案。

三、数控一代典型应用

EtherMAC 总线的 PAC 控制器是促进数控一代应用的关键控制平台，已在许多行业进行了配套应用，典型的案例如下。

1. 数控钢筋弯箍机

数控钢筋弯箍机将钢筋的矫直、送料和弯曲等工艺集成为一体。用户将钢筋盘条接入机器中之后,可以直接加工出用户指定形状的箍筋。

利用 WINCE 嵌入式实时操作系统的高级图形开发环境,开发箍筋图形编辑和绘制功能。用户通过表格输入箍筋的各边边长和角度即可实现箍筋形状仿真和生产指定形状的箍筋。

钢筋弯箍机控制系统的结构框图和操作界面如图2,系统需要2~7个伺服轴控制,用于控制钢筋的送料、弯曲和反退料等运动,可以生产最大长度为 8~12 m 的箍筋,弯曲角度误差不大于 ±1°,无需用户手动校正角度。

目前,该系统经过应用表明具有良好的抗振性和可靠性;可加工的箍筋最大长度为 10 m 以上的,具有非常广泛的适用范围。

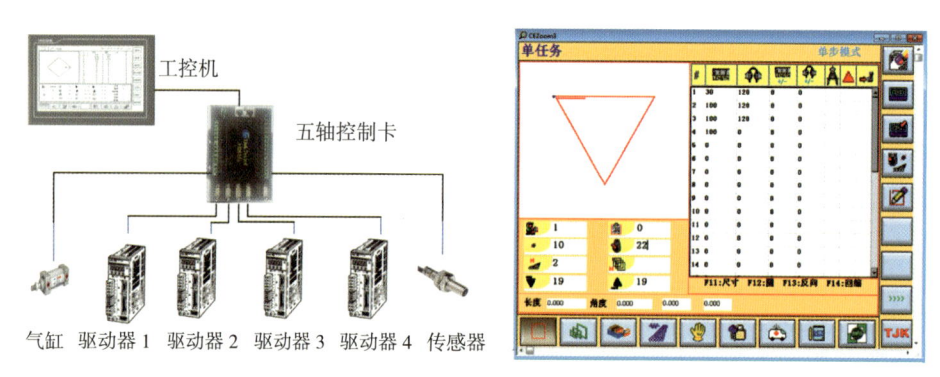

图2 弯箍机系统结构和操作界面

2. 数控铺网机

无纺布交叉铺网机是无纺布生产线中的重要设备,铺网机能把前道设备输入的单网均匀地铺叠在一起,形成一定宽度、比较均匀的厚网以满足下道工序的需要。它在非织造布生产线中应用广泛,入热轧线、针刺线等,铺网机的性能直接影响了整条生产线的产量与质量。目前,高性能的交叉铺网机大多数是国外厂家的产品,入网速度可达到 120~150 m/min,CV 值已控制在 ±3% 以下。国内的部分厂家在吸收国外技术的基础上也相继开发出了自己的产品,但受控制方式的制约,入网速度已成为提高交叉铺网机性能的瓶颈,基于以上市场背景,我们采用了我公司自主研发的以太网运动控制平台,设计了控制模型对交叉铺网机的五个伺服电机进行控制,其输入速度已达到 90 m/min,CV 值已控制在 ±3% 以下,达到了比较满意的结果。

铺网机控制系统的结构框图和操作界面如图3,该系统需要五个伺服轴控制,运用实时

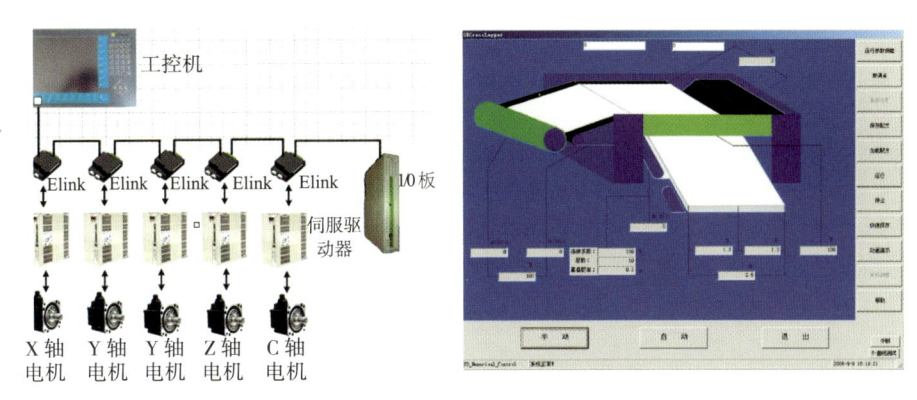

图3 铺网机系统结构和操作界面

以太网运动控制平台加上两个绝对值编码器实现全闭环功能,可以保证两个小车误差不大于±1 mm;工控机的强大计算性能,保证了小车在加减速时S曲线运算的快速执行,使小车在快速启动停止时的震动最小。

该系统可根据机械的尺寸生产不同规格的非织造布,具有非常大的适用范围。

3. 码垛机械手

码垛机械手应用于产品搬运、码垛等,广泛应用于汽车、物流、家电、医药、食品饮料等不同领域。

利用WINCE嵌入式实时操作系统的高级图形开发环境,开发基于机械手运动学模型的用户手动示教系统。用户通过校正理论模型位置点,微调获得示教点,大大简化了手动示教的过程,提高了调试效率。

码垛机械手控制系统的结构框图和操作界面见图4,该系统需要H轴(水平)、V轴(竖直)、B轴(底座旋转)、P轴(手抓旋转)四个伺服控制,通过四轴联动,完成工作空间内的抓放操作。

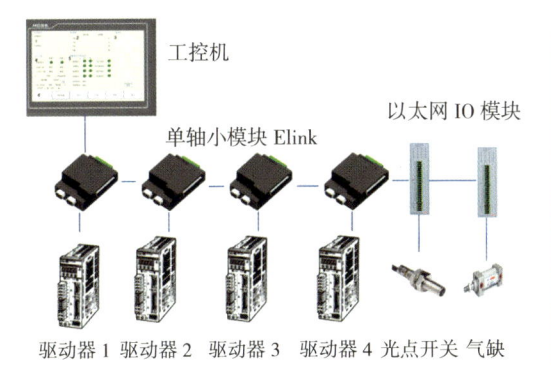

图4 码垛机械手系统结构和操作界面

目前该系统已在国内多家码垛机械手企业应用，取得了良好的效果。在饲料、化工、食品等加工行业的多条码垛生产线中高效稳定地工作，极大地解放了人力，提高了生产效率。

4. 数控玻璃雕花机

玻璃雕花机是一种高效的玻璃雕刻设备，通过图形转换软件将复杂的 CAD 图形转换为加工代码，然后根据相应的雕刻工艺，对玻璃进行雕刻、抛光操作，能够按照用户的需求进行加工。

采用 G 代码生成软件可以方便地将图形转化为 G 代码，支持样条曲线的处理，可以根据加工要求，设置样条曲线的精度。

玻璃雕花机控制系统的结构框图和操作界面见图 5，该系统采用 5 个伺服轴进行控制，龙门上 2 个平行轴能够自动补偿误差以保持同步运动。能够达到 10 m/min 的加工速度，支持参考原点的设置，能够根据加工时间，设置刀具的自动补偿深度。系统支持 6 把刀，在加工配方中设置各个刀具的使用次序，实现自动换刀操作。

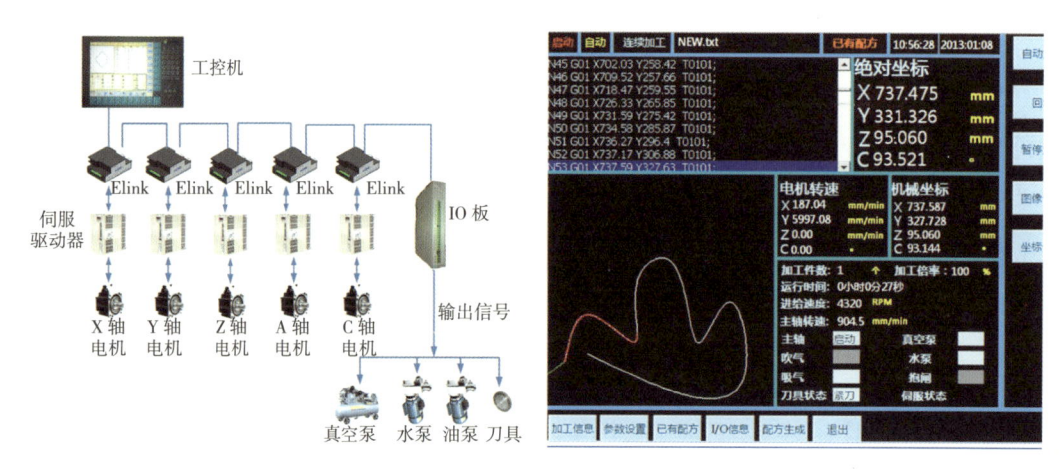

图 5 玻璃雕花机系统结构和操作界面

5. 二十一轴数控组合机床

在停车设备的加工过程中，立柱、横梁、纵梁等结构通常以 H 型钢、槽钢为原材料，需要对其进行钻孔、铣槽以及等离子切割等操作。由于停车设备型材大多尺寸较大，若采用手工或半自动的加工方式，生产效率低，产品质量也很难达到要求。九通道二十一轴停车设备型材组合机床针对停车设备大尺寸型材加工任务，一次装夹定位，即可进行数控钻削、铣削、等离子切割，精度高、效率快且操作简便。

图 6 和图 7 分别为机床照片和系统操作界面。该系统共有 3 个移动的龙门头，每个龙门头上装有 3 根主轴，每根主轴有 2 个进给运动轴，因此每个龙门头共有 7 个运动轴，整个机

图6 二十一轴组合机床　　　　　　　　图7 系统操作界面

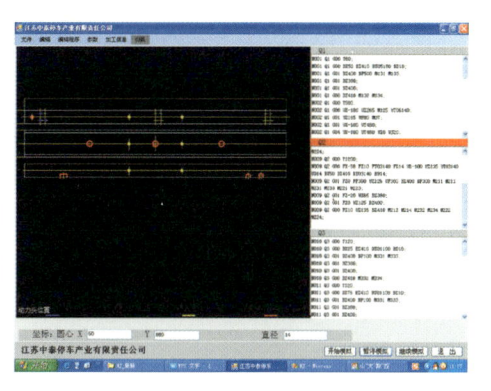

床总共有 21 个运动控制轴组成 9 个独立的运动坐标系。控制系统采用 11 块双轴控制卡、3 块 I/O 控制模块。每块双轴控制卡可以控制两个伺服驱动器。11 块运动控制卡可以控制 22 个伺服驱动器，实现组合机床上相关动力刀架的三轴之间的两两联动。3 块 I/O 控制模块（共 48 路 I/O 点）负责处理主轴开关、切削液开关、急停和龙门架之间的安全限位等 IO 信号。

开发了数控机床人机交互界面和工艺编程系统，用户通过输入工艺参数和导入已设计好的型材 CAD 图纸，无需采用 G、M 代码编程，即可实现型材加工指令的自动生成并下发，实现自动加工。

四、展望

基于工业以太网总线 APC 系统可广泛应用于各类运动控制设备的控制，并方便扩展和二次开发。除以上典型应用案例之外，EtherMAC 平台还在清角机、玻璃切割机、车磨数控机床、喷气织机和锯片磨床的设备控制系统获得推广应用。

案例 11
快速高效数控全自动冲压生产线

济南二机床集团有限公司

随着汽车工业的快速发展，汽车正在向高档化、高效率、高柔性的方向发展，对冲压设备精度和效率的要求不断提高，大型多工位压力机、伺服传动压力机等大型数控冲压成型设备及关键功能部件技术，引领了技术发展并改变了大型零部件冲压成型的生产模式。济南二机床集团向福特汽车公司出口数控成套冲压设备，打破了德、日企业在高端冲压装备领域的长期垄断。

一、导言

近年来，随着汽车工业的快速发展，汽车正在向高档化、高效率、高柔性的方向发展，对冲压设备精度和效率的要求越来越高，国外发达国家开发的高速冲压生产线、大型多工位压力机、伺服传动压力机等大型数控冲压成型机及关键功能部件技术，引领了冲压成型技术发展并改变了大型零部件冲压成型的生产模式。高速冲压生产线技术结合自动快速送料、数控液压垫、湿式离合器等技术大幅度提高了生产效率，降低了劳动强度。大功率伺服电机及数字化控制技术不仅保证了冲压的高柔性和高质量，而且显著提高了能效。

济南二机床集团有限公司是国内规模最大的重型锻压设备和金属切削机床制造基地，中国机床行业重点骨干企业之一，主要生产数控冲压机床、数控金切机床、自动化设备、铸造设备、数控切割设备等产品，广泛服务于汽车、航空、航天、船舶、机械制造、铁路、能源、军工等重点行业领域。为国家运载火箭、大飞机、三峡工程、南水北调、西气东输、上海磁悬浮列车等一批重点工程项目提供了以大扭矩机械五轴头数控机床等为代表的众多首台套重大技术装备，主导产品数控冲压机床和数控重型镗铣床已出口到世界50多个国家和地区（图1），是世界前三数控冲压装备制造商之一。目前承接的锻压设备订单中，高端、数控产品的比重已经从原来的10%提高到50%以上，随着技术的不断创新和进步，高端、数控产品的市场占有率会不断地增长。

二、数控一代的高速冲压生产装备

1. 42000kN 双臂送料冲压生产线

（1）研发了大型快速高效数控全自动冲压生产线集成技术、快速双臂送料技术、长行程特殊传动技术和送料横杆自动更换技术，实现了整条生产线汽车大型覆盖件的生产节拍每分钟15件（是普通自动线的2~3倍），打破了此前由国外企业保持的每分钟12个的世界纪录。

（2）开发了装模高度自动补偿、模具参数自动存取等技术，通过时序分解、理论计算和试验验证，实现同步控制连续运行生产模式，整线换模时间仅为3 min，节电约30%，解决了多品种冲压件共线频繁换模时间长、生产效率低的难题。

（3）开发应用了大型冲压生产线连续运行的同步控制技术，实现了全线的数字化控制，运转平稳，控制可靠。以上海通用东岳汽车42000 kN双臂送料冲压生产线为依托，承担实施的大型快速高效数控全自动冲压生产线项目，实现了生产线每分钟可生产15件，对整个冲压行业的规划布局起到了引领和示范作用（图2）。

图 1　出口印度冲压机器人冲压线 　　　　图 2　LS4B-2500B 闭式四点单动多连杆压力机

2. 25000kN 大型伺服压力机

该项目依托为奇瑞汽车大连工厂提供的国内首台 25000kN 大型伺服压力机（图3），实现了国产冲压技术的新突破。

（1）在主传动系统进行了动力学分析、伺服驱动及控制系统设计、伺服运动曲线仿真模拟优化，以及数控模垫开发设计、设备故障自诊断及远程监控等关键技术的研究开发，在运用单双臂快速送料冲压技术、大型多工位压力机技术的基础上，生产线生产覆盖件节拍达到每分钟 15 件，实现高效率、连续化、数控化生产（图4）。

图 3　25000 kN 大型伺服压力机 　　　　图 4　机器人送料系统

（2）整线换模时间仅为 3 min，实现了柔性化和高效率换模；全线同步控制技术、融合多种网络技术，实现全线安全高效生产。

3. 出口福特汽车公司大型快速智能冲压生产线（图5）

（1）多工位、全自动。由一台2500 t打头的多连杆压力机和4～5台压力机以及双臂送料、拆垛机、清洗机、涂油机等自动化系统组成，其中两条冲压线总吨位为7100 t、三条为6100 t。

图5　出口福特汽车公司的大型快速智能冲压生产线

（2）高效率、同步控制。大型快速冲压线均应用了多连杆、数控液压拉伸垫、同步控制、全自动换模、整线防护等多项关键技术，不仅创造了生产节拍15次/分、全自动换模时间3 min等新纪录，而且产品具有高效率、智能化的特点，除了可加工普通钢板，还可加工高强度钢板、铝板等，满足汽车轻量化的需求，代表了目前世界最先进的技术水平（图6和图7）。

图6　出口美国MTD公司的多连杆、多工位2000 t压力机

图7　25000 kN大型伺服压力机

福特汽车公司在美国两个工厂的全部5条大型快速智能冲压生产线将替代原有的20多条生产线，福特汽车整车生产基地将清一色地装备中国济南二机床集团有限公司的冲压装

备。这也是福特汽车北美地区近20年来首次采购非德国生产的成套冲压设备,标志着济南二机床集团有限公司打破了德、日企业在高端冲压装备领域的长期垄断,具有了与国际顶级企业同台竞争的实力。

三、主要成果

大型快速高效数控全自动冲压生产线项目获中国工业大奖表彰奖大会技术进步奖,大型高效柔性全自动冲压生产线获国家科技进步二等奖;出口美国5000 t多连杆机械压力机,荣获国家科技进步二等奖;双龙门大扭矩机械五联动数控机床,荣获机械工业科学技术一等奖。济南二机床集团有限公司作为主要起草单位,先后起草了6项国家标准、11项行业标准,拥有175项技术专利,其中,发明专利30项,实用新型专利145项。

自2011年以来,42000kN大型快速高效数控全自动冲压生产线等73种新产品获得省级以上科技部门的验收和鉴定,90%达到国际或国内先进水平,研发能力跻身世界前三,形成了具有完全自主知识产权的技术体系和JIER品牌。其中,数控冲压设备的主要技术、质量指标达到国际先进水平;大、重型数控金切机床的设计、制造技术位居国内前沿;高性能大型高速五轴联动加工中心达到国际先进水平。所独立承担的10个高档数控机床与基础制造装备国家科技重大专项中,已有5个项目通过验收。

表1 自2009年以来所承担的国家科技重大专项

序号	年度	项目名称	规格型号
1	2009	大型快速高效数控全自动冲压生产线	42000kN
2	2009	数控大型多工位压力机	5000t
3	2009	高速龙门五轴加工中心	XHV2525×50
4	2009	双摆角数控万能铣头	VXD40 电主轴式力矩电机驱动 A/C
5	2010	高架式五轴联动高速龙门镗铣加工中心	
6	2010	大型伺服压力机	25000kN
7	2011	大型精密复合冲压成形机床创新能力平台建设	
8	2012	高速龙门五轴联动加工中心	
9	2013	汽车车身大型智能冲压生产线	
10	2013	APM 系列翻板卧式加工中心	

近几年在行业经济形势持续低迷的情况下，济南二机床集团有限公司主要经济指标稳定增长。企业跃升为"中国机械工业百强"，名列75位，取得了较好的经济和社会效益。

四、展望

我国的现有成型核心技术与欧、美、日等地区和发达国家相比还存在一定差距，主要表现在：①原始创新能力较弱，制约了新技术新产品的研发。目前高端冲压成型设备的核心部件如数控液压拉伸垫、高端自动化送料装置等关键技术被德国、日本等少数国家垄断，国内必须高价采购。因此必须加强实验手段建设，提高原始创新能力，在伺服系统、控制系统、关键部件等领域实现突破。②产品的可靠性有待于加强。受实验手段等基础条件影响，在功能部件试验、先进控制系统实验、分析与仿真实验、整机可靠性实验等方面比较薄弱，必须提高试验、分析、验证能力和水平，进而提高冲压成套装备的自动化、智能化和可靠性水平。

案例 12
工程机械抛喷丸数控关键技术与应用

山东开泰抛丸机械有限公司

抛喷丸清理是机械装备制造过程中重要的表面处理工艺，抛喷丸清理机械的自动化、数字化、绿色化、成套化水平与国外产品相比还存在差距。通过对工件识别、抛头转换、节能优化、控制系统等关键技术的研发应用，开发生产了工程机械抛喷丸数控成套装备，解决了工程机械车架、臂架、超长钢管内壁等大型构件的高效、清洁清理。

一、导言

山东开泰抛丸机械有限公司是一家集科研、开发、生产于一体的国内最大的智能抛喷丸装备及其耐磨配件及专业生产商,也是一家提供全方位抛丸、喷砂工艺解决方案的供应商。主要经营抛喷丸机械系列产品,2013 年,公司年产销售抛丸清理装备 2500 台。公司拥有省级企业技术中心、山东省抛喷丸装备与材料工程技术研究中心、山东省抛喷丸关键技术与工艺工程实验室等创新平台。

二、数控一代机械抛喷丸清理机

国内生产的机械抛喷丸清理机在控制智能化、信息数字化等方面与国外产品相比还存在差距,具体表现为:

(1)自动化程度不高。在抛丸工艺过程中,许多是人工操作,如吊钩中小车的控制都是用手工操作。抛丸机虽然进行自动化控制,但智能化程度不高,在工件的识别、抛头的转换等环节没实现智能化控制。

(2)抛丸机工作室的除尘没有实现节能优化控制。虽然具有自主知识产权的 KT-7001 型智能脉冲除尘控制仪,但没有实现优化控制,在对不同种类工件处理、等待安装工程空闲或差压变换中,没有实现参数优化处理,造成能效较低。

(3)清理工序繁琐,需要人工清理,易出现工件堆积。除尘同样没有实现节能及优化控制,电能损失严重。

(4)各单元工作状态不能按工艺需求进行集成控制,生产效率低,难以组网。

(5)抛丸机电机未实现智能调速控制和变频器网络化管理,不仅浪费能源,而且降低电机的使用寿命。

开发的数控一代抛喷丸清理成套装备针对以上问题提出了解决方案,取得了良好的效果(图1)。

图 1 工程机械抛喷丸生产成套装备

1. 数控系统

（1）计算机仿真软件。仿真软件主要是模仿实际工件的喷吹形式，寻找最佳参数，并进行仿真实验。

（2）工件模式识别。模式识别采用特征提取方式识别设备工件种类。

（3）抛丸机智能控制器。研制了抛丸机嵌入式智能控制器，申报实用新型和发明专利。该控制器采用自主研发的 EtherMAC 工业以太网作为控制方式，解决了高速、高精、同步网络控制问题。

（4）轨道车智能控制器。该控制器通过接收标准 Wifi 无线网络信号控制变频电机的频率，进而改变轨道车的行驶速度。研制的 EtherMAC 工业以太网控制器可与标准以太网兼容，易于实现控制数据和管理数据的集成。

（5）优化控制一体化除尘器。研制了滤筒、布袋除尘器和智能脉冲控制仪，根据压差进行自动和智能控制脉冲阀进行清理滤筒和布袋。该脉冲控制仪申报专利，除尘器及脉冲控制仪如图2、图3所示。该控制仪模块结构可以控制40路脉冲。

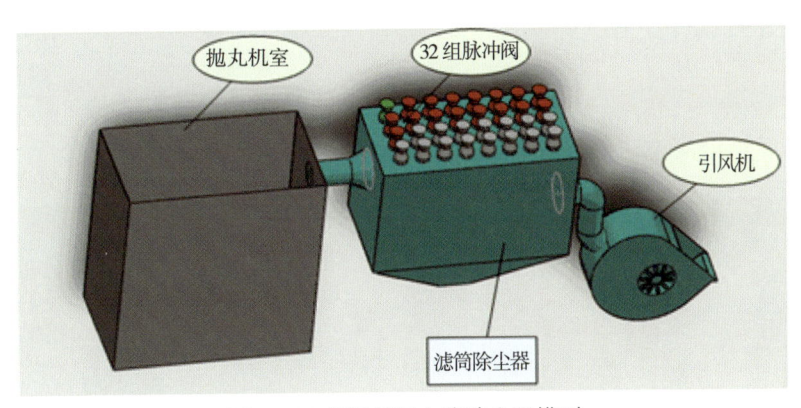

图2 32组滤筒及布袋除尘器模型

为实现优化节能除尘，设计了优化控制一体化控制器，根据除尘器的气体进口与出口各点的压力与两者的差压，控制风速和脉冲除尘阀的启停；风机实现变频控制。该智能控制器可综合差压变化轨迹、抛丸机工作模式及状态进行优化计算分析，决策风机转速，达到充分节能。其设计原理如图4所示。

图3 KT-7001型智能脉冲除尘控制仪

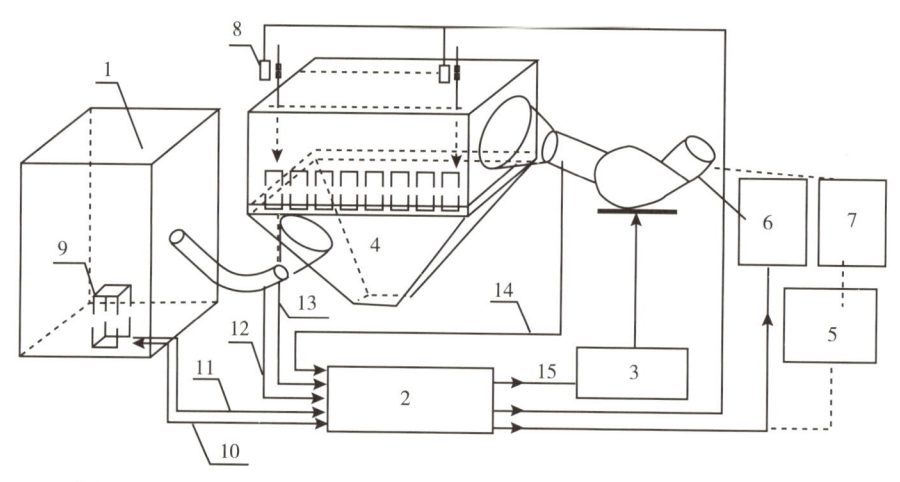

1. 工艺室　2. 脉冲除尘优化处理的一体化控制器　3. 雨量传感器　4. 除尘器
5. 在线净化控制仪　6. 计算机　7. 离线净化控制仪　8. 脉冲控制阀　9. 主 RS485
10. 从 RS485　11. 温度传感器　12. 进口压力　13. 出口压力　14. 无线接收器　15. GPRS

图 4　除尘优化控制一体化控制仪

2. 主机结构及功能

（1）抛喷丸清理生产线内部输送采用双电动葫芦进行吊装及驱动，满足大型工件的清理需求；清理彻底，运行速度最低可达 1 m/min（图5）。

图 5　机械抛喷丸清理生产线内部输送结构

（2）弹丸循环系统采用双提升机双分离器的结构，解决了室体太宽丸料不好循环分离的问题；而且在分离器上设置溢流口，解决丸料分配不均的问题（图6和图7）。

（3）丸料循环净化系统采用了溢流式可控满幕帘多级风选分离器和专用聚酯线芯提升机传动带，实现了丸料的分选与循环利用。

（4）底部长距离输送丸料采用皮带输送机运输，解决了抛丸机上螺旋无法长距离运输的问题（图8）。

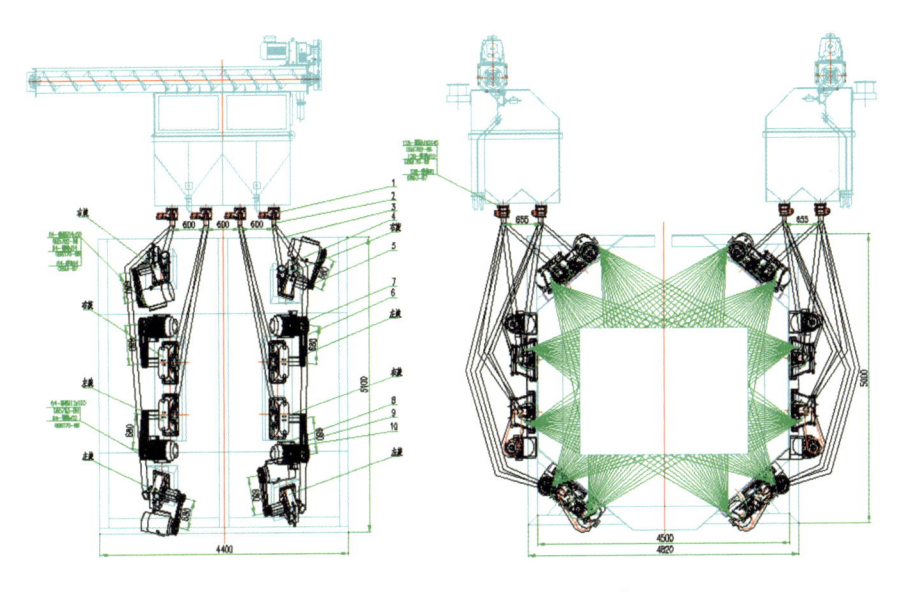

图6 弹丸分配系统和抛丸器总成

（5）除尘系统采用旋风除尘加脉冲反吹滤筒除尘器，滤筒斜插安放，过滤孔径可选，透气性强，除尘率可达99.99%以上，使用寿命长。

（6）轨道车无线控制器基于EtherMAC工业以太网平台开发，可方便地与车间设备和管理网络互联，实现轨道车与整个执行系统、管理监控网络的数据无缝连接。

（7）将所有控制器都进行以太网链接构成，所有控制器通过EtherMAC工业以太网进行设备控制，可实现与网络的无缝集成。

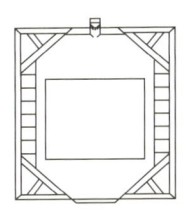

图7 抛丸室三视图

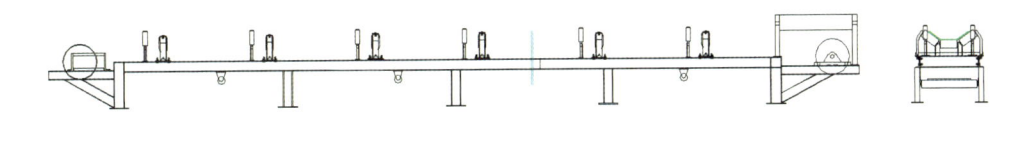

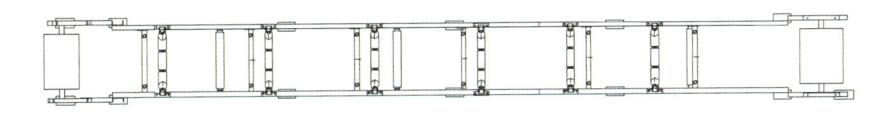

图8 皮带输送机

3. 关键技术

数控工程机械抛喷丸清理机 QT37 具有以下关键技术：

（1）研制开发了智能化数字化控制的工程机械专用抛丸工艺与装备，具有单元盘、曲面叶片、直联、大功率、速度可调、定向套窗口浮动可调等优势的 QKT065 直联抛丸器，抛丸机专用脉冲反吹袋式电磁复合除尘器，抛丸器耐磨件复合型壳精铸工艺与设备系列产品。

（2）研制了智能脉冲除尘控制仪、智能抛丸机控制器、电机轴承温度检测模块、数据交换接口器、抛丸机除尘优化控制一体化控制仪等，实现了智能化控制，达到国际先进水平。

（3）提供机床联网整体解决方案，构建 MES 系统，解决设计、管理网络和生产设备之间的信息集成问题。将生产制造执行层纳入到整个管理网络，最终实现智能化数控工程机械抛喷丸清理机，实现生产的协调和同步以及除尘优化，提高工作效率，降低能源消耗，延长设备寿命。

（4）研发的以太网相关应用技术解决了设备组网控制问题，已获 3 项发明专利，分别是：基于标准以太网的实时同步网络及其工作方法、一种实现以太网链状网络节点间同步的装置和方法、一种高速可配置扩展 SPI 总线及其工作方法。

通过关键技术的研发应用，数控工程机械抛喷丸清理机采用计算机仿真与模拟技术，以群组协同工作的方式，在计算机上实现产品制造的"本职"过程（包括产品的设计、性能分析、工艺规划、加工制造、质量检验、生产过程管理与控制）（图9）。

4. 经济效益和社会效益

项目成果已成功应用于工程机械车架、臂架以及超长钢管内壁的清理，产品销售到马来西亚精科（太原）设备有限公司、新加坡海陆工程有限公司等多家外国公司，打破了国际垄断。项目成果在徐工集团工程机械股份有限公司等 30 余家国内公司使用，反响良好。

通过实施该项目的产业化，实现抛喷丸装备的自动化、网络化、智能化，使设备数控化率达到86%、生产效率提高70%，有效降低生产成本，使我国的抛喷丸装备的产品水平和制造技术达到国际先进水平，从根本上对抛丸清理管理水平带来质的提升，促进了领域内绿色制造和产业结构调整。

三、主要成果

公司申请专利 150 项，成果转化实施 100 余项。成果转化产品 5.5 米超宽钢板表面预处理生产线、QG 系列钢管内外壁抛丸机、智能机械手式抛丸机等 14 类产品通过山东省科技成果鉴定，其中智能机械手式抛丸机等 7 类产品的技术工艺水平达到国际先进，钢网带式抛丸

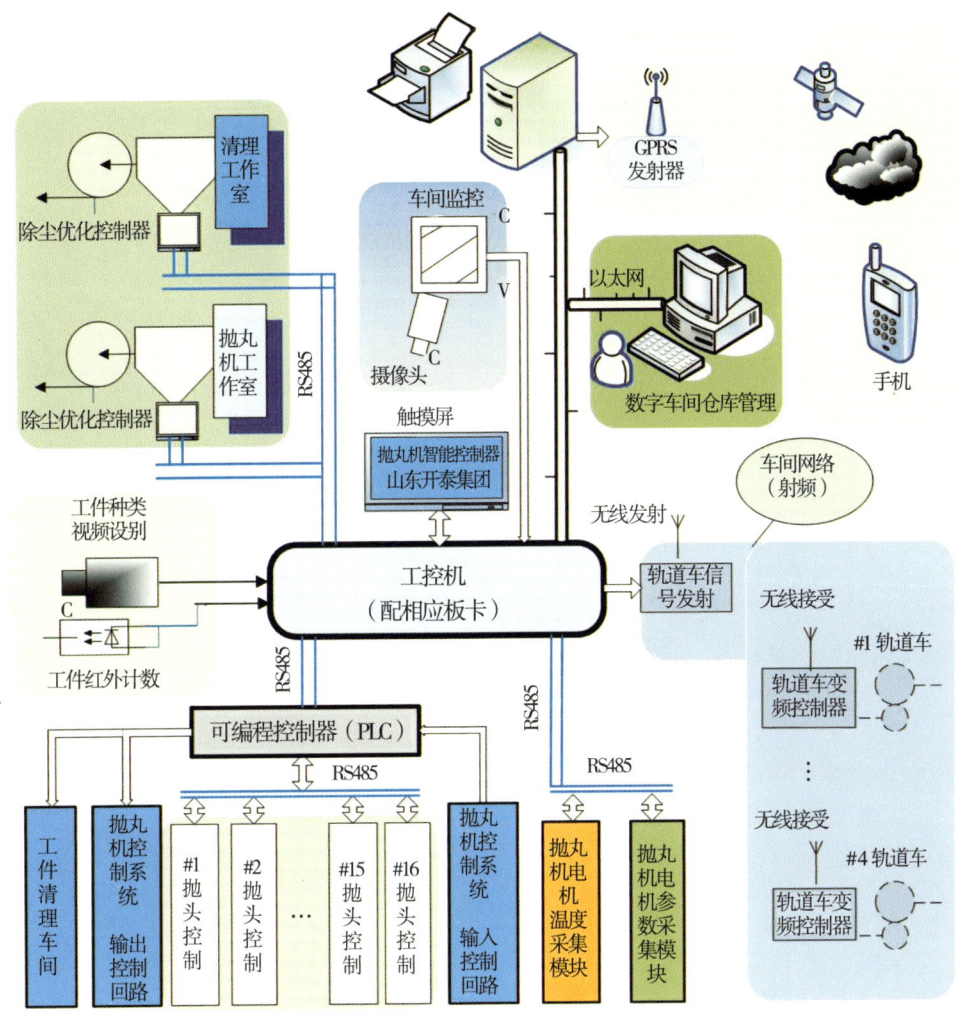

图 9 工艺流程

机等 7 类产品技术水平达到了国内领先。转化产品获得山东省科技进步奖 4 项,滨州市科技进步奖 10 项。

数控装备钢网带式抛丸清理机被列入 2013 年度国家重点新产品计划；5.5 米超宽钢板表面预处理生产线和工程机械专用抛丸清理机被评为山东省重点领域首台（套）重大技术装备；5.5 米超宽钢板表面预处理生产线和 QG 系列钢管内壁抛丸清理机被列入山东省高端技术装备新产品推广目录。

通过该项目的实施,数控工程机械抛喷丸清理机共计获得国家标准 3 项：GB/T 23576-2009《抛喷丸设备通用技术条件》、GB/T 8923.1-2008《钢材表面的锈蚀等级和处理等级》、GB/T 13288.2-2011《磨料喷射清理后钢材表面粗糙度等级的测定方法比较样块法》；获得发明专利授权 3 项,实用新型专利授权 13 项；被评为 2013 年度山东省重点领域首台（套）重大技术装备；入选2013年山东省自主创新重大科技专项项目；并获得2013年中国机械工业科学技术奖、山东省机械工业科学技术奖、山东省科技进步奖等。

四、展望

　　数控抛喷丸装备是表面清理的关键装备，广泛应用于冶金矿山、机械制造、船舶车辆、航空航天等领域的表面清理作业，其工艺范围亦从铸锻件的表面清理扩展到金属结构件的强化、表面加工、抛喷丸成形等不同的领域。

　　该产品集成应用了机械制造技术；信息处理、加工、传输技术；自动控制技术；伺服驱动技术；传感器技术；软件技术等，实现了抛喷丸装备的数字化、成套化和绿色化，显著提高了装备的自动化程度，提高了工作效率和产品质量。在计算机仿真模拟、视频模式识别、抛丸机控制系统、射频技术、以太网、智能优化控制除尘器等技术研发所取得的研发成果，可以应用到其他机械装备和工业生产领域，具有较大的经济效益和社会效益。

案例 13
数控冲压自动化生产线系统

济南奥图自动化工程有限公司

轿车零部件中金属板材冲压件占40%以上，因此冲压装备在汽车工业中的地位举足轻重。车身覆盖件和车身结构件等金属板材冲压的主要加工设备是自动化冲压生产线。传统生产线依靠顺序控制和机械手实现多台压力机生长线之间的上下料。新的自动化生产线开发应用主从控制系统实现同步压机与快速送料机构之间的自动上下料，生产效率大幅提升。

一、导言

装备制造的自动化水平是一个国家制造业发达程度和国家综合实力的集中体现。随着我国装备制造业的快速发展，汽车制造业异军突起，并保持着强劲发展势头，逐渐成为我国国民经济的支柱产业。汽车冲压生产线是汽车生产制造中最主要的生产方式，冲压线自动化输送系统是体现冲压车间生产能力和效率的关键。

据不完全统计，轿车零部件中占40%以上的是金属板材冲压件，因此冲压装备在汽车工业中的地位举足轻重。在汽车金属板材冲压件中，车身覆盖件和车身结构件是金属板材冲压件的主体，主要加工设备是大型冲压生产线。随着对汽车冲压件质量和效率要求不断提高，汽车制造企业通常配备冲压自动化生产线，不仅成倍提高冲压件质量和产量，降低成本，而且解决了大型冲压工件无法安全上下料的难题，根除不安全性，降低了劳动强度。

济南奥图自动化工程有限公司开发的全自动数控生产线及相关数控装备关键技术，在全自动液压冲压线机器人上下料系统、全自动汽车驱动桥热锻落地式（悬挂式）机械手上下料系统、全自动压力机冲压线机器人上下料系统、全自动汽车底盘焊装线物料输送系统、全自动汽车大梁冲压多机器人同步上下料系统、Q5/Q8汽车底盘桁架式机械手传输设备等几十条高性能自动化生产线中得到应用，相关产品及自动化线已应用于奇瑞汽车、一汽大众、上海大众、三一重工、中国一重集团等知名企业。

二、数控冲压自动化生产线

冲压自动化技术在近十多年得到了飞速发展，从早期单纯依靠顺序控制和机械手实现多台压力机生产线之间的上下料，发展到现在的依靠主从控制系统实现同步压机与快速送料机构之间的自动上下料，生产效率得到大幅提升。但冲压自动化线中采用的压机、机器人等装备隶属于不同制造厂家，各厂家底层控制算法保密，设备与设备之间在控制逻辑、环境要求及相关技术参数存在很多的不一致，导致生产线各设备不能根据信号实现节拍的完全衔接，效率一直在较低水平徘徊；不同厂家设备之间的连锁信号传输存在精度不足和信号延迟等缺陷，提高生产速度的同时也增加了设备发生相互碰撞的概率，难以找到生产效率与设备安全之间的平衡点；各设备之间只是用通过连锁信号进行优化，没有整线控制生产速度的模式与专用控制器，在一定范围内限制了生产节拍的提高。

1. 数控化的整体设计

冲压自动化生产线整线运行循环方式通常为：垛料拆垛（机器人拆垛）→板料传输→板料涂油→板料对中→上料机器人送料→（首台压机冲压）→下料机器人取料、送料→（压机冲压）→（根据工序数量循环）→下料机器人取料、送料→（末端压机冲压）→线尾机器人取料、放料—皮带机输送→码垛。

开发的机器人冲压自动化生产线设备构成主要包括拆垛台车（含导轨）、拆垛皮带机（含磁力分张器）、清洗机、离线皮带机、磁性皮带机、视觉对中系统、工业机器人、机器人真空系统、端拾器、线尾皮带机、检验台、安全围栏、气动控制系统、电气控制系统等单元。相关设备还包括压机、机器人、涂油机、垛料翻转机、垛料运输车等。

研发了全自动板料清洗机、全自动板料涂油机、C型以及O垛料翻转机、新型连杆式上下料机械手、桁架式机械手、板料视觉对中系统、新型端拾器、新能源无轨重载电动运输车、压机–机器人协同作业规划控制器等产品，应用自主设计的整线控制程序实现了冲压生产线的数字化控制、全自动运行。

2. 工业机器人研发应用

我国工业机器人设计制造和系统应用基础薄弱，国内大部分厂家使用的工业机器人主要依赖进口，但机器人及相关装备的底层控制算法并不开放，导致生产线各设备不能根据信号实现节拍的完全衔接。因此急需技术成熟、产能稳定的上下料机械手。

济南奥图自动化工程有限公司自主开发了用于冲压线压力机自动上下料的单臂机械手（图1和图2），通过研究送料机械手的底层信息、机械本体及运动控制算法，解决了冲压线压机与机器人协同作业控制问题，提高了生产线效率。与国外进口机器人相比，单臂机械手在冲压自动化线的应用在生产节拍及整线成本上具有显著优势。

该单臂机械手具有四自由度分别为：

（1）Y轴由齿轮齿条驱动，负责把零件从一台压机附近移动到另一台压机附近（图3）。

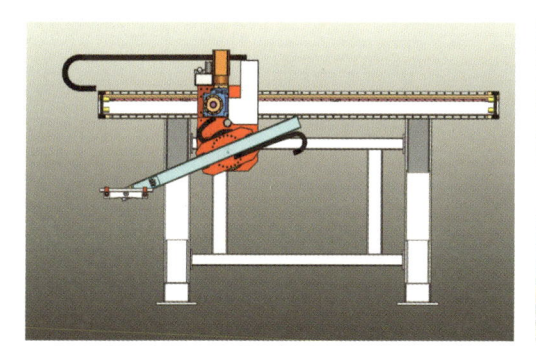

图1 单臂机械手结构　　　　　图2 线首上料

（2）U arm 轴由齿轮齿条驱动，在 B 轴旋转的同时收缩，以保证工件在运动的过程中相对于地面的高度不变（图4）。

图3　Y水平轴示意

图4　U arm 轴示意

（3）B arm 旋转轴在 Y 轴直线运输零件的过程中改变工件的方向，以保证顺利进入下一台压机（图5）。

（4）A 末端姿态轴通过旋转末端角度调整端拾器姿态。该轴直接安装在 U 轴内，一方面补偿由 B 轴旋转带来的方向改变，另一方面该轴可以用于优化在上下料模具里的端拾器角度（图6）。

图5　B arm 旋转轴

图6　末端姿态轴示意

四自由度机器人软件控制系统主要由通信模块、示教模块、机器人运动学模块、机器人轨迹规划模块、外设控制模块、报警模块、急停处理、文件管理以及人机接口模块等组成（图7）。

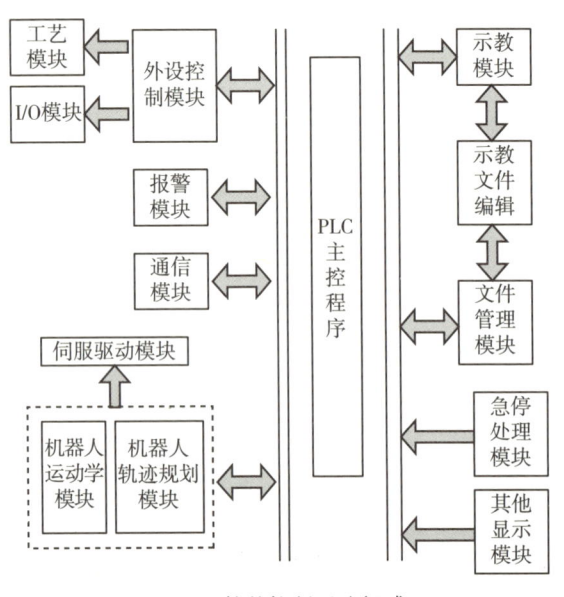

图7　软件控制系统组成

3. 全自动板料清洗机

板料清洗机由引料辊、毛刷辊、挤干辊组成的辊系，以及动力及传动系统、液压调整机构、清洗过滤系统、集束喷管组件、油雾收集器、润滑系统、行走机构、电气控制系统组成（图8），主要用于汽车行业板料冲压自动化线。清洗机采用引入辊、清洗毛刷辊、挤干辊共3组辊子，经过清洗后钢板表面油膜厚度达到每个表面 0.8～1.5 g/m^2，其主要技术特点如下：

（1）挤干辊采用无纺布层压布辊，可

提供良好的挤干和张紧性能，其疏松的表面有利于板面形成统一厚度的油膜，同时这种辊子具有防擦伤和自愈功能。采用层片式的无纺布结构，辊子材料可适于局部修补。

（2）液压清洗回路采用双回路及双泵结构，二组粗过滤（磁性过滤器）和精过滤（双筒过滤器）均为并联结构。过滤器的滤芯可重复使用，采用并联式双筒过滤器使得滤芯的清洗与更换，既不需要停机又简单方便，大大降低停机率。

（3）清洗机箱体采用分体式结构，能够快速分开，当出现不良板料卡在清洗机内部时能够方便快速地处理。

（4）清洗机油箱布置在清洗机的底部，采用层隔结构，特殊的迷宫式设计保证了清洗油的过滤和清洗质量。油箱回流的合适位置设有永磁铁，用于吸附清洗液中可能存在的铁屑。

（5）装有油雾回收净化处理装置，将清洗机工作时产生的油雾抽出，经油气分离装置将油雾分离后，排出气体达到国家排放标准。

（6）行走底座。必要时，清洗机可沿导轨开出物流通道。

（7）整个控制系统均由 Profibus-DP 的总线控制，而且除从站模块为 IP20 的模块外，其他的模块都采用 IP67 的网络模块。

4. 新能源电动无轨重载运输车

新能源电动无轨重载运输车是光、机、电、液一体化的高技术产品，主要用于汽车、钢铁、机械制造企业的内部模具、工件、钢材运输，物流企业内部物料运转（图9）。

图8　板料清洗机　　　　　　　　图9　电动无轨重载运输车

新能源电动无轨重载运输车由公司自主研发，驱动系统采用蓄电池组＋直流调速系统＋低压直流电机＋减速机的组合技术；控制系统采用 PLC+ 射频无线遥控系统；悬挂系统采用弹簧和液压两种形式；车身采用焊接框架式重载车身；车身转向系统采用液压转向技术。其主要技术特点如下：

（1）整车采用蓄电池供电、直流电机驱动，承载力大，启动稳定，可不依赖导轨，实现双向行驶。

（2）液压转向系统。抗震动、无泄漏，扭矩大，保证在超过 50 t 重载下转向灵活。液压转向机构保证了较小的转弯半径，可在较小空间内实现 360° 转向。

（3）驱动轮悬挂系统。为保障较小的转弯半径和转向灵活，运输车采用五轮结构，4 个承载轮无动力但可以自由转向，一个驱动轮提供驱动力。

（4）射频无线遥控及可编程控制技术。为了灵活地控制车辆在紧凑的车间内部低速、高速及左右转向运行并对电控和液压系统提供保护，需要一套无线遥控装置配合 PLC 来控制车辆。

（5）整车安装有碰撞安全保护装置和声光报警系统，采用电磁制动，响应速度快，制动距离短，使用安全。根据承载吨位不同可选配聚氨酯或无内胎橡胶轮，不损坏车间地面涂层。

（6）高强度车身承载技术。采用网格式钢板焊接车身。

5. 全自动压力机机器人上下料系统

集成开发制造了全自动压力机冲压线机器人自动上下料系统（图 10 和图 11），广泛应用于各种类型的汽车覆盖件以及其他薄板零件的冲压成型生产线。

其中一条全自动机器人上下料冲压生产线技术指标：①板料宽度：700～2000 mm；②板料长度：800～4000 mm；③板料厚度：0.7～2 mm；④垛料重量：10 t；⑤整线最大线速度：150 m/min；⑥板料形状：矩形料梯形料或其他异形料，不规则并中间可能有不规则孔；⑦板料重量：单料生产：单片 ≤ 50 kg；⑧生产节拍：6～12 件/分。

根据技术指标及用户需求，全自动线的整线设计方案如下：

（1）拆垛机、清洗机、离线皮带机、磁性皮带机、线尾皮带机的动力全部采用变频电机驱动，保证整线速度匹配。

（2）上料台车具备物料检测功能，并与拆垛机连锁。当某一套台车上的垛料拆完后开出，另一套已上完垛料台车自动开进，两台车交替使用。上料台车台面采用整块板料，尺寸在 2200 mm × 4200 mm 以内，便于加工，并且表面不再全部加工；拆垛机真空吸盘为矩阵排列，具有参数存储功能，可以根据板料不同规格、不同尺寸自动输入参与工作的吸盘号。节省能源，并代替人工调整吸盘；自动磁性分张系统能进行板料分层，合理的布局能囊括所有尺寸的板料。具备参数存储功能，可以根据板料尺寸规格的不同自动确认使用磁力分张器的位置。

（3）清洗机后增加离线皮带机。清洗机在线时离线皮带机在清洗机后侧不影响拆垛机器人上料和钢板的传输；清洗机离线时离线皮带机开到松料位置代替清洗机来并通过动力驱动皮带传输板料。拆垛皮带机上某些特定的部位安装磁铁，防止板料跑偏和划伤板料，满足了清洗机在线和离线时整条生产线都能连续生产，清洗机双面齿条齿轮传动结构，使上下清洗辊可以上下对中调整，上清洗辊平稳下降的同时下清洗辊以同样的速度平稳上升，再配合检测开关很容易调节清洗辊刷毛的重合量，提高板料清洗的效果。

（4）独特的视觉定位系统。机器人能根据板料位置，自动调整取料位置和角度，可以取消传统的机械对中，更大限度发挥机器人上料的优势，减少用户编程调试的工作，应用更加柔性，提高了整线的可靠性。线尾皮带机总长度按 6 m 设计，皮带上可以同时输送多件冲压零件。

为使工件实现高速稳定的传送，该冲压线采用 FANUC 机器人 R2000iB-150P 作为送料工具，以及最适宜的动作控制方式；端拾器采用公司自主研发产品。

（5）只使用一个单元的主电柜及一套 PLC 控制系统。较机械手生产线每个单元使用一个主电柜和一套 PLC 系统相比较，数据传输速度更快，制造成本更低；全线开发了具有独立知识产权的 PLC 程序和人机界面程序，该程序把所有机器人、压机和安全部分的联锁信号有效结合在一起，采用 CClink 完成了和压力机的通讯；变频器、真空发生器等现场设备均使用 DeviceNet 总线连接，大大减少了工人现场的接线量，控制更灵活，精度更高；使用了 Proface 监控屏，监控画面更丰富，功能更强大，并通过串口进行画面数据交换，来保证画面及故障信息的即时性；在线首部分的操作站上，用户可根据工件生产需要，编写、保存、调用所有冲压工件的程序，任何工件程序只要保存一次后，均可直接调用。

图 10　机器人送料　　　　　图 11　机器人下料

6. 大梁冲压多机器人自动化上下料系统

开发了大梁冲压多机器人自动化上下料系统（图 12 和图 13），使用 3 组机器人及相应的输送机构和辅助机构完成压机进出料的全自动拆垛、翻转、对中、上料、下料、堆垛等工作。生产节拍 5 次 / 分，板料最大长度 8300 mm，最大重量 220kg。系统满足机器人与人工混合作业和全机器人自动化作业两种工作方式。其主要结构特点如下：

（1）上（下）线小车。为了与生产节拍同步，提高生产效率，减少吊料时间，上下料小车各有两台线外同时往复运动。小车采用电机驱动、变频调速控制速度。同时小车移动

图 12　大梁冲压多机器人上下料　　　　图 13　多组倒挂式 6 轴机器人加伺服 7 轴平移

重复定位精度满足机器人取料要求。设计时还应考虑吊料时钢丝绳的穿取及可视化导向定位装置，有进行末料检测的接近开关，接近开关安装时需考虑防撞及高低位置调整。

（2）拆垛机器人。机器人应能适应料长、料厚、料重、料成形等参数变化，拆垛端拾器每次取料时做有料检测及双料检测。由 2 台 6 轴负荷 200 kg 以上的机器人对料垛进行拆垛工作。端拾器采用电磁方式，电磁铁安装时对应控制线路应并接续流保护元件。

（3）输送、翻面装置。板料输送过程中考虑满足不同长度板料的要求。输送机构采用 6 组以上有动力的滚道，多组滚道可沿压机左右方向轻便独立移动满足料的长短变化。考虑到大梁冲压线上的板料优势根据工艺需求翻转 180°，针对板料长条状、规格多，采用电磁铁吸住板料的方式进行夹持固定，避免对板料造成损伤。

（4）视觉对中系统。为了满足上料的精确定位，保证加工精度，研发了视觉对中系统。采用独立的 6 套摄像机构及照明方式，仅有辅助照明情况下亦可满足视觉系统的要求，摄像头及辅助照明的安装高度高于工件 2 m 以上。

（5）上料单元。能适应料长、料厚、料重、料成型等参数变化。采用由 3 台 6 轴负荷 200 kg 以上的机器人组成的上料单元。端拾器采用电磁铁的方式，进料端拾器每次取料时做有料检测及双料检测。端拾器电磁铁安装时对应控制线路并接续流保护元件，保障操作人员安全。

（6）下料单元。由于考虑生产线中对工件的抽检，与上料单元不同，下料单元采用 3 台负荷 200 kg 以上的 6 轴机器人外加伺服 7 轴把物料从模腔取出，可以按设定的下线零件间隔数量把抽检零件放到抽检台。

（7）抽检台。为了方便员工进行各种检测，设计安装抽检台。抽检台上可以放置所有型号的工件。安装的位置需完全避让下料机器人的工作范围保证人员安全。完成检测后，按下抽检台上的确认按钮后，由下料机器人放回到码垛筐内。

（8）主控制箱及操作箱。为精确满足以上各部分的操作动作，控制系统采用日本 OMRON 的 CS1 系列 PLC，CPU 型号为 42H 配置 DeviceNET 总线通讯模块与机器人及外围设备通讯。在主电器柜上安装多画面智能触摸屏，实现主要操作参数及故障显示，故障自诊断报警，I/O 状态显示，文字提示故障区域和故障元器件。

三、展望

冲压是汽车整车生产的四大工艺之一，随着我国汽车行业快速发展，企业是否拥有高性能、高效率的冲压自动化设备技术成为汽车行业的核心竞争力之一。

1. 积极开展机器人的研发及应用

现代冲压自动化设备实现以下几种功能：①机械手上下料。机械手上下料的自动化机构一般包含拆垛装置、对中装置、上料机械手、下料机械手、穿梭小车等部分。②机器人上下料。机器人上下料机构一般包含拆垛机器人、对中装置、上下料机器人等。与机械手的主要区别在于使用通用的工业机器人进行上下料操作。③快速送料机构上下料。快速上下料机构由机械手发展而来，是速度更快、更加具有专业性的冲压自动化专用设备。

2. 开发数控化智能化装备

开发拥有自主知识产权的冲压自动化线所用的数控一代装备，如专用机械手、工业机器人、清洗机、涂油机、新型快速送料机构等设备，可有效提高我国冲压自动线水平，振兴我国汽车产业。

3. 进一步提高整线控制水平

目前，存在着整线协作能力差、控制生产节拍的模式不完善以及专用控制器缺乏等诸多问题，需要进一步研究在冲压生产线上运用同步运动控制技术，通过优化机器人运动路径来提高机器人运动速度，优化节拍响应时间，完成机器人运行速度和生产线节拍变化自动匹配，提高生产效率。

案例 14

高强度钢板热冲压成形自动化生产成套装备

山东大王金泰集团有限公司

通过超高强度钢板的冲压成形与材料相变，使材料获得更高的强度、硬度和抗变形性，是汽车车身提高强度与轻量化的重要途径。高强度钢板热冲压成形生产线集落料、加热、防氧化、热冲、淬火冷却、切形及喷丸处理等于一体，通过系统集成，实现了计算机对整套装备监控、操作和诊断等过程的数字化集成控制，突破了发达国家在该领域的技术垄断。

一、导言

将高强度钢板加热实现相变再冲压成形并进行淬火，从而获得更高强度、抗变形性与更高硬度的热冲压技术，目前已成为兼顾轻量化与提高汽车碰撞安全性的最佳途径。高强度钢板热冲压成形生产线是一个集落料、加热、防氧化、热冲、淬火冷却、切形及喷丸处理等于一体的综合制造加工系统，是体现机械加工、电控与材料化工紧密交叉的国际前沿高新技术。目前国内热冲压生产线以进口生产线为主，耗资巨大，山东大王金泰集团攻克了总线控制系统、热冲压模具、冷却水系统、制氮系统等关键技术，成功建成了800 t自动化超高强度钢板热冲压成形生产线，并将《高强度钢板热冲压成形生产线及其生产工艺》申请了国家发明专利。

山东大王金泰集团有限公司创办于1958年，2004年完成股份制改造，经营产业涉及高端装备制造、机械加工、新能源、新材料、城市矿产综合利用、国际贸易与综合物流、金融服务、房地产及信息产业等领域。

主要产品有高强度钢板热冲压成形自动化生产成套装备、锂电池自动化生产成套装备、轮胎硫化装备（包括轮胎模具、轮胎胶囊、硫化机等）、石油机械及配件（减速器、抽油机）、树脂砂铸件、有色金属配件、磷酸铁锂电池、碳电极新材料等。公司拥有子午胎模具、轮胎硫化胶囊、智能控制双模轮胎定型硫化机、超高强度钢板热冲压成套装备、锂电池自动化生产装备的自主研发能力和核心技术，是山东省最大的轮胎硫化成套装备研发、生产、销售及出口企业。

二、高强度钢板热冲压成形自动化生产线

1. 生产线概述

图1　生产线现场

高强度钢板热冲压成形自动化生产线是集拆垛打标、加热、防氧化、热冲压、淬火冷却、切形及喷丸处理等于一体的超高强度钢板生产成套装备（图1），集成了机械制造、材料成型、自动控制、汽车制造等技术。热冲压成形技术通过超高强度钢板的冲压成形与材料相变，获得更高的

强度、硬度和抗变形性，是汽车工业车身高强度化与轻量化的最好途径，受到了全球汽车厂商与钢铁生产企业的青睐。

2. 主要技术内容

公司设计了具有自主知识产权的高速液压机、加热炉、热冲压模具和快速上下料机械手等关键机械部件，开发了料片拆垛系统、码垛系统和控制系统，通过对各系统的集成，生产出可以利用计算机对整套装备监控、操作和诊断的高强钢热成形成套装备。

其中拆垛系统设有定位、无料检测装置、对中机构、料片双张检测机构；上料机构实现标准化，灵活组合可实现单料片、双料片、四料片上下料；采用氮气保护陶瓷辊底式加热炉，可根据客户生产节拍定制炉体长度和控制方式；高速液压机采用五缸三级机构、差动驱动加蓄势器驱动、充分利用恒功率泵不变量段等手段，实现低装机功率条件下的高速度，滑块和液压垫运动全行程速度可控。

我国高强度钢板热冲压生产线长期依赖进口，技术为国外少数公司垄断，我国作为汽车制造大国，每年都耗费巨资进口该类准备。山东大王金泰集团研发的高强度钢板热冲压成形自动化生产成套装备以及热冲压成形工艺（图2），拥有完全自主知识产权，实现了高强度钢板热冲压成形装备的国产化，打破了国际技术垄断，对我国汽车工业发展具有重要意义。

（a）正向　　　　　　　　　　（b）侧向

图2　高强度钢板热冲压自动化生产线

3. 生产线的组成设备

（1）拆垛系统。

拆垛系统包含移动式拆垛台以及桁架式上料机械手、打标站和对中机构，拆垛台配有磁力分张系统、定位装置、无料检测装置，机械手安装了吸盘式端拾器，打标站由料片双张检测装置和打标机构组成。

（2）陶瓷辊底式电加热炉。

加热炉关键技术如下：

1）建立了基于RBF神经网络的坯料出炉温度预测模型，以坯料出炉温度偏差和加热炉能耗最小构成优化目标函数，采用优化算法确定最佳稳态炉温设定值，解决炉温设定中的盲目性和随机性问题，提高搜索精度。

2）研究了神经网络信息集成与融合技术在构建系统数学模型过程中的基本原理、步骤和规则，最终完成辊底式加热炉钢板温度监测系统的研究。

3）利用MATLAB数学工程软件强大的数学运算和数据管理、神经网络工具箱、自动控制工具箱、GUI和GUIDE界面编程等功能，编写出相应的应用程序，并结合原始数据信息采集系统构成完整的辊底式加热炉钢板温度监测系统，为该项成果进一步的推广应用提供了可靠依据。

表1 加热炉规格和技术指标

加热炉规格		加热炉技术指标	
加热温度	≥950℃	温度检测误差	<0.75%
保护气氛	氮气	最高炉温	1000℃
运行方式	连续、摆动	钢板温度均匀性	±3℃
炉体长度	根据用户生产节拍定制		
适用板材	裸板或涂层板		
辊棒驱动	伺服/变频驱动		

4. 液压机上下料机械手

（1）机械手控制方式。机械手采用标准化结构，可单台、2台或4台组合使用，通过灵活的组合，能实现单料片、双料片、四料片的压力机的上下料；采用组合式机械手，能够显著减少驱动系统的负载以及结构尺寸，提高工作效率（图3）。

（2）机械手技术指标。X向：最大速度：5000 mm/s；Y向：最大速度：3000 mm/s；Z向：最大速度：1000 mm/s；最大载重（含夹钳和钢板）：100 kg；定位精度：±0.5 mm。

5. 高速液压机

（1）液压机控制方式。

液压机通过采用五缸三级结构、差动驱动加蓄势器驱动、充分利用恒功率泵的不变量段等手段，实现低装机功率条件下的高速度，滑块和液压垫运动全行程速度、位移可控。液压机具有附加料片、零件温度监测以及模具冷却水温度、流量监测等功能（图4）。

图3 液压机上下料机械手　　　　　　图4 高速液压机

（2）液压机关键技术。

1）液压机的功能要求与整合。采用组合框架机身结构、T形侧向移出双移动台、模具冷却与温度检测、滑块运动力与速度的预设与控制等，使其在全面满足热冲压工艺的条件下更加适合国内的生产与管理状态。

2）低装机功率条件下高速度的实现。采取五缸结构配合蓄势器等措施，优化压力分级与速度分配，实现低装机功率下的高速运行。

3）全行程速度、位移可控，滑块在全行程上均能实现速度的PLC编程控制，通过全运行过程的控制确保热冲压的成形速度和周期要求。

4）整机整线功能的集成。本项目通过研究整机整线功能的集成，在实现压机成形工艺全过程参数均可由PLC编程预设和控制的基础上，形成以压机为核心、模具为载体的高度智能化的热冲压生产线，实现无人操作。

（3）液压机技术指标。

滑块闭合速度≥890 mm/s；回程速度≥600 mm/s；任何工况条件下均可在2s内完成压制。

6. 冲压模具

冲压模具结构采取标准模块化组装形式，模块的冷却管路采取五轴五联动加工中心加工，冷却方式采取水温和流量分别控制模式（图5）。

7. 总线控制系统（图6）

总控系统采用了故障安全型CPU作为主站，通过PROFIBUS DP协议实现对子系统控制，生产线管理PC提供监控、报表和配方选择功能，通过以太网实现与各子系统的通讯。总控系统设计中强化了安全功能，采用故障安全型模块、光幕和安全锁等设备，保护操作人员和设备安全，在实现自动化生产的同时兼顾效率、质量和安全（图6）。

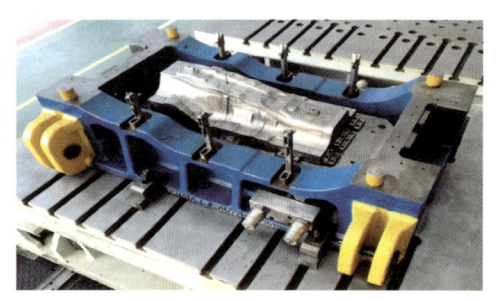

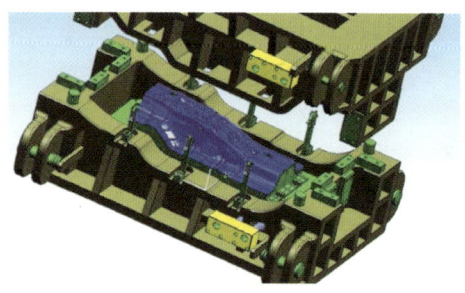

图 5　冲压模具

图 6　总线控制系统

三、高强度钢板热冲压成形自动化生产线的推广应用前景

该装备主要用于汽车高强度钢板的热冲压成形，也可作为航空航天、高速列车、船舶等领域的关键部件（图7）。设计制造的热冲压成形成套装备通过对普通锰硼钢的热冲压处理，可使普通锰硼钢的抗拉强度达到1500～1800MPa，成为高强度钢板。

目前国内热冲压成形线均为进口，本项目产品为填补国内空白产品，具备年产4套的产能。同时，热成形制品还可作为航空航天、高速列车、船舶等领域的关键部件。

该技术成果产业化后，可年产4套高强度钢板热冲压成形自动化生产线，每套售价4650万元，年可实现销售收入18600万元，利税5458万元。同时会突破国外发达国家在该领域的技术垄断，降低热成形企业生产成本，有效推动我省乃至全国热成形制造业的技术进步和产业升级，同时会推动我国汽车、特种装备、甚至军工行业的变革性发展。

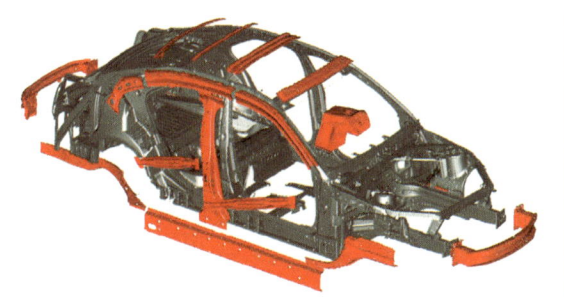

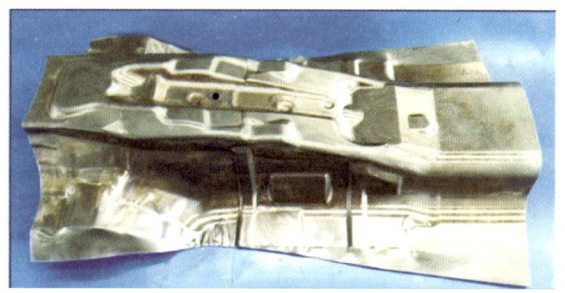

图 7　汽车冲压件

四、取得的技术成果

该装备 2013 年列入山东省自主创新成果转化重大专项，现已申报专利 7 项，其中发明专利 3 项；获得授权专利 4 项，其中发明专利 1 项。

在研发平台与科技人才支撑下，公司年均开发新产品、新技术 5 项以上，技术成果转化率达 98%。截至目前，公司后承担国家火炬计划、国家重点新产品、国家科技创新基金、山东省科技发展计划等省部级以上项目 16 项，获得山东省科技进步二等奖 3 项、三等奖两项以及东营市科技进步一等奖 3 项，累计获得国家专利 51 项（其中发明专利 6 项），其中 6 项专利荣获国际专利博览会金奖。

公司研发的子午胎模具数字化设计与精确成型技术、智能控制双模轮胎定型硫化机先后被列入科技部创新基金、火炬计划、山东省科技发展计划等课题，技术水平达到国际先进水平，并获得山东省科技进步二等、三等奖。公司研发锂电池自动化生产装备、高强度钢板热冲压自动化生产成套装备，填补国内空白，打破了国外公司的技术垄断。期中，高强度钢板热冲压成形自动化生产成套装备被列入山东省自主创新专项，获得省财政专项资金支持。

五、展望

现在我国热成形制品生产企业产品从设计到生产线布置以及设备和布局规划等基本上都自国外引进，虽然国外热冲压技术比较成熟，但对国内实行技术封锁，在引进生产线和模具不仅需耗费大量资金，而且得不到关键的核心技术，导致产能普遍很低。项目克服了我国当前普通锰硼钢（抗拉强度 300～400 MPa）产能严重过剩，而高强度钢板却大量依靠进口，热成形制品生产企业自主创新能力欠缺等系列问题，填补了国内空白，拥有该装备自主知识产权，可以替代进口。

案例 15
数控化子午胎胎面缠绕成套技术与装备

威海三方橡胶机械有限公司

发达国家在子午胎生产中以热贴合缠绕法逐渐代替分块冷贴合工艺，对机械设备的自动化程度和控制精度提出了更高要求。公司自主研制的系列子午胎胎面缠绕成套设备采用交流伺服系统驱动，用联控程序将工控机、PLC、伺服电机、检测装置结合为一体，对缠绕胎面的形状、尺寸、重量及整条生产线实现程序联控，大幅提高了缠绕轮胎控制精度和生产效率。

一、导言

随着国内外对子午胎产品需求的不断加大,我国子午胎的产量和生产企业的数量也日益增加。但国内轮胎生产企业对子午胎的胎面生产仍然采用分块贴合式冷成型胎面的生产技术。而采用分块贴合式冷成型胎面存在着诸多不足之处。欧美等发达国家在子午胎的生产中通过对工艺、设备等方面的改造,相继采用自动化机械以热贴合缠绕法逐渐代替分块冷贴合工艺,使用效果良好。威海三方橡胶机械有限公司与轮胎生产企业合作,对斜交胎面缠绕机组进行了改造升级,研发了采用热贴缠绕法生产子午工程轮胎技术装备。公司自行研制的XYZ系列子午胎胎面缠绕成套设备,其缠绕轮胎胎面外观形状好,生产效率高,产品适应性强,控制精度大幅提高,装备整体技术达到国内外先进水平。

二、数控化子午胎胎面缠绕成套设备的研制

1. 子午胎胎面生产存在的问题

(1) 胎面密实性差。胎面一般由多块宽大胎面胶人工冷贴合成胎面,由于胎面胶为冷胶,粘贴性能差,而且胎面胶的宽度比较大,因此压实排气困难,胎胚容易形成气孔、窝气、脱层等缺陷,抗撕裂程度差,容易制造出废品,为轮胎质量埋下隐患。

(2) 胎面形状尺寸精度控制困难。由于胎面是由多层、多块胎面胶人工贴合而成,贴合的位置只能通过人工判断,对胎面形状尺寸精度难以准确控制,对基部胶和胎面胶的贴合难以准确掌握,使轮胎的工艺性难以保证。

(3) 轮胎重量不能准确控制。由于没有实时检测功能,在胎面贴合中,无法观察和检测到胎面的形状和尺寸,因此重量控制难以准确。

(4) 劳动效率低、操作强度大。由于胎面胶宽大、温度低、硬度大、塑性差,贴合胶片时,需要人工拉伸胎面,增加了操作者的劳动强度。生产效率很低。

该数控化成套设备主要用于子午胎的三维立体热缠绕成型。子午胎胎面缠绕成套设备(图1)是将冷喂料挤出机挤出的胶片经过压片装置整型,并采取开环控制,使胶片截面尺寸一致且保持稳定后,经冷却装置降温,达到一定温度后经输送装置输送到缠绕站,经缠绕站和成型机联动,按设定程序在胎胚上缠绕出所需形状、尺寸及重量的立体胎形,实现一次成型。整个缠绕生产线采用开环控制,全线联动,在工控机和PLC中设定好各种参数后,全过程自动完成。

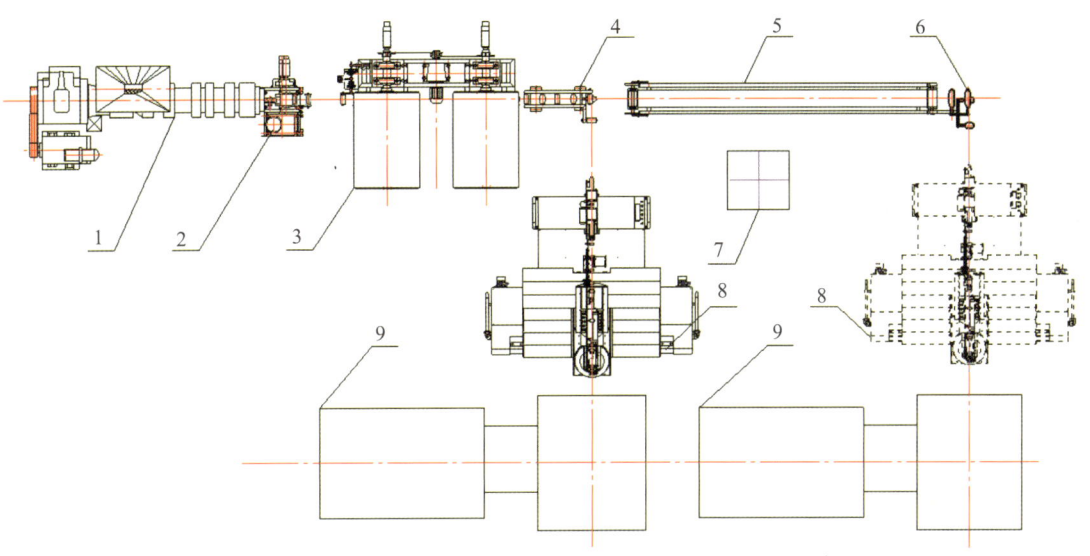

案例 15
数控化子午胎胎面缠绕成套技术与装备

1- 冷喂料挤出机 2- 压片机 3- 冷却鼓 4- 辊道 5- 运输带
6- 供料导向装置 7- 操作控制装置 8- 缠绕站 9- 成型机

图 1 子午胎胎面缠绕生产线装备构成示意

2. 产品结构设计

（1）压片装置（图 2）。

压片装置是调节挤出胶片宽度和厚度的装置，由于挤出机挤出胶片的截面尺寸受胶料、入料量、转速等多个因素的影响，使得胶片截面尺寸不断变化，这直接影响到了缠绕胎面的形状、尺寸和重量，为了解决这一问题，在挤出机口型板处设有压型辊装置，对胶片的截面尺寸进行整型处理。压型辊后端带有测宽装置，对胶片宽度尺寸进行检测并发出测宽数字信号，控制压片装置的电机，调节压型辊的速度，保证胶片尺寸的稳定和连续。

（2）冷却装置（图 3）。

从挤出机出来的胶片的温度比较高，要在短时间内冷却到适宜缠绕的温度，必须加大冷却能力，冷却鼓是利用导热性能良好的铝合金制成螺旋夹套式滚筒，水流在夹套内流动速度快，冷却效果好。为适应环境温度变化，保持胶片温度的稳定，冷却鼓前后装有 10 个鼓形调节辊，通过调整调节辊轴线与冷却鼓轴线的夹角，可调整胶片缠绕在冷却鼓上的螺旋角，改变胶片的冷却面积，也可通过降低冷却水温度、加大水压、加速水流速度或采用双冷却鼓的

图 2 压片装置

方法，达到调整冷却效果的目的。装置前端还装有调速装置，用以保证和挤出机的速度相匹配。

（3）输送装置。

用于胶片的输送装置。根据现场情况分动力输送和非动力输送两种形式。动力输送采用皮带运输机，非动力输送采用辊道输送。

（4）缠绕站（图4）。

缠绕站是缠绕设备的核心。主要由机架部分、运动部分、转动部分、缠绕头部分、导向部分、气控部分、电控部分等组成。

机架部分主要由支承框架、主机定位装置等组成。

运动部分主要包括横向、纵向运动。两个运动部分皆采用伺服电机带动滚动丝杠副实现横向和纵向（X向，Y向）的自由变速移动。

转动部分主要用于使缠绕头始终保持在胎面法向上的贴合压实。由伺服电机驱动，实现Z轴方向的转动。

缠绕头部分用于完成胶片缠绕贴合过程中的胶片输送、排气、压实。主要由压实装置、排气装置、气动装置、测量装置、箱体等组成。

图3 冷却装置

图4 缠绕站

导向部分是使胶片在张力基本保持一致的情况下，胶片可随缠绕头在X轴、Y轴方向上运动和在Z轴方向转动，满足缠绕过程对胶片的要求。

气控部分为各部分提供风动力。

电控部分主要由运算处理部分、驱动部分、脉冲发送部分等组成。

3. 控制系统设计

以工控机、PLC做计算显示传输和控制中心，用联控程序将工控机、PLC、伺服电动机、检测装置结合为一体，联动控制。控制方式有手动控制和自动控制两种，由用户选用。采用工业级人机界面，显示屏既能显示成型工艺步骤及工艺过程，又可随时调用内存的各种不同规格轮胎工艺参数，为编导工艺程序提供准确参数，实现自动编程控制。缠绕站压实、排气、测量都是通过气动实现的，气动系统是影响胎面质量的重要工作部分。解决的关键技术问题如下：

（1）联控程序设计。要使胶片按要求的厚度、重量缠绕在胎胚胎面上，要有确定的位置和宽度，需要对胎面宽、厚、重量和位置进行控制，并且在显示屏上显示这些参数和胎面的形状曲线，还要联控整条生产线，满足这些条件，需要建立数学模型，设计通用化程序，用工控机、PLC 计算、显示、传输、控制中心，对缠绕胎面的形状、尺寸、重量和整条线实现程序联控。

（2）缠绕站是执行机构，它需按程序完成缠绕过程中全部动作，包括压实、排气、测量、补偿、胶片导入、缠绕头移动调速等部分设计，这部分设计是确保胎面质量和缠绕精度的关键，通过计算机优化设计以解决相互位置关系和压实排气辊的压力。

（3）冷却装置冷却效果是决定热贴后胎面密实度的关键，工艺要求胶温度控制在 $70\pm2℃$，这就要求在设计中优化考虑冷却鼓的直径大小、长度，进出冷却水的智能控制等相关问题，找出相互关系，确保冷却效果。

（4）本机组中，挤出机、压片装置、冷却装置、输送装置、缠绕站与成型机，存在速度匹配问题，一方面要保证胶片在整个运行过程中有一定张力，另一方面要保证胶片不能过分拉伸，出现较大变形、断片等现象。所以，要以胶片速度为主控参数联动控制各部分的速度，使其有良好的跟随效果。为了解决好以上问题，对现有能利用的技术力量和生产能力进行分析，确定合适速度，设计速度控制方法。

三、主要创新点

1. 贴合胎面的胶片截面尺寸的系统控制

由于缠绕轮胎胎面胶片的线速度是在不断变化过程中，而此缠绕生产线对胶片的截面尺寸的要求又非常严格，因此如何在运动速度不断变化的情况下保持胶片截面尺寸的稳定一致，成为这条缠绕生产线的基础关键。为了解决这一问题，在挤出机口型板处设有压型辊装置及测宽装置，对胶片的宽度实时检测，反馈信号，开环控制，根据运动系数自动调整压型辊的运动速度，保证胶片尺寸的稳定和连续。

2. 伺服电机驱动

运动部分采用伺服电机带动滚动丝杠组成的运动副实现横向和纵向（X 向，Y 向）的自由变速移动，转动部分由伺服电机驱动，实现 Z 轴方向的转动，使缠绕头始终保持在胎面法向方向上的贴合压实。导向部分在胶片张力基本保持一致的情况下，使胶片可随缠绕头在 X 轴、Y 轴方向上运动和在 Z 轴方向转动，满足缠绕过程对胶片的要求。

3. 生产线速度自动匹配

整条生产线由多台设备组成，每台设备都单独控制而又能联动，因各部分速度匹配问题直接影响胶片的拉伸程度，如果在传送过程中出现拉伸不匀现象，将直接影响缠绕胎面的形状和重量。针对这种情况，采取速度逐级跟踪的方式，以挤出机挤出胶条的速度为基准，压片装置、冷却装置、输送装置、缠绕站，逐级跟踪，上一级将通过传感器获得的速度信号传递至下级，下一级根据获取的信号以一定的速度与上一级相匹配，确保整条生产线速度的一致。整条生产线的传送速度，只需调整挤出机的转速，整个生产线将自动匹配速度。

4. 实现三维缠绕控制

整个胎面缠绕的控制系统由工控机、PLC、传感器等组成，并实现以下主要功能：

（1）缠绕胶片运动轨迹的控制。

缠绕驱动部分采用交流伺服元件，运用自主知识产权的程序实现 X 轴、Y 轴和 Z 轴的三轴运动，以获取与胎形一致的胶片运动轨迹。高精度的控制系统使胎面的缠绕形状得到了保证。数据采集单元是本系统工作的数据采集核心部分，数据采集的正确与否直接影响整个胎面缠绕的好坏。该单元采用高分辨率的旋转编码器及接近开关等元件，实现运动过程实时采集，并配备高精度的高速计数模块，保证了运动轨迹的准确。

（2）缠绕胎面的形状、重量的控制。

缠绕胎面的形状、重量的控制是通过 X 轴、Y 轴、Z 轴三轴的合成运动速度决定的。将已知胎面形状参数输入电脑中与实时通过传感器所取得的位置参数相对比，根据所需缠绕胶量确定合成运动速度。以保证胎面的形状与重量。

（3）工控机存储、修改和控制功能。

根据轮胎生产工艺把胎面数据参数输入工控机，使其勾勒出轮胎的外观形状，轮廓坐标点可根据工艺要求增删，控制参数包括联动速度数据等。生产过程中能够实现实时检测胎坯的实际形状，并在显示屏上用不同颜色显示，具有自动化程度高、精度高的特点。

四、经济效益和社会效益

该产品驱动部分采用交流伺服系统，控制系统精度高使胎面的缠绕形状得到了保证，精度由原来的 90% 提高到 98%，达到了国际同类产品的技术水平。形状和重量上误差率控制在 1% 以内，达到了国内领先技术水平，实现我国子午胎生产设备的国产化，改变了被美国、意大利等少数发达国家垄断的落后局面。和国外同类产品相比具有价格优势，该产品价格只是同类产品的1/3，降低了成本，可能出口创汇和替代进口。装备的数字化水平较高，提升了橡胶轮胎制造业生产的现代化水平，具有良好的经济、社会效益。

五、展望

子午线轮胎有节油、减震、减少对土壤压实、提高主机牵引力和使用寿命长等特点，是一种节能环保型产品，在欧美国家已经得到普遍应用，完全替代了斜交轮胎。由于生产技术复杂、制造成本高等原因，我国子午线轮胎尚未完全普及，对子午线轮胎的优点认识不足，除少数进口拖拉机、收割机配套子午线轮胎外，大多数农机产品仍在使用斜交轮胎。子午线轮胎在世界轮胎产量中约占90%，近几年全钢载重子午线轮胎以及新一轮工程子午线轮胎的发展，使子午化技术不断完善，轮胎行业不断走向高端市场。

我国轮胎行业正处于一个快速发展时期，据统计轮胎产量增长速度超过15%，其中子午轮胎产量增长速度约在30%，国家产业政策已明确规定2015年子午胎率要达到85%，轮胎出口量将随之增长。该产品的研发为我国子午胎发展提供有力技术支持，使我国轮胎工业在国际市场上占有一席之地，提高了企业在国际市场上的综合竞争力。

案例 16
数控带式输送机整机设计控制和关键技术研发

力博重工科技股份有限公司

散料输送是物料规模化输送的重要方式，长距离、大功率、多点驱动的带式输送机对控制和运行平稳可靠性要求严苛。数控带式输送机集成应用了数字化智能驱动、智能监控、综合保护、数字化语音通讯等系统技术，实现了复杂工况识别、计算机跟踪识别和功率平衡控制等数字化智能控制，保障了带式输送成套装备系统的节能、高效和运行可靠性。

一、导言

力博重工科技股份有限公司（原泰安力博机电科技有限公司）成立于2005年，是国家级高新技术企业。拥有国内最大的带式输送机生产基地，建有山东省企业技术中心、山东省带式输送机电工程技术研究中心，公司在带式输送机整机设计控制和关键技术上取得了系列成果，研发了带式输送机数字化智能监控保护系统、带式输送机数字化语音通讯系统、带式输送机可控软起动和软制动技术等系统及产品。自主研发的YNRQD系列液体黏性软起动装置和KZP系列自冷盘式制动装置已获得国家专利。设计研发的带式输送机数字化智能监控系统、综合保护系统、数字化语音通讯系统等广泛应用于各种大型项目，先后在四川利森建材集团有限公司什邡分公司10 km矿山带式输送机项目等大型工程中得到应用，自2008年以来已推广应用2000套。

二、主要研究内容

1. 带式输送机数字化智能驱动系统

针对矿山企业作业地点有沼气、煤尘爆炸的恶劣环境和长距离、大功率、多点驱动的特点，开展了带式输送机计算机控制技术、PLC、变频调速技术等工业控制的研发和现场应用。带式输送机采取了软件、电气、机械多级保护及有效的抗干扰措施，控制精度高，动静态性能好，运行稳定可靠，有良好的人机界面，操作简便。

（1）带式输送机智能调速系统检测单元中，电流变送器和电流互感器获得来自于电动机的信号。电动机传感器采集到转速信号后转换成电压信号，使所有的信号均传送至PLC的A/D模块中。检测单元的检测信号用于保证带式输送机智能调速系统流畅运行。

（2）输送带是柔性构件，在运行中经常发生的故障有：当输送带与卷筒之间发生相对滑动时发生输送带的失速故障，在起动阶段则表现为起动打滑；当输送带物理中心线偏离其几何中心线时发生输送带的跑偏故障；当大块尖锐异物刺穿输送带时发生输送带损伤故障，轻者造成划伤、破洞，重者造成大面积纵向撕裂。输送机系统故障可能造成重大安全责任事故。在输送机上安装在线监测系统、电磁感应型非接触式监测保护装置、将带式输送机信息模糊化，经过融合中心的合成运算和决策规则将其融合，从而得到精确的带式输送机状态估计与判断，可以提高其安全可靠运行的概率。

1）在输送带接头的前后位置各嵌入一块磁片，通过用磁片探测器检测二者间的距离变化来判断接头的状态。当距离变化大于预警值时，系统发出声光预报警；当距离变化大于极限值时，停机、报警并显示松动接头的位置。

2）磁片探测器为非接触探测器，置于输送带受力最大的部位，用于检测磁片的到达时刻，其灵敏、可靠，并且抗潮湿和粉尘。

3）使用精确的测长传感器，精确测量两个磁片之间的距离。测长传感器的滚轮压在输送带上，当输送带运动时带动滚轮转动，使其脉冲产生电路输出电脉冲信号，由脉冲个数可以精确换算出长度。

4）用工控机实现实时检测和控制。每当接头前面的磁片经过磁片探测器时，产生一个电信号送入计算机，从此时刻开始，计算机接收来自测长传感器的脉冲信号；当接头后面的磁片到达磁片探测器时，探测器产生一个信号（中断请求信号），送入计算机。此刻，计算机停止接收测长传感器的脉冲信号，并将在前后两个磁片之间接受的脉冲个数表示的长度 L_1 与接头原来的长度 L 进行比较：当 $\Delta L = L_1 - L \geq$ 预警值时，声光预报警；当 $\Delta L \geq$ 极限值时，停机、报警并显示松动的接头编号。

（3）带式输送机正逐渐向着大功率、大运量、长距离的方向发展。随着输送带长度的增加，其伸长量也在增加，且其受动态张力的影响也趋于明显。由于张紧装置受张紧距离和张紧力的限制，难以适应长距离带式输送机的张紧要求。长距离带式输送机的张紧装置不仅要满足输送带伸长量的要求，而且要满足张紧力实时可调。采用常规的拉紧系统既不能有效解决输送带伸长量变化较大的实际问题，又不能根据负载变化适时控制胶带的动态张紧力。在原有的自动拉紧装置的基础上，通过对胶带上的张力和输送机的工作状况的深入分析，采用比例溢流阀来控制液压马达的输出扭矩，并通过将传感器所测得的张力值进行反馈来实现对胶带在不同工况下张紧力的适时控制。针对带式输送机紧急停机、断带或突然断电停机时最易造成自动拉紧装置受到破坏等情况，将比例溢阀的输入电流设定为一定值，缓冲油缸起到了微调和缓冲的双重作用，缓冲油缸在微调时，采用大容量蓄能器维持张力恒定（可避免泵频繁启动）；比例溢流阀的输出压力可按输入信号的大小改变液压马达的输出扭矩，实现对张紧力的适时控制。

2. 带式输送机数字化智能控制系统（图1）

采用自学习模糊控制理论设计复杂线路输送机运行工况的识别与计算机跟踪识别控制，自动判断输送机的电动和发电工况，及时调整启动、制动和功率平衡的控制策略，研制出可控起动制动的计算机智能监测与控制技术，采用智能控制理论解决输送系统的可控起停车与平稳运行。

（1）带式输送机"软启动"系统从机械上选择 CST 可控软启动、从电气上选择变频控制（VFC）两种驱动方式，在重载工况下可逐步克服整个系统的惯性而实现可控且平稳地启动。CST（Controlled Start Transmission）是一种液体黏性调速器（黏滞离合器、油膜离合器）的新型机电一体化产品，由多级齿轮减速器、湿式线形离合器、液压系统及控制系统组成，通过改变

(a) 带式输送机数字化智能控制系统

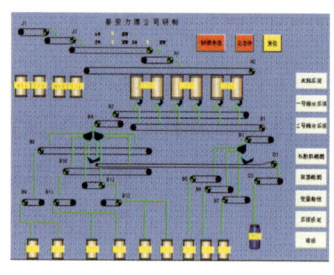

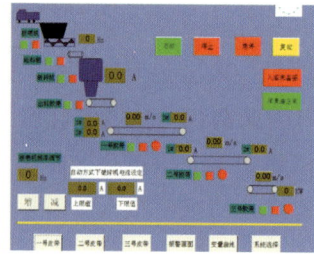

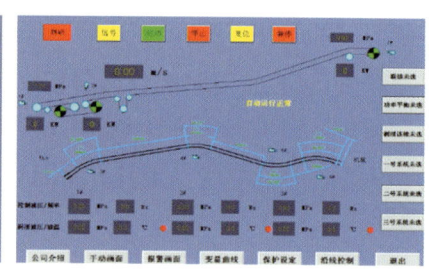

(b) 计算机管理系统—组态画面

图1 带式输送机数字化智能控制系统及计算机管理系统—组态画面

离合器片的间距达到改变黏性液体间的剪切力来改变传动力矩。带式输送机可使用单台，亦可使用多台 CST，启动负载之前驱动电机空载启动，而 CST 输出轴并不运动。在电机达到额定的速度之后，通过控制系统使每台 CST 离合器的液压力逐渐增加来缓慢、平稳地对输送带进行张紧，输送带平稳地加速到全速，从而输送带受力平稳。由于电机的选择是基于运动条件而不是启动条件，从而使用 CST 时电机的功率及尺寸可减小到最小。带式输送机启动平稳即可在较低的力矩及加速度状态下投入运行，消除输送带过大的张力，可防止输入到带式输送机时的功率及力矩超过安全限度，以保证带式输送机过载时不能运行，从而保护该系统的其他部件。

（2）变频控制直接驱动方式可调节起动速度斜率，软启动、软制动性能良好，采用电机、减速器、驱动装置的驱动方式，占地少、无运行功率损耗、响应速度快、调速性能好，节能效果明显，可以实现多台驱动电机之间的功率平衡。变频装置为感应电机提供变化的频率和电压，产生优良的启动转矩和加速度。变频控制本身是一个电力电子控制器，可以从零点几马力到几千马力，把 AC 整流成 DC，然后利用逆变器，再将 DC 转换成频率、电压可控的 AC。采用矢量控制或直接转矩控制（DTC）技术，能根据不同的负载采用不同的运行速度。根据给定的 S 曲线启动或停车，实现了自动跟踪启动或停车曲线。这种驱动方式为传送带启动提供了优良的速度和转矩控制，也能为多驱动系统提供负载均分。变频控制器可以容易地装在小功率传送驱动上。在中高电压使用时，变频控制的结构由于电力半导体器件的电压额定值限制而变得很复杂，中高电压的变速传动用低压逆变器串联来解决。由于串联器件之间容易均压以及输出端可以有更好的谐波特性，三电平电压型逆变器构成的变频控制系统已经成功地安装在带式输送机驱动系统中。

3. 带式输送机数字化智能监控系统（图2）

带式输送机由皮带、机架、驱动滚筒、改向滚筒、承载托辊、回程托辊、张紧装置、清扫器等零部件组成。带式输送机的驱动装置由单个或多个驱动滚筒驱动，驱动电机可以是单个电机或多个电机驱动。一般驱动装置包括电动机、减速机、液力耦合器、制动器或逆止器等。耦合器的作用是改善带式输送机的启动性能。制动器和逆止器是为了防止当带式输送机停机时皮带向下滑动。带式输送机所用的皮带有多种选择，如钢芯带、帆布芯带、尼龙带、聚酯带等。对载荷较小的皮带输送机一般选择帆布带。如果皮带的载荷较大时可采用钢芯带。所谓钢芯带是皮带中的芯部采用较细的钢丝绳承受载荷。

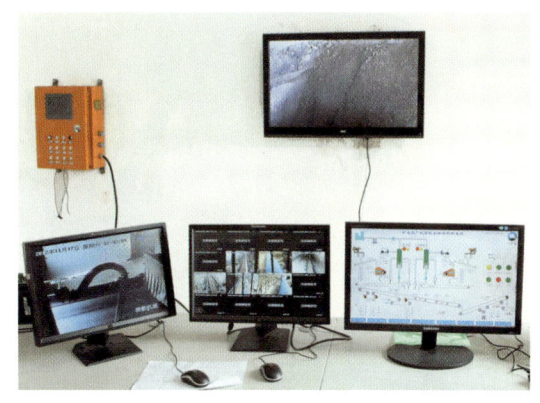

图2 带式输送机计算机数字化智能监控系统

带式输送机运行数据记录仪是将传感器、微电子、计算机与网络技术结合，针对带式输送机安全运行的薄弱环节和安全监控的特定需求，研制的具有进行数据采集和智能化处理、实现塔机的安全操作、实时监控等功能的一套系统。

运行数据记录仪用于完成带式输送机安全作业的数据采集、显示、报警、存储、远程数据监控功能。带式输送机数据记录仪功能划分为：

（1）数据采集。采样分为输送机运行速度、电机速度、电机功率、托辊间最大悬垂度以及全程安全防盗视频监控等。各路信号的传感器选择，应满足输送机的相关规定。

（2）数据显示。通过LCD显示器输送机运行速度、电机速度、电机功率、托辊间最大悬垂度等以数字方式或比例条、工作状态指示方式进行显示。

（3）安全报警。根据设定的安全报警限值，确定为正常工作状态和非正常工作状态。正常工作状态用绿色指示灯进行标识。在非正常工作状态下，当采样值超过下限但小于上限时报警指示灯显示为黄色；当采样值超过设定的上限值，报警指示灯显示为红色且以蜂鸣报警，同时安全执行机构切断超限机构的电源并开启相应的安全保护装置。

（4）远程监测。通过无线发射与接收装置传递信号，可在本地计算机上实时查看输送机当前的运行数据及先前下载和存储的数据，为输送机故障分析提供实测数据记录，还可通过网络向远端合法用户提供输送机实时运行情况的相关信息。

主机系统的主要任务是完成输送机安全作业数据记录仪控制。该系统可对输送机作业参数进行实时测量和显示，由计算机对实测参数、原始参数等进行数据处理和管理，实现多功能安全保护，为输送机安全运行提供较理想的安全保障。本系统可分为主控制器（主板）和采集控制器（采集板）两大单元。

1）主控制器单元的任务。主板主要完成系统的实时数据存储、数据传输、数据标定、控制采集板采集数据的类型（原码值或实际值）等。

2）主控制器单元的组成。主板单元主要由微处理器、FLASH 存储器、EEPROM 存储器、万年历等四大模块组成。主控微处理器采用单片机 W77LE58 存储主板程序。主板程序实现实时数据存储处理和响应处理 PC 机命令两大功能。FLASH 存储器存储数据记录仪在输送机运行中的数据，便于今后数据下载。EEPOM 存储器功能是完成数据记录仪系统的各数据标定，存储数据标定值。万年历模块显示数据记录仪时间信息。

3）数据采集控制器单元的任务。采集控制器单元的任务是负责对输送机运行的多项参数进行采集、处理以及实时显示。

4）数据采集控制器单元的组成。主要由传感器、模拟数据量采集转换、微处理器、LCD 显示等四部分组成。模拟数据量采集转换 ADS7870 模数转换芯片在输送机运行时的各项参数，如：输送机运行速度、电机速度、电机功率、托辊间最大悬垂度等通过相应的传感器电路转换为 0 ~ 2.5 V 的电压量，数据采集电路将各电压量信号转换为微处理器可识别的数字量供其读取、处理。

微处理器 W77E58 芯片存储采集系统软件，主要用来完成输送机实时数据的采集处理，根据主板的命令进行码值或实际值的采集，并将采集到的数据发送给主控制器单元，将读到的数据进行相应的运算处理，得出输送机运行的实际数据，并通过 LCD 终端显示给用户。

5）远程数据监控功能通过无线收发装置，完成输送机数据记录仪与地面计算机的通讯，并可通过地面计算机查看输送机的实时工作状态，下载历史数据信息。

6）报警控制单元 DSAY-S 继电器与 74LS07 芯片及延时电容与主控单元相连，通过中间继电器连接输送机控制系统。

4. 带式输送机数字化语音通讯系统

实现了矿用本质安全型要求，提高了产品的安全性能，减小了所需外壳体积，提高了数据传输的抗干扰能力和智能化程度，可以方便可靠地接入其他数字化环网系统。

5. 新型节能托辊和可控制动托辊

发明相关的托辊试验检测设备与工艺装备，降低旋转阻力和运行噪声，提高系统可靠性和设备寿命（图3和图4）。

6. 复杂线路有较强适应能力的"空间转弯输送机"

从理论上解决了复杂线路输送线路设计及系统优化问题。在煤炭、金属矿山、水泥、水电

图 3　KPZ2000 盘式制动装置 　　　　图 4　高寿命高密封托辊

等行业成为代替传统汽车运输的节能高效装备（图 5 和图 6），被认定为山东省重点领域重大首台套技术装备，获科技部科技型中小企业创新基金支持，被列入 2012 年山东省自主创新成果转化重大专项，泰安市 2012 年节能专项资金拟支持项目，该项目于 2013 年通过科技部科技型中小企业创新基金验收。

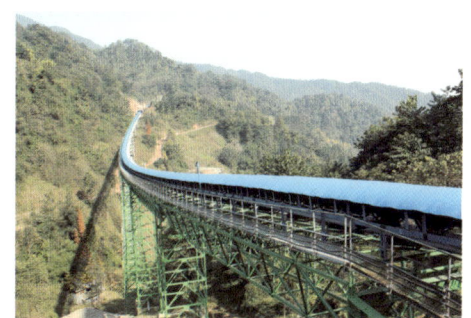

图 5　四川利森水泥带式输送机 　　　　图 6　内蒙古蒙西阿荣旗石灰石长距离弯曲带式输送机

三、主要成果

公司主要从事散料输送装备，特别是带式输送机关键部件以及关键技术的研发设计与制造，在带式输送机数字化智能监控、语音通讯、保护，长距离带式输送机，大倾角上下运带式输送机，弯曲带式输送机、带式输送机动态分析与监控技术的开发设计方面取得了系列成果。开发了带式输送机数字化智能监控系统、带式输送机综合保护系统、带式输送机数字化语音通讯系统、矿用本质安全型操作台、矿用隔爆兼本质安全型可编程控制箱、矿用隔爆型交流变频器、液体黏性软起动装置、自冷盘式制动装置等系统和产品。研究开发了高密封耐磨节能托辊、高耐磨钢缆托轮等矿山机械关键零部件。另外，电气产品还获得变频器 DSP

控制软件 V1.0、变频器 FPGA 控制软件 V1.0、变频器监控软件 V1.0、触摸屏实时监控系统 V1.0、带式输送机盘闸系统控制智能软件 V4.0、带式输送机液黏软启动控制程序软件 V1.0 等 8 项软件著作权。

在散料输送领域的数控化、节能环保等方面开发了带式输送机液体黏性无级调速装置、带式输送机用液体黏性可控制动器、基于变频控制的液黏无级调速装置、可控制动托辊、新型逆止托辊、限矩型低速逆止器、带式输送机用液体黏性可控起动制动一体化装置、自补偿式可控制动装置、以及高寿命、免焊接、低噪声逆止托辊和高压变频器功率单元等，均获得国家专利，成果产品在内蒙古阿荣旗、山水水泥、龙开口水电站、西山斜沟煤矿等单位投入使用，取得了较好的经济效益和社会效益。

四、展望

带式输送机整机设计控制和关键技术的研发，项目的优势和数字化特点表现为以下 3 个方面。

1. 带式输送机数字化智能驱动系统

通过计算机控制技术、PLC、变频调速技术等的工业控制技术实现了在矿山企业恶劣环境下，长距离、大功率、多点驱动的带式输送机的数字化运行和智能驱动。在控制精度、动静态性能、运行可靠性等方面实现了数控化、成套化，具有良好的集成性且操作简便。

2. 数字化智能监控系统、综合保护系统

带式输送机集成了数字化智能监控系统、综合保护系统、数字化语音通讯系统等，实现了复杂线路输送机运行工况的识别与计算机跟踪识别控制，通过调整启动、制动和功率平衡的控制策略，研制出可控起动制动的计算机智能监测与控制技术，保障输送系统的平稳运行，实现了带式输送机数字化智能控制。

3. 带式输送成套装备的设计制造

运用自主研发的数字化智能驱动系统、数字化智能监控系统、综合保护系统等技术，设计制造长距离、复杂工况下的带式输送成套装备，数控、节能、高效、环保的整机性能在散料输送装备领域起到数控一代机械产品示范带动作用。

案例 17

数字化焊接电源与相关装备

山东奥太电气有限公司

焊接是机械制造的基础工艺，数字化焊接电源与数字化焊机作为基础装备在结构、功能到工艺性能等各方面都体现出新一代装备的特点和优势。数字化控制器、数字化焊机的网络化群控管理系统、智能焊接车间、网络、智能化机器人专用弧焊电源、光伏并网逆变器等新一代产品体现了焊接装备数字化、智能化的发展趋势。

一、导言

山东奥太电气有限责任公司成立于 2003 年，专业从事焊接设备的研发、生产与销售，是目前国内最大的逆变焊机制造企业之一。2002 年被评为国家火炬计划重点高新技术企业，2011 年被国家发改委认定为国家级焊接装备工程实验室。公司研制的数字化逆变式弧焊机、数字化逆变式交流方波焊机等分别获得国家级新产品称号和山东省技术发明奖；所拥有的核心技术，如电流型移相软开关电路及控制技术获得国家科技进步二等奖；数字锁相环、反孤岛技术解决了逆变器可靠性和效率问题，已广泛应用于国内光伏电站以及德国、澳大利亚等国家的屋顶光伏发电计划。公司的销售与服务网络已覆盖亚洲、欧洲、美洲、非洲、东南亚等 40 多个国家和地区（图 1）。

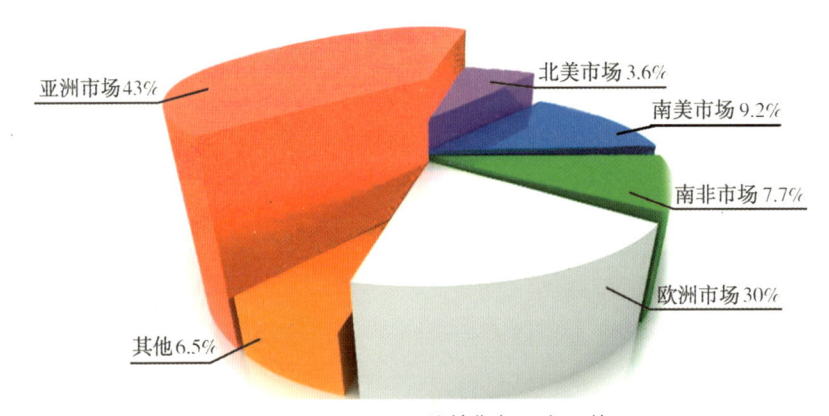

图 1 公司的销售与服务网络

二、数字一代的焊接装备

作为数字化焊接装备的核心，数字化焊机在技术和应用上已确立并越来越体现出新一代装备的特点和优势，成为当前焊制造领域最具有专业特征和方向性的基础装备。近年来，在焊接装备数字化、网络化与智能化的发展中，公司已形成数字化控制器、数字化焊机的网络化群控管理系统、智能焊接车间、网络、智能化机器人专用弧焊电源、光伏并网逆变器五大类的新一代产品，使焊接电源和装备从结构、功能到工艺性能等各方面都实现了更新换代的提升。

1. 数字化控制器

数字化控制器是脉冲 MIG/MAG 焊系统的核心部件和指令中心，它控制脉冲 MIG/MAG 焊电源的所有工作参数。当接收到启动信号，DSP 打开逆变器，逆变器输出焊接电流，根据用户设置的起弧参数、焊接参数、收弧参数和回烧参数等依次进行控制，并在焊接过程中按照工艺要求，实现恒压或恒流外特性的输出模式，快速调节脉冲的频率、峰值和基值电流，选择并优化焊接电流波形，实现熔敷率或熔透深度的控制，从而满足不同焊接产品的技术要求。焊机内置完善的焊接专家数据库，用户可以利用该功能实现焊接参数一元化调节，通过调节焊接电流，即完成焊接电压、峰值电流、峰值时间等参数的自动匹配，各项参数亦可根据操作者的习惯或工艺要求进行微调。

以双 CPU 控制系统为基础建立控制平台，各控制模块采用 485 总线数字通讯的方式联系，具有远程升级功能。控制系统主要由以 DSP 为核心的主控板、以 MCU 为核心的显示板及送丝机控制板、以 CPLD 为核心的驱动板和 Beckhoff 总线通讯控制器等组成。

2. 数字化焊机的网络化群控管理

以焊接制造工艺为核心，与焊接生产对象（产品）的装夹设备和自动化控制单元等构成独立的工作站或多工位的生产线。其中各种设备之间的动作协调、参数匹配、任务规划与过程管理等都通过网络来实现。

图 2 是一个基于局域网的数字化焊机网络化群控管理系统。以数字化焊机为最小单元，组成的自动焊接系统、机器人焊接系统，通过工厂局域网与其他数字设备信息互通，一个重要的应用就是提高了生产过程检测、实时参数采集、生产设备监控、材料消耗监测，并能根据不同焊接工艺对焊接电源输出特性通过软件的选择来实现。焊接车间实施群控管理系统的关键技术是信息通信的实时性、可靠性、准确性。

群控管理系统采用有线、无线等多种通讯方式实现焊机与群控服务器的连接，群控服务器可连入企业局域网或互联网，授权的用户可以随时在网络可达的范围内通过浏览器直接访问群控系统。该系统具有焊机管理、焊接规范管理、焊机状态实时监控、焊接数据统计分析、历史数据曲线重现、焊机故障实时提醒等功能，协助用户实现对焊机进行集群式控制和管理，特别适用于焊机使用量大、焊接质量要求严格的用户。

群控管理系统的主要功能包括：

（1）便于工艺人员分析焊接参数，控制焊接过程中的焊接工艺参数，从而提前发现问题、缩短停机时间、延长设备的使用时间、提高效率。

（2）有利于工厂逐步建立和完善生产管理体系，从整体角度优化、协调生产过程，实现生产计划的动态调整，可协助工厂加强焊接工艺的执行，提高焊接质量、杜绝违规操作，更好地完成车间管理及焊机管理。

（3）加强焊材管理，为工厂节约成本。

（4）为管理和考核提供精准的数字支持，追溯焊接质量便于查出导致故障的原因。

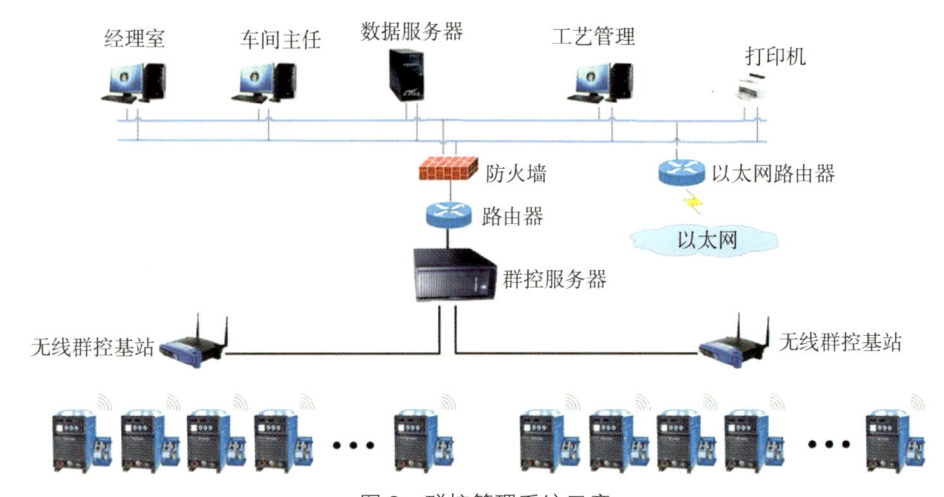

图 2　群控管理系统示意

（5）为焊工焊接水平考核提供数据依据，将有效地解决焊接管理及控制中的许多问题。

上位机软件的功能包括：

（1）车间班组管理。焊机管理单元，实现对焊机所在车间班组的组织结构管理，方便、快捷地查看焊机所属单位，实现用户根据需求或焊接任务将焊机逻辑分组控制功能。

（2）焊机管理。焊机基本信息的管理，用户可根据无线群控器网络地址，自由配置焊机所属车间班组，可以完成添加、删除、修改指定的焊机功能。

（3）规范管理。针对焊机的实际工作情况并结合相应焊接工艺，为每台焊机设置焊接规范。加强设计工艺的执行力度，从根本上杜绝超规范焊接情况的发生，保证焊接质量，同时用户可以将比较合适的规范保存到标准库中，当相同焊接任务出现时，可直接匹配标准库中的焊接规范。用户可同时管理一台或多台焊机的规范。

（4）信息监控。实时显示焊机的工作状态，当焊机出现故障时实时报警，用户可以实时查看系统中任意一台焊机的基本信息及当前的给定电流、电压及实际电流、电压、控制命令等相关焊机参数，当点击系统中任意一台焊机后，显示该焊机最近一段时间内的给定电流、电压、实际电流、电压的实时曲线。

（5）数据统计。用户可以查看单台或单名焊工任意一段时间内工作信息，包括一日内首次焊机时间、最后一次焊接时间、有效焊接时间、焊丝用量、气流量、电能耗量等参数。同时为用户提供了日报表、月报表、年报表功能。系统中的历史曲线可有效地帮助用户查看历史焊接过程中的故障点，并根据系统显示的当时的焊接参数快速确立问题故障点及时排除或杜绝此故障的再次发生。

（6）报警信息。显示焊机当前或历史报警信息，可有效地帮助用户查找焊机故障信息，确立焊机故障原因，排除故障。

（7）下传历史。查看焊接规范及控制命令的下传时间、执行下传登录的用户名，有效地管理下传控制。防止用户随意下传规范，出现问题时无法确立问题责任人。

（8）用户管理。根据不同的操作用户分别确立超级管理员、管理员和普通用户三种权限。

（9）数据维护。系统长时间运行后，数据库中的历史数据不断增加，为保证数据的安全性及可靠性，管理员可以定时导出系统中的焊机历史数据，当需要前期已导出的历史数据时，只需再将导出的数据导入系统即可。

无线群控焊机是具有网络接口的数字焊机，通过无线网络传输数据、执行命令，无线群控技术优势是：

（1）多信道传输，提高数据速率和可靠性，避免单一信道的干扰。

（2）无线自组网，多跳中继接力，避免障碍物阻挡，每个节点均可作为路由器，提高网络鲁棒性。双路径传输，实现99.9%可靠性。

（3）时间同步，全网同步苏醒，同步休眠。每个节点分配固定时间片发送数据，保证全网精准数据延时控制。

图3是焊机的网络化群控管理系统的两个实例，分别是南方中集群控系统，焊机数量465台；新加坡裕廊船厂，焊机数量600台。实现了所有焊机的实时监控、为工厂流水线式焊接生产提供了有力的数据支持与协调。

（a）深圳南方中集集装箱制造有限公司的群控系统　　（b）新加坡裕廊船厂的群控系统

图3　焊机的网络化群控管理系统实例

3. 具有网络通讯和智能模块的机器人专用弧焊电源（图4）

所开发的机器人专用弧焊电源技术特点包括：

（1）具有以太网、DeviceNet、CAN等数字接口，提高了机器人焊接对工件、夹具、焊接顺序以及工艺优化等"柔性化"生产的适应性。

（2）弧焊过程中采用传感器，快速准确地提取弧焊过程特征信息，满足焊缝自动跟踪的要求。

（3）内嵌多套专家数据库，操作简易。

（4）结构智能模块化设计，提高了系统的可靠性和可维修性。

（5）熔滴过渡的数字控制。采用表面张力对熔滴过渡控制和脉冲混合控制，减小飞溅，并能实现在结构钢、不锈钢、铝合金等不同焊接材料的焊接中熔滴过渡的精细控制。与不同焊接材料匹配的脉冲过渡波形如图5所示。

（6）任意两台电源可组合成一套双丝焊设备。双丝焊的实现，提高了焊熔敷率和焊接生产效率。

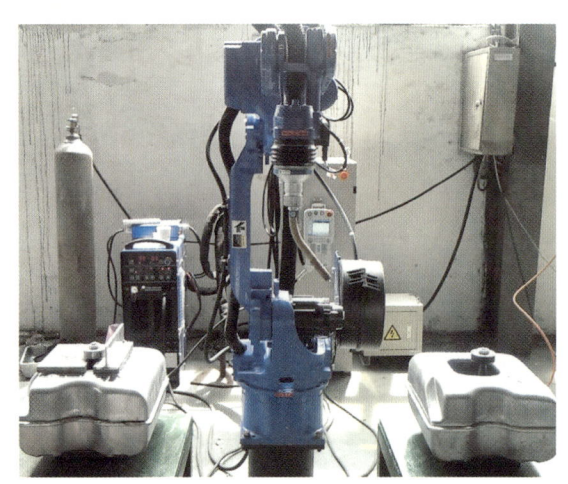

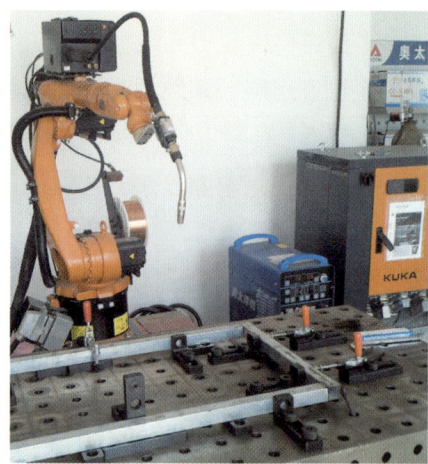

图4 机器人专用弧焊电源

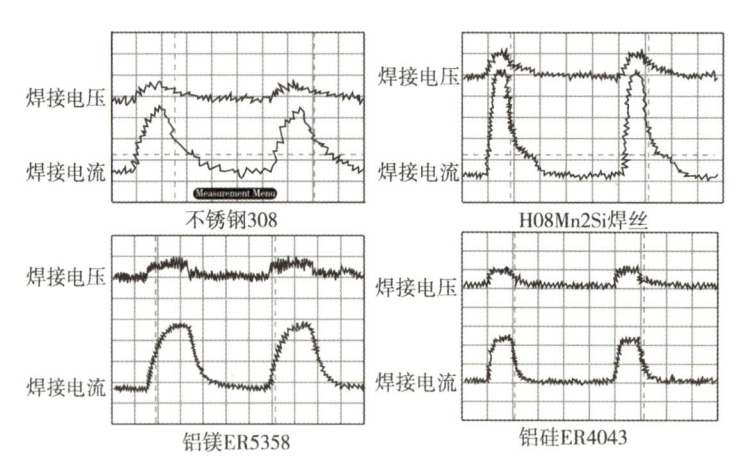

图5 与不同焊接材料匹配的脉冲过渡波形

4. 光伏并网逆变器

光伏并网逆变器是将直流电逆变成与电网同频、同相的交流电回馈电网，从而实现太阳能发电的核心部件。奥太生产的组串型和电站型两大类光伏并网逆变器拥有多项核心技术并拥有自主知识产权，其核心技术——数字锁相环、反孤岛等解决了逆变器高效率和可靠性问题。产品已应用于国内十多个光伏电站以及德国、澳大利亚等国家的屋顶光伏发电计划。

光伏并网逆变器产品性能特点是：采用先进控制算法，具备过欠压、孤岛、短路、过载、过热等保护功能，直流输入电压工作范围宽，整机并网效率，具备多种通讯接口（RS484/CAN/以太网），户外型 IP65 设计，高效安全，可用于严酷环境。图 6 是光伏地面电站的应用实例。

（a）青海力诺德令哈太阳能光伏项目　　（b）中节能（敦煌）50 兆瓦并网光伏发电项目

图 6　光伏地面电站的应用实例

三、展望

焊接电源及相关装备的数字化特点与优势将越来越表现在以下 3 个方面：

（1）具有多种焊接模式的选择功能。在一台焊接电源上可根据用户需要配置多个软件功能模块，实现 MIG/MAG 一元化脉冲焊、MIG/MAG 一元化直流焊、等离子焊、TIG 焊、焊条电弧焊等焊接方法的选择。

（2）焊接工艺数据库及在线管理。焊机工艺性能则由内置焊接专家参数库决定，具有焊接工艺指导功能，用户可调用机内的工艺参数，储存优化后的工作程序，并可通过网络接口联机下载云端焊接工艺信息。

（3）更强的机器人协同能力。与机器人配套的焊机将着重于配置功能更强的数字接口，不仅可以控制设定的焊接参数，而且可通过外部传感器的信息在线优化参数，能够直接调用焊机内二级菜单的专用程序，能够对焊接过程信息作出在线统计分析，焊后实时提供焊接质量的分析结果。

案例 18
电机绕组制造技术与数控成套装备研究

山东中际电工装备股份有限公司

电机绕组制造装备是电机制造业规模化、产业化的必备装备，其装备水平直接影响了电机制造业的发展。具有定子槽绝缘插入、绕线、嵌线、整形、绑扎等功能的全伺服数控化电机生产专用成套装备，从根本上改变了传统的电机制造技术，提高了电机制造质量和生产效率，实现了电机绕组的数字化、智能化、规模化生产，可替代进口。

一、导言

电机绕组制造装备是电机制造业规模化、产业化的必备装备，装备水平的高低直接影响了电机制造业的发展。德国、美国、日本、韩国等发达国家电机制造业起步早，电机绕组制造装备发展的历史较长，先后开发出了具有定子槽绝缘插入、绕线、嵌线、整形、绑扎等功能的电机生产专用单工序机设备及半自动化设备。专用设备不断改进，从单机发展到自动化生产线，从根本上改变了传统的电机制造技术，提高了电机制造质量和生产效率。

据有关资料显示，全国规模以上各类电机生产企业3000多家，电机生产总量位居世界前列。但电机绕组生产的总体工艺装备水平，特别是自动化数控装备发展相对滞后，严重影响了我国电机行业的发展。目前我国中小型电机、汽车电机、家用电器电机等领域的节能电机生产数控装备基本依赖进口，对我国电机制造业的产业安全构成了威胁。

在电机生产领域广泛采用数字化、智能化的数控成套装备，是目前电机制造业的迫切需求，是电机制造装备由单工序机发展到自动生产线的一次装备上的革命，也是电机制造业自动化、产业化、规模化的发展方向。山东中际电工装备股份有限公司是一家面向国际和国内电机生产企业，提供电机绕组制造专用成套数控装备整体解决方案的制造与服务商，公司研制的电机绕组制造数控成套装备节能电机定子绕组高速自动生产线实现了电机绕组的数字化、智能化、规模化生产。

二、数字化的节能电机定子绕组高速自动生产线

面对日益严峻的能源和环保问题，大力发展应用节能型电机已成为我国建设资源节约型社会的迫切需要，而节能电机的生产和推广必须有数字化生产装备来提供支持和保证。该产品填补了我国节能电机定子绕组自动生产线的空白，其主要技术指标处于国际领先水平，项目产品推广应用后，将促进电机制造产业结构优化升级和行业技术进步，并将带动我国节能电机制造业快速发展。

1. 关键技术内容

根据节能电机定子绕组高速规模化自动生产需要，本产品首先研究了节能电机定子绕组高速自动生产线的工作机理，分析了影响定子绕组制造质量的关键因素，研究确定了适于机器人自动操作的12道工序，在此基础上确定了总体设计方案，研制开发了由定子检测插槽、主相绕嵌扩张、副相绕嵌预整、线圈绑扎整形四个功能制造单元组成的节能电机定子绕组高速自动

生产线（图1），成功解决了槽口小、槽满率高的节能电机定子绕组流水线式自动化生产瓶颈问题。

生产线由机器人/机械手和自动传送模块等将四个功能制造单元组合串联，以工业控制机为上位机，采用运动控制技术，开发了配套程序软件，配置了119轴伺服系统、23个人机界面，以工业控制机为上位机，采用现场总线控制技术在线采集、处理、储存各单元内设备的生产节拍、工艺流程、产品质量、设备故障等数据，并控制单元间柔性输送线的物流节拍，实现整机的智能化、柔性化生产，具有工作可靠、调整方便、无污染、低噪声等特点。

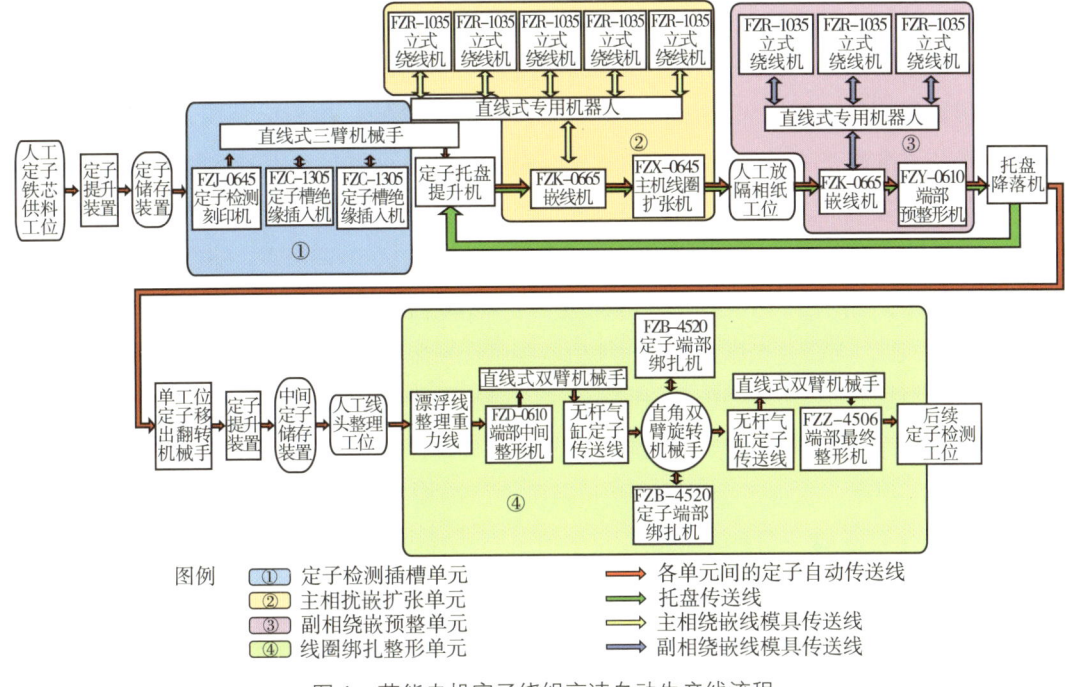

图1 节能电机定子绕组高速自动生产线流程

2. 主要解决的关键问题

（1）实现对推头和活动导条、槽楔推杆和固定导条在每一个行程区段运动速度的精确控制是嵌线机进行高槽满率电机嵌线的关键。根据嵌线工艺要求，设计由3套交流伺服电机分别驱动滚珠丝杠带动推头、槽楔推杆和导条运动；并通过对行程区段中3个滑块移动过程中的移动速度、相对位置、动作顺序、动作过程中的干涉情况等进行运动仿真，确定出最佳运动参数，可满足高槽满率电机定子的嵌线要求。

（2）现有嵌线机在进行槽口较小且叠厚较大定子嵌线时，由于嵌线动导指伸出较长且线圈在导指上排列长度较长，嵌线过程中会产生较大的侧向力，使导指弯曲变形，并与定子铁芯产生严重摩擦，造成定子铁芯拉长、齿部变形和漆包线破损现象，这一问题在高槽满率电机嵌线过程中更是难以克服的瓶颈问题。为此，本项目研发了动导指外保持架装置和单齿保护齿的槽绝缘纸保护装置，从根本上解决定子齿部拉长和槽绝缘破损的问题。加装了该装置的嵌线机在嵌线时，导指保持架的导向条对导指产生有效支撑，起到了导向定位的作用，降低了导指在嵌线过程中弯曲变形，避免了导指与定子铁芯产生严重摩擦，使用寿命和嵌线质量得到大幅度提高。

（3）不同电机绕组需要不同的绕线反向位置点，该位置点能否精确控制将直接影响到绕线质量。本项目采用一种特殊的过桥钩剪线一体结构，由X、Y两轴伺服电缸驱动，可在不同位置完成对过桥线的处理及夹剪线；同时采用伺服电机驱动滚珠丝杆带动托线板上下精确移动及抖动，保证线圈能整齐绕入嵌线机头，保证了绕线质量。

（4）不同定子线圈的内外径尺寸和端部高度各不相同，本项目设计的各工序整形设备采用分步整形方式，具有尺寸调整方便，动作程序可调等特点；模具升降采用伺服电机驱动，整形模停车位置准确可靠，替代了传统的机械限位装置；只需在触摸屏上改变参数设置，即可更换不同叠厚的定子。

（5）本项目采用交流伺服电机驱动的定子自动分度技术，可实现定子分度参数的任意设定，解决了不同槽数及相同槽数不同绑扎要求的定子在端部绑扎时对定子的分度要求各不相同的难题，且分度精度高，无误差积累；两工位换位实现了定子装卸与绑扎同步进行，提高了工效。

（6）本项目通过绑扎针的转动、升降、进退与线嘴的升降、摆动相互配合，完成定子端部线圈的绑扎工序，采用伺服电机分别驱动上述各个动作，通过人工模拟绑线过程，设定了最佳绑扎参数与程序，实现了端部线圈的快速绑线，提高了绑扎打结的可靠性。

可无人值守自动完成节能型电机定子绕组的刻印标识、槽绝缘纸插入、线圈绕制、嵌线、整形、绑扎等生产制造全部工作，实现智能化、柔性化生产。

3. 主要创新

（1）针对节能电机定子绕组的自动化生产要求，研制开发了由定子检测插槽、主相绕嵌扩张、副相绕嵌预整、线圈绑扎整形4个制造单元组成的自动生产线，解决了电机定子铁芯检测标识、槽绝缘纸成形插入、线圈绕制、嵌线、扩张整形、绑扎等一系列复杂工艺问题，实现了整机的自动化和柔性化生产，提高了电机的制造质量和稳定性。

（2）研究了紧凑型节能电机定子绕组高速自动生产的工作机理，分析了影响节能电机定子绕组制造质量的关键因素，研究确定了适于机器人自动操作的12道生产工序，提高了设备的生产效率。

（3）成功研发了槽口小、槽满率高的节能电机定子的自动嵌线关键技术及装备，可适应的电机槽满率达到了85%以上，产品一次性合格率达到99%。

（4）研究了模具自动离合技术，发明了互锁式卡扣环形离合器，实现了不同工位模具的快速离合，运行可靠，使用寿命长。

（5）采用多机器人协作技术，完成了定子模具的自动交换和各工序之间工件的快速、准确传送，解决了4个功能制造单元的协调控制难题，生产节拍比国外同类产品提高了2秒/件，生产效率提高了14%。

（6）成功开发了定子绕组线圈的绑扎打死结机构与控制软件，解决了不同内径定子线圈绑扎操作过程的实时闭环控制难题，显著提高了绑扎打结的可靠性。

4. 为生产线开发的主要单元设备及功能

FZJ-0645定子检测刻印机1台：用于检测定子铁芯的叠厚、内孔与槽口的尺寸是否满足产品要求，剔除不合格品，并对合格的定子铁芯进行自动刻印。

FZC-1305定子槽绝缘插入机2台：用于在定子铁芯的内孔周围的凹槽中插入槽绝缘。

FZK-0665嵌线机2台：用于将绕嵌线模具上绕制好的漆包线嵌入定子铁芯内孔周围的槽中。

FZR-1035立式绕线机8台：作用是按照指定的缠绕方式与圈数，在空绕嵌线模具上快速准确地缠绕漆包线。

FZX-0645主相线圈扩张机1台：用于将已完成主相嵌线的定子进行端部扩张整形。

FZY-0610端部预整形机1台：用于将已完成主相与副相嵌线的定子进行端部扩张整形。

FZD-0610端部中间整形机1台：用于定子两端线圈形状的初步定型。

FZB-4520定子端部绑扎机2台：用于绑扎定子两端线圈，使其保持固定形状。

FZZ-4506端部最终整形机1台：用于定子两端线圈形状的最终定型。

自动生产线多机器人系统：配置了7台5种机器人。

表1　自动生产线多机器人系统配置

机器人名称	数量	安装位置	用途
直角双臂旋转机械手	1台	两台FZB-4520定子端部绑扎机之间	在端部中间整形机、端部最终整形机、两台定子端部绑扎机之间传送定子
直线式三臂机械手	1台	两台FZC-1305定子槽绝缘插入机工位上方	在定子检测刻印机、两台定子槽绝缘插入机与定子托盘提升机之间传送定子
单工位定子移出翻转机械手	1台	托盘降落机之后	将定子从托盘中取出，翻转180°之后，放入定子提升装置
直线式双臂机械手	2台	FZD-0610端部中间整形机与FZZ-4506端部最终整形机工位上方	在送入工位、待整工位及完成送出工位间传送定子
直线式专用机器人	2台	FZR-1035立式绕线机与FZK-0665嵌线机之间	在绕线机与嵌线机之间传送带线绕嵌线模具与空绕嵌线模具

5. 在相关领域应用后的技术质量效果

节能电机定子绕组高速自动生产线实现了新型节能电机定子绕组的规模化、自动化制造（图2）。广泛应用于各类中小电机、分马力电机的定子绕组制造，该生产线的研发成功，属国内首创，填补了国内空白，解决了小槽口、高槽满率，手工无法生产，一般机嵌设备生产难度大的新型节能电机制造工艺难题；改善了电机制造业人员密集，人力资源缺乏、效率低、质量不稳定、自动化程度不高等现状，具有自动化、柔性化等特点，可大大减轻工人的劳动强度，有效地提高电机制造质量和稳定性。

图2 节能电机定子绕组高速自动生产线

6. 经济效益和社会效益

按每条线每年产量180万台计算，按节省原材料价格5元/台计算，可节省原材料900万元。

该生产线所完成的工序由单机操作所需的12人缩减为2人，按每班可节省10人，如果按每天2班倒计算，可节省20人，并可以大大减轻工人的劳动强度。彻底改变我国节能型电机绕组制造所需设备完全依赖进口的局面，替代进口，满足高速发展的国内电机制造业的需求，且社会效益显著。

三、主要成果

产品通过了省科技厅组织的科技成果鉴定，该生产线紧凑、高效，自动化程度高，显著提高生产产品质量，填补了我国节能电机定子绕组高速自动生产线的空白，整体技术达到了国际先进水平，其中部分技术性能处于国际领先。产品已获得发明专利5件，实用新型专利16件，并获得2014年山东省科技进步二等奖，是2011年山东省发展计划项目和2012年国家重点新产品。现已形成具有完全自主知识产权的20个系列近百个品种，填补了国内空白，覆盖全国主要电机生产厂家，部分产品出口国外。

公司先后承担国家及省部级"星火""火炬""推广"计划项目21项，国家重点新产品计划项目27项，获国家及省部级科技进步奖19项，现拥有有效授权专利75项，其中发明专利18项，山东名牌2项，山东省著名商标1项，中国驰名商标1项，山东省技术市场金桥奖1项等。

四、展望

经过二十多年的持续发展，电机定子绕组制造装备由单工序机、多工序机、半自动生产线发展到自动生产线，显著提高了生产效率。随着我国劳动力成本进一步提高，电机定子绕组制造装备向数字化、智能化、成套化方向发展是必然趋势，同时适应小批量、多品种、高质量的市场需求。

案例 19

智能化变电站用系列高压变频器

山东泰开自动化有限公司

高压变频器是利用电力半导体器件的通断作用将工频电源变换为另一频率的数字化节能控制装置，是智能变电站的关键技术。用于高电压、大功率变压器和对各类电机的调速节能，其节能效应将更加明显。高压变频器控制系统是工业控制系统中的尖端技术，是集运行控制、光信号传输、电力电子驱动、数字处理器、大规模门阵列、触摸屏、PLC、总线传输技术为一体的集合系统。

一、导言

山东泰开自动化有限公司是泰开集团全资子公司，成立于 2003 年，注册资本 5000 万元。目前形成了以 FBZ3000 厂站自动化系统、GZG49 系列智能高频直流电源系统、TKDY 一体化电源系统、TKHVERT 高压变频器、CM3000 高压电气设备智能在线监测系统、FBZ500 系列配网自动化系统为主的五大类产品体系。该公司生产的 TKHVERT 系列高压变频器先后获得山东省优秀节能成果奖、山东省技术创新优秀成果一等奖、泰安市科技进步二等奖等奖项；在线监测系列产品先后获得山东省机械工业科学技术进步一等奖和二等奖。近年来获得 25 项国家专利，取得 7 项软件著作权，2011 年以来公司在中国电器工业协会变频器分会制定了高压变频器相关的 4 项国家标准。

二、主要研究内容

TKHVERT 系列高压变频器是利用电力半导体器件的通断作用将工频电源变换为另一频率的数字化电能节约控制装置（图 1），是智能变电站的关键技术。

高压变频器控制系统是工业控制系统中的尖端技术，集运行控制、光信号传输、电力电子驱动、数字处理器、大规模门阵列、触摸屏、PLC、总线传输技术为一体的集合系统。其标准化数据通信线路和通信网络的发展，将各种单（多）回路调节器、PLC、工业比、NC 等工控设备构成大系统。

1. TKHVERT 系列高压变频器数控总板

核心组件中央控制板是整个控制系统的核心，采用双 DPS 架构，控制板以可编程逻辑器件 FPGA 为核心，周围采用 9 块 AVR 单片机进行通讯接收与运算（图 2）。广泛地应用于高压交流电机的调速运行，提高电机系统的使用效率，节约大量的电能。

TKHVERT 系列高压变频器依托现代电力电子技术、现代电力电子元器件制造技术、自动控制技术、敏感技术，采用 IGBT、DSP 等新型器件开发，综合运用了多电平多重化整流技术；IGBT 开关技术、IGBT 驱动器技术；功率单元变流技术；控制单元逻辑控制技术；工程控制技术及光纤通讯技术实现了谐波含量极小，输出波形接近标准正弦波的高压频率变换。其系统主回路结构先进合理、控制能力强大，精度高、效率高、抗干扰能力强、操作方便，先进的主控平台主要有以下创新成果：

（1）采用DSP+FPGA+CPLD组合的高速控制运算中心，CPLD的高速性与直接存储器访问（DMA）技术相结合，实现对多路信号，大量功率单元状态量、信号量的实时数据的高速采集。

（2）使用FPGA的复杂逻辑与DSP的高速运算相结合，保证信号智能稳定地输出，先进的光信号传输技术，工控中心与执行单元间采用光信号技术进行控制。

（3）采用专用的650 nm波长的光传输，光纤采用0.5数据孔径，直接闭锁型连接器。

（4）控制平台与执行单元间形成一个柜内光纤局域网，充分发挥了高速、高抗干扰性、高电压隔离性的光传输优点。

（5）控制板件均安装于控制单元内，控制单元主要由中央控制板、信号接口板、相控制板和电源板，系统保护功能齐全、可靠、准确，参数调整方便、灵活、实用。

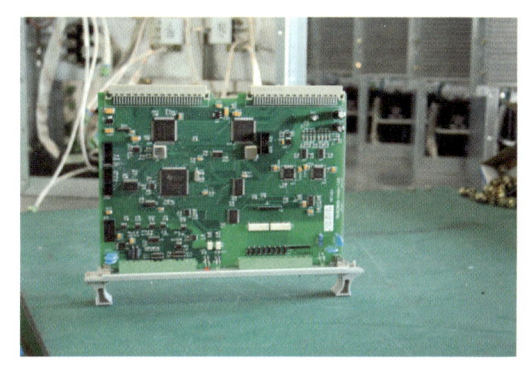

图1　TKHVERT系列高压变频器数控总板　　图2　功率单元数控板

2. TKHVERT系列高压变频器

（1）TKHE2802电厂专用型。

针对于电厂内调速节能设备运行的工况，完善了高压变频器不同工况下运行的技术参数，研发了对电厂发电机保护和高压电网监控技术，创新采用优化矢量核心算法、在线电动机频率检测系统、电动机剩磁电量无扰切入控制、晃电自恢复逻辑等技术，成功研制出TKHE2802电厂专用高压变频器（图3和图4）。

本装置主要基于DSP和IBGT等高端硬件，采用C语言编写的专业化操作系统，利用AUTOCAD、PROTEL、CCS等建模工具软件，实现了对电厂专业电动机工况的数字化实时控制。

软件部分由嵌入式操作系统、人机操作控制系统、后台管理测试系统等组成。

硬件部分包括移相式隔离变压器（图5），由DSP、FPGA与CPLD结合的多核心控制中心，由IGBT、电容组、整流桥、驱动器、光传输器结合成的变流单元（图6）、PLC终端逻辑处理系统和人机操作触摸屏系组成。

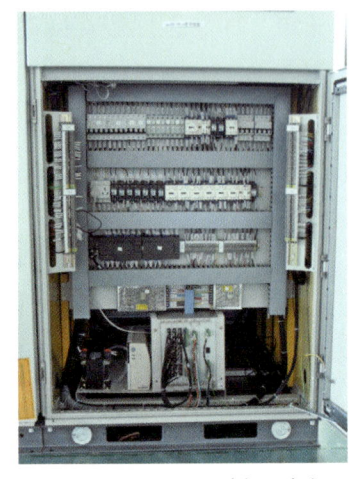

图3　TKHVERT系列高压变频器控制柜

图4　TKHVERT系列高压变频器

图5　移相式隔离变压器

图6　高压变频器变流单元

（2）矿井专用防爆高压变频器。

矿井专用防爆高压变频器是在原有成熟的变频器基础上，通过在原有高压变频器工作单元之外加装防爆功能外壳，通过数控空水冷方式实现降温，来满足煤矿企业的使用要求（图7）。

隔爆外壳属电气设备的一种防爆型式，其外壳能够承受通过外壳任何结合面或结构间隙渗透到外壳内部的可燃性混合物在内部爆炸而不损坏外部环境的一种专用设备。

本装置内置彩色液晶屏全中文操作显示，采用防爆鼠标操作。内置PLC智能逻辑控制系统，可实现就地、远控、DCS、开环、闭环多状态的运行。

矿井专用防爆高压变频器对环境的要求高，可以利用的容积小，要求变频器的控制系统主功率元件等结构必须合理、紧凑，使地系统的强弱隔离问题、控制系统的抗干扰问题突出。通过合理设计防爆箱体的密封性，解决了变频器的功率元件的散热问题，从而达到可靠的数字化控制（图8）。

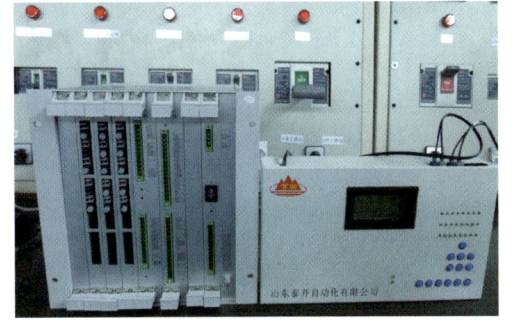

图7　矿井专用防爆高压变频器　　　　　图8　主控单元

3. 试验结果

检验服务系统配备了 4800 kV 级冲击电压发生器，480 万 V 阻尼分压器和截波装置，7500 kV 安同步发电机组，1000 kV 无局放工频试验变压器，瑞士哈佛莱公司 750 kV 全屏蔽试验大厅等先进的试验检测设备。AO 光学检测仪、谐波测试仪、电磁兼容测试仪、继电保护测试仪、元器件高低温老化试验箱、继电保护测试车、7500 kW 高压变频试验站等先进的生产和试验检测，元器件、功率单元、整机产品经过 3 个阶段、共 7 个轮次的严格检验表明，研发的智能化变电站用 TKHVERT 系列高压变频器产品满足了智能变电站建设的性能要求（图9 和图 10）。

高压变频器超强的数控能力使得输入频率在 45～55 Hz，输入功率因数 0.95（>20% 负载）时，电能的效率 >96%；输出频率范围 0.5～50 Hz；输出频率精度达到 0.01 Hz。

图9　SMT 全自动贴片　　　　　图10　AO 光学检测

截至 2014 年 6 月，在山东省石横特钢、阿斯德化工、宁阳金铭热电、鲁邦正阳热电、魏桥热电、丛林热电、琪泉热电等各大耗能企业中有 50 多套设备平稳运行，在全国各大耗能企业已经有近 200 套高压变频器安全运行，累计节能量约 40.8 万 t 标准煤。

三、主要成果

2011年研发的智能化220KV GIS产品一次性顺利通过国家电网开发部组织的《智能高压设备性能检测》，在线监测IED、机械特性IED的测量精度已超过了国网试验标准，6种智能组件产品获得了国家电力科学研究院颁发的《电力自动化产品委托检验合格注册备案证书》。

基于MMS的IEC61850服务端软件和客户端在线监测后台软件开发完成后，完成了与国内主流厂家智能设备的联调，在智能电网关键技术IEC61850方面获得重大突破，填补了公司在IEC61850MMS系统的技术空白，为智能化产品的发展提供了坚实的基础；基于独立开发软件的IEC-61850避雷器在线监测装置已通过浙江省网通讯及模型一致性验证；Windows平台下的FBZ3000综自监控系统和8种保护装置顺利通过型式实验；具备中性点偏移调节功能的高压变频器和工频切换变频的高压变频器完成厂内试验，减少了功率单元故障及维修时的停机次数。

完成了由中国电力科学研究院以及云南电网组织的在线监测6种IED产品的61850通讯一致性测试，以及避雷器在线监测装置和变压器铁芯接地电流监测装置的集中测试。与泰开高压公司合作完成了智能化110kV、GIS在线监测系统样机，并顺利通过西安高压电器研究院有限责任公司的检测试验。CM3000变电站电气设备状态监测系统于2013年顺利通过山东省信息化委员会组织的验收，产品达到国内领先水平。

四、展望

根据中国节能协会最新发布的资料，21世纪前20年我国每年用于高压大功率调速设备的改造费为8亿～10亿元人民币。中高压变频器市场的潜在规模是现在市场销量的10倍以上。目前国产高压变频器只占有1/5的市场份额。由于高压变频器的技术十分复杂且价格高昂，所以在国内的应用一直很缓慢，但随着市场逐步发展，高压变频器已经被越来越广泛的用户认可，并逐步走向新的增长阶段。在这样的市场形势下，该项目全部完成后，年产120台左右，年产10万kVA的生产能力，具备了项目验收的条件。

作为输变电力传送行业的一个重要部件，高压变频器可用于高电压和大功率变压器和对各类电机的调速节能，其节能效应将更加明显。

案例 20

数字化全自动行列式制瓶机

山东嘉丰玻璃机械有限公司

玻璃瓶罐设备机械对提高饮料、医药、日化等产品的包装化率十分关键，应用数控技术改造提升传统制瓶装备，由数字电动伺服机构替代气动控制，实现了数字化全自动制瓶。自主研制的六组六滴料行列式制瓶机产品采用全伺服电机驱动、计算机集成控制，生产效率达到 576 只/分钟，实现了行列式制瓶机械平稳、可靠、高质、高效生产。

一、导言

山东嘉丰玻璃机械有限公司成立于1996年，是国内生产玻璃瓶罐设备机械产品的主要专业厂家之一，山东省机械产品定点生产企业。主要生产玻璃瓶罐设备机械系列产品，已销往国内20多个省、市，并出口到日本、阿塞拜疆、印度、印尼、越南等多个国家。建有山东省玻璃制瓶自动化装备工程技术研究中心，主导产品H系列制瓶机集先进设计和控制系统于一体，实现了单双滴制瓶机的标准化、系列化、模块化设计生产，自主研制的七轴全伺服制瓶机产品采用计算机集成控制，把过去由气缸驱动控制的7个功能机构全部提升为伺服电机驱动控制，实现了行列式制瓶机制瓶动作平稳、快速、高质、高效生产。

二、数字化全自动行列式制瓶机

1. 产品概况

新型数字化全自动行列式制瓶机是我公司自主研发的新产品，典型产品有八组三滴料行列式制瓶机、六组六滴料行列式制瓶机、特大瓶制瓶机。新型数字化全自动制瓶机集散控制系统的功能框图（图1）。

产品采用伺服技术及集散控制技术，用伺服驱动机构取代高能耗的气动机械机构，实现

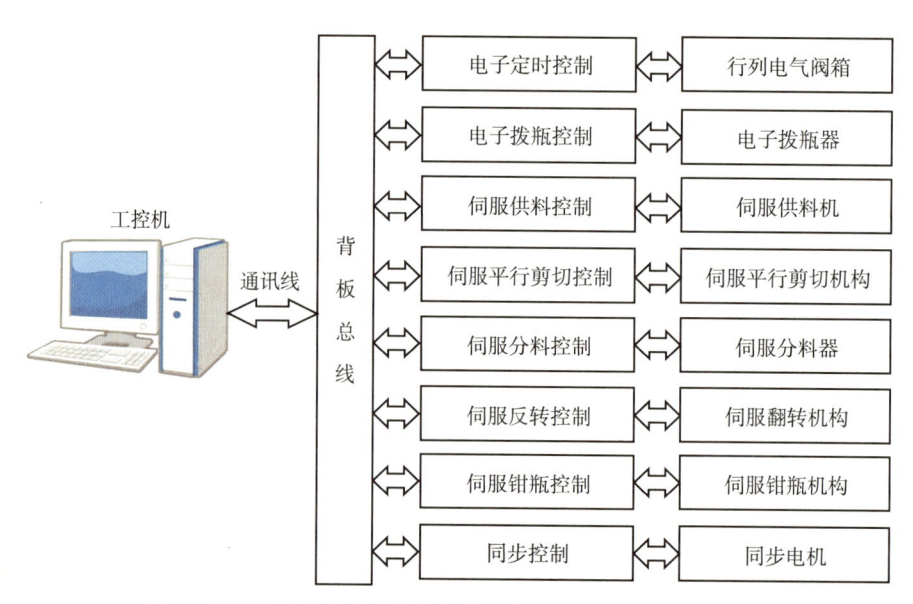

图1 新型数字化全自动制瓶机集散控制系统的功能框图示意

了行列式制瓶装备的数字化全自动控制。

用电子凸轮取代机械凸轮，用电子缓冲取代液压缓冲，达到全伺服制瓶机的低成本、低能耗、易操作、高性能、高效率，使制瓶机的供料、分料、接料、模子开关、扑气、吹气、翻瓶、取瓶、冷却、真空、拨瓶等整机数百个运动和动作全部自动化完成。

2. 产品主要特点和创新点

（1）成型工艺创新：采用伺服及集散控制技术在国际上最先实现了六滴料一次成型生产工艺，生产效率是国外同类产品的1.5倍，每台每年节电17.52 kWh。

（2）开模控制技术创新：产品设计为平行开关机构，代替了扇形开模形式，从而使得开关机构具有操作空间增大40 mm、抱合力是原扇形开模的1.8倍。对中性好，模具磨损小、模腔温度均匀等特点，特别适合多滴料、高机速生产的工艺要求。

（3）伺服翻转控制机构创新：采用先进的计算机集散系统组成的灵活控制线，用伺服电机按照翻转曲线运行，替代传统的气缸、液压缓冲机构，使翻转动作快速、平稳，满足了制瓶机生产高速、准确、协调一致的工艺要求，实现了数字控制。

（4）伺服分料控制技术创新：根据平行四边形原理，采用曲柄连杆驱动型式，用一只标准蜗轮减速器，通过电机转动转换成曲柄摆动，由计算机程序控制伺服电机的转速、方向、位置的3个变量参数，实现了6个接料槽有规律、间歇分度运动，具有结构简单、工作可靠、定位精确、加工容易、传动效率高、体积小、成本低，能满足多滴料、高机速分料的工艺要求。

（5）一体式多腔小口冲压技术创新：该技术在冲头内安装内冷却管，压缩空气通过内冷却管进入冲头的内腔，将冲头冷却至合适的温度，真空抽吸装置将期间产生的热废气抽出，以此保持冲头表面符合冲压温度的要求。机构可通过活塞推拉板一次同步驱动多个冲头，进行瓶子的初型成型作业，加快生产效率，节约原料和能源，极大地提高了产品质量，不但壁厚均匀，而且消除了瓶身表面的"波浪纹"，瓶口尺寸得到精确控制。实现了一体式多腔小口冲压，令玻璃壁厚均匀分布，达到既减轻重量又保持强度的目的。

（6）初、成型模平行开关机构伺服驱动技术创新：初型模开关和成型模开关机构均由气缸驱动改为伺服驱动，使制瓶动作达到高机速的同时，实现了稳定、协调、高效的运行生产。

（7）伺服驱动漏斗、正吹气、扑气三机构技术创新：漏斗、正吹气、扑气三机构均由气缸驱动改为伺服驱动，3种伺服机构都采用直线运动+旋转的复合运动，仅转角行程不同而已。工作时负荷小，是轻载，仅克服凸轮轴自重和三臂体摆动时的惯性力。主要特性有3个：①当电机断电时，装在凸轮轴上的臂体可在中间任意位置停留，不会因自重下降；②当电机通电停转时保持扭矩，转角位置不会发生变化；③在成型过程中，工艺气发生时（扑气、倒吹气、正吹气）的反作用力作用到臂体时，由于T型丝杠的"自锁功能"不会对丝杠增加反转的负荷。因此驱动器不需增加电流来维持"闷头"和"吹气头"的位置保持不变。平均电流小、能耗小。这种工艺气的反作用力全部由丝杠、丝母承载，工作时丝杠不会转动，丝母不会移位，这是伺服三机构的一个重要的技术特性。

（8）特大瓶成型模垂直冷却机构及模底内冷却技术创新：制瓶机提高机速的关键是成型模冷却，机速越快瓶身表面越光亮，特别是生产容量10 L以上的特大瓶，由于其热容大，冷却速度慢，影响了机速进一步提高，所以必须采取有效措施加快玻璃瓶在成型过程中的冷却速度。

特大瓶制瓶机设计了符合成型工艺的成型模垂直冷却机构，增加了模底风气室。玻璃热量经模具的金属传导，通过成型模垂直冷却风孔以"对流"形式把瓶子外表面热量带走，使瓶底快速冷却、定型，解决了大瓶底厚冷却难的问题。

通过这些产品的研发，将初、成型模平行开模，曲柄连杆分料，快换伺服钳瓶，伺服翻转，六滴料平移扑气臂，六滴料同轴定位流料，快换压吹等工艺控制技术有机集成，形成了具有自主知识产权的伺服驱动数控化制瓶设备制造技术（图2和图3），获得专利15项，其中发明专利1项，实用新型专利14项。同时制定了相关企业行列式制瓶机标准Q/O306SJF001-2013共9项。

3. 产品技术指标

初型模距供料机中心距（mm）：1168；模具中心距（mm）：34～159；滴料中心距（mm）：38～110；玻璃液面线标高（mm）：≥4200；输瓶机网带标高（mm）：960。

制瓶范围：瓶口外径（mm）：φ25～180；瓶身外径（mm）：φ20～310；瓶口以下高度（mm）：25～450；瓶重：7 g～5 kg；容量：5 mL～30 L。

图2　伺服技术的三滴制瓶机　　　　图3　伺服技术的单滴制瓶机

4. 达到的质量效果

产品采用了电子定时、电子拨瓶、伺服分料、伺服钳瓶、伺服口钳翻转、初、成模平行开关、电子同步传动等多项具有自主知识产权的专利技术制造，并使用统一的框架、统一的成型机构、统一的控制系统，把当代制瓶机的先进机构和先进控制系统融于一体，使多滴料制瓶机同时达到高速、可靠、稳定的优越性能。项目可同时实现模块化、标准化、系列化开发设计，并做到与传统单、双滴制瓶机的安装、定位、配合尺寸相同，零部件互换性好。

该项目研制的六组六滴料行列式制瓶机产品生产能力为 576 只/分钟，比美国最先进的六组四滴机增产 192 只/分钟，是国外同类产品生产效率的 1.5 倍（图4）。其中 H2-TD 特大型制瓶机的研制成功，结束了手工制瓶的历史，与原来的手工制瓶相比，比原制瓶工艺减少 4/5 的人工，可实现 7 倍于用原制瓶工艺的产量，并能大幅度降低工人的劳动强度。用该行列机生产的 10～20 L 大口瓶，具有瓶壁厚度均匀，耐压强度高，瓶身重量轻，生产成低等特点，与原制瓶工艺相比每台套每年节电 17.52 万 kWh。

图4 首台六组六滴料行列式制瓶机

改造制瓶企业传统设备，由数字电动伺服机构取代气动控制（图5和图6），实现数字化全自动制瓶，提高生产效率 10%，产品合格率达到 99%；比买新的生产装备可节约资金 60 万元/台套，全国 1000 多家制瓶企业，每家企业改造一条生产线即可节省资金 6 亿元。实现产值 1000 亿元，节电 1.4 亿 kWh。

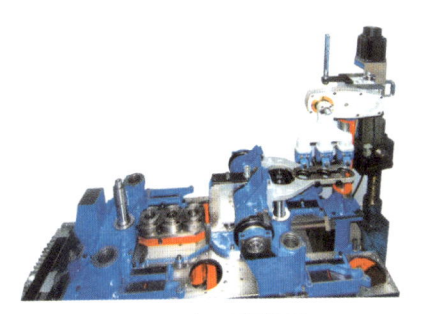

图5 伺服翻转机 　　图6 伺服供料机

三、主要成果

自 2008 年以来，公司先后有 11 项新产品通过了省科技厅、省经信委组织的科技成果与新产

品鉴定。其中，六组六滴料行列式制瓶机和 H2-D 型特大瓶制瓶机、H2-T20L 型特大瓶全自动制瓶机、HC-7 型七轴伺服制瓶机和 H8-3-94F/84F/76F 八组三滴料行列式制瓶机达到国际先进水平（图7）。授权发明专利1项，实用新型专利14项，新产品研发走在了国内同行业的前列。八组三滴料行列式制瓶机项目产品荣获山东省中小企业科技进步一等奖，六组六滴料行列式制瓶机项目荣获山东省科技进步二等奖，同时还获淄博市科技进步一、二、三等奖各一项。

图7 国内首台20 L特大瓶制瓶机

公司承担的 H8-3-94F 八组三滴料行列式制瓶机项目被列入国家火炬计划，新型数字化全自动制瓶装备开发与产业化项目被列入山东省自主创新成果转化重大专项，八组三滴料行列式制瓶机项目被省经信委认定为国内首台套，六组六滴料行列式制瓶机项目被列入山东省产业振兴和技术改造中小企业专项资金项目。

四、展望

瓶罐玻璃制品作为食品、饮料、医药、日化、文教、科研等行业和部门的配套用包装瓶，范围大，用量广，是不可缺少的包装容器，在国民经济中占有十分重要的位置，而饮料、酒、医用、化妆品、农药等液体产品的包装在我国具有突出的地位，在我国经济从温饱型向小康型过渡的过程中，这些行业将会得到更大发展。玻璃瓶罐设备机械对提高这些产品的包装化率十分关键。美、日和欧洲的食品包装化率分别为90%、80%和70%，而我国仅为5%，因此，玻璃瓶罐设备机械行业的发展潜力巨大。

目前，世界发达国家的人均包装用玻璃瓶消费量为45 kg，而我国的人均消费量只有5.5 kg，包装玻璃瓶消费市场存在巨大的发展空间。在经济快速发展下，医药、日化等行业配套用包装瓶玻璃瓶市场需求与日俱增，为玻璃机械设备制造业带来了巨大的商机和发展机遇。新型数字化自动化制瓶系列产品不仅可满足我国玻璃包装容器制造行业尤其是大型玻璃瓶罐制造企业高效发展的需要，而且可替代进口，对促进我国制瓶机产业的发展，加快制瓶工业淘汰落后产能、加速落后制瓶机的更新换代将会起到积极的推动作用。

案例 21
数控高分子材料成套加工技术装备

山东通佳机械有限公司

塑料制品广泛应用于工业民用领域，塑料机械是加工高分子材料的"工作母机"，是塑料工业快速发展的基础装备。开发高分子材料加工高端装备，提升数控化、自动化及智能化水平，对提升行业竞争力意义重大。企业开发的双轴取向高强度数控经纬网生产线等数控装备，应用高速伺服闭环控制技术，实现了高速可控高分子材料的精密成型，打破了欧美企业的技术垄断。

一、导言

山东通佳机械有限公司是集科、工、贸一体的现代化企业集团，主要从事数控塑料机械、包装机械等机电一体化机械装备的科研开发与生产经营。多年来依靠技术创新，先后研制出九大系列200多种规格的塑料机械产品。多项产品获得了省、部级科技进步奖，累计授权专利160余项，其中发明专利46项。

塑料机械作为加工高分子材料的"工作母机"，是塑料工业快速发展的基础装备。目前，塑料制品广泛应用于航空航天、高速铁路、新能源汽车、电子电器、农业以及日常生活等各个领域，塑料机械工业也因此发展成为门类齐全、增长率较快的朝阳产业。

目前我国塑料机械行业年产值300亿～400亿元，但塑料机械的数控化水平与国际先进装备相比差距明显，因此开发高分子材料加工技术高端装备，提升装备的数控化、自动化及智能化水平，对提升行业竞争力、推动行业的技术进步意义重大。

二、数控化高分子成套加工技术装备

1. 数控双轴取向高强度经纬网生产技术装备

双轴取向高强度数控经纬网生产装备应用高速伺服闭环控制技术，实现了高速可控直线运动高分子材料的精密成型，具有以下技术特点及创新性。

（1）研发了数字化高分子材料双轴拉伸试验装置。

高分子材料粘弹相态下成型难度大，须通过大量实验掌握加工过程的核心工艺参数、PVT的相互影响规律和分子链的取向机理，以获得质地优良的精密制品。

开发了数字化双轴拉伸试验装置，由测量、拉伸、温控和数据处理等系统组成，采用电控方式，提高了检测精度；建立了数字化理论模型，探明了双拉过程中的取向机理；自动采集模腔内全过程的PVT数据，为高分子材料加工过程CAE分析与数字化装备研制打下了基础。

（2）研制了网材、膜材的数控成型工艺技术及装备。

为满足高分子双轴拉伸高强度网材和膜材的性能要求，发明了数控双轴拉伸增强经纬网的非冲切成型工艺和高性能透气膜的无填料生产工艺，结合自动微分挤出塑化技术、复合模头技术和自动微纳层叠挤出技术开发了数控自动拉伸成型成套设备（图1）。

1）双向拉伸高强度网、膜数字化自动成型工艺。自主研发了双轴拉伸高强度经纬网的非冲切成型数字化自动成型设备和双向拉伸高性能透气膜无填料数字化自动成型设备。在液

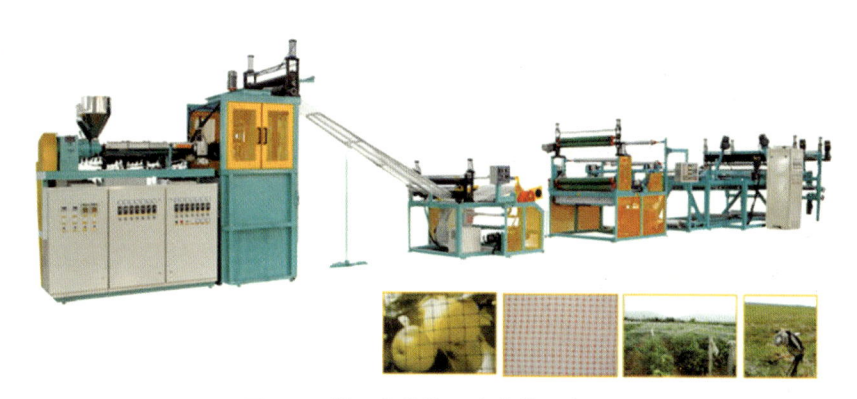

图 1 双轴取向数控网生产线示意

压伺服高速控制下，精确定位温度、压力、流量、位移等工艺参数，形成自动化成型工艺流程。该工艺创新了成型方法，挤出机机头宽幅可调、适应性广；液压伺服系统控制精度高，降低了成型周期，提高了生产效率。

2）数控双组分材料熔体模内编织技术（图2）。发明一种双层复合塑料网材数控成型机头，设计有自动后覆合独立分流熔体流道，挤出过程稳定可控。径向和轴向采用侧进料、螺旋分流、多段阻流结构，缓冲均压区，使压力温度分布均匀，达到双面双料和经纬双料的要求。

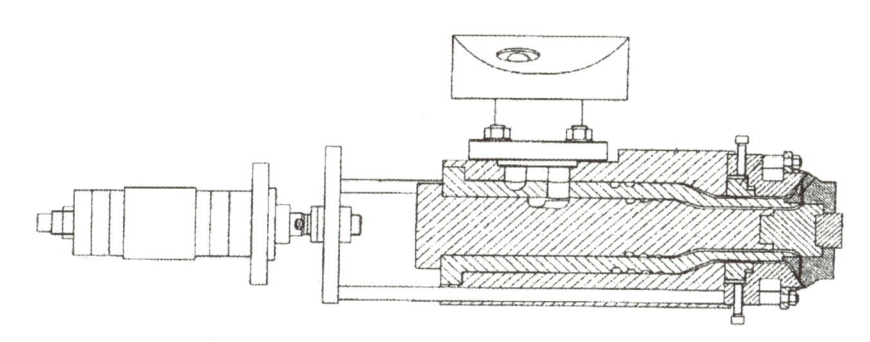

图 2 熔体模内编织技术应用原理

采用伺服液压闭环控制系统，满足不同的速度和精度要求。位移传感器测出活塞的实际位置后反馈给控制器，设定值与反馈值之间的偏差信号控制伺服阀驱动油缸运动（图3），由此实现编制过程的高精度自动控制。

（3）数控高精度超宽幅双轴拉伸关键技术及装备。

基于双轴拉伸过程的取向机理，发明了高精度同步渐扩链式数控拉伸复合装置，拉伸夹角和倍率在线可调，满足横向扩幅和拉力强度要求。采用正反螺纹带动滑块左右对称拉伸，出口滑块上设计前后补偿装置，满足了产品精密拉伸的要求。

为确保拉伸装置的高度同步，应用闭环控制技术，同步定位控制电机位置、角度和速度，自动标识纠正、速比可调、角度补偿等。

(4) 精确温控热处理技术。

为保证双轴拉伸制品的综合性能，必须对其进行热处理。为此发明了强化传热和热空气流量与压力自动控制装置，通过高精度控制热处理介质的温度来实现取向的精准定型。

开发了热空气烘箱的精确温度控制系统，采用数字化流量控制技术，对热空气流道进行空气动力模拟和分析，控制传热介质的流量和温度，保证材料取向度的均匀性。

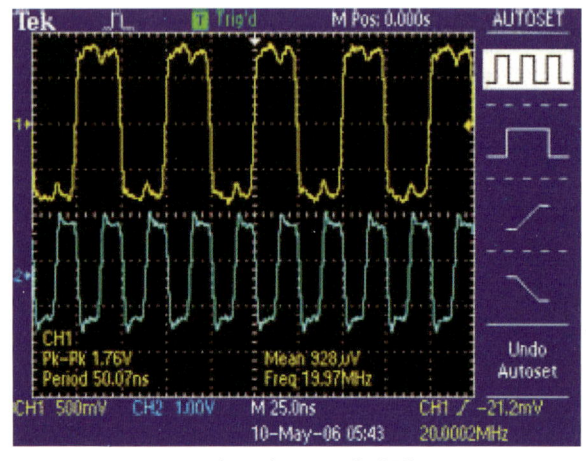

图3 伺服液压闭环控制信号

2. 植物纤维复合高分子材料数控加工技术装备

开发了植物纤维复合高分子材料加工技术及装备，建立起以数控挤出成型技术为核心的植物纤维复合材料的制造技术及装备（图4），提高了植物纤维复合材料的应用水平，节约资源，保护环境。

图4 植物纤维与高分子复合建筑模板生产线

（1）高性能植物纤维复合高分子材料数控成型技术装备。

植物纤维复合高分子材料是以农业废弃物纤维为主原料，通过添加助剂，利用专用挤出设备成型比强度高、外形美观的新型绿色复合材料，可完全替代纯木制品。

开发了高性能植物纤维数控自动预处理工艺设备。纤维表面具有凹凸结构及松散的孔隙，当高分子流体充满孔隙或凹面后，发生表面不规则渗透，通过固化形成牢固的融插海岛结构。开发高速双向离心混合设备，通过专用的混合元件，自动控制纤维的高速混合，实现自动往复多次的缠绕和牵伸,完成预处理工艺。

(2)植物纤维复合材料模内微分叠层挤出数控成型技术设备。

研制了复合材料数控模内微分叠层挤出成型方法和设备,可实现复合材料在模头内的自动分割、扭转,继而自动层叠形成几十乃至上百层交替的微观结构,解决了型材使用强度和握钉力性能差的问题。

自动模内叠层制备装置(图5),层叠复合发生器包括反向和同向层叠器两部分。复合材料经熔融均化,进入层叠复合发生器,成倍增加熔体的层数。随后进入成型模头,在冷却牵引装置作用下得到几十层到几千层的纳米层叠复合材料。

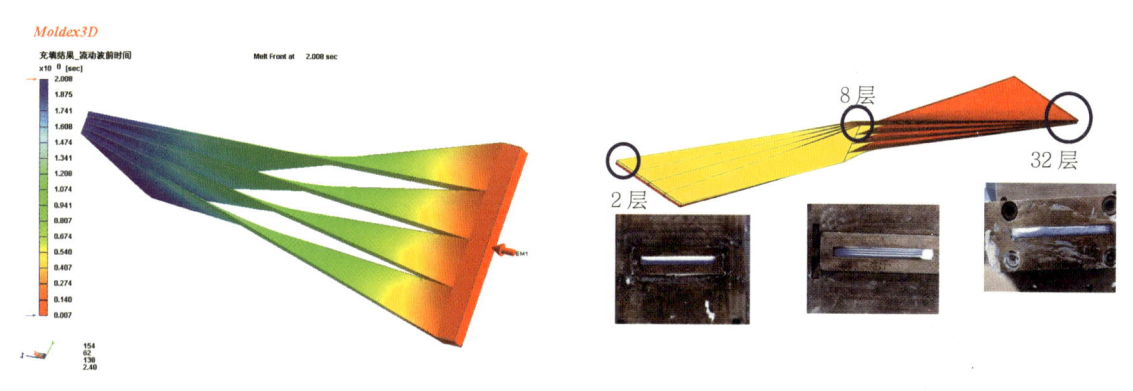

图5 自动模内叠层制备装置

(3)植物纤维增强微孔发泡数控成型工艺及设备。

为了实现发泡工艺的可控性,采用复合发泡剂和特殊的渐扩式模具结构,开发出数控微发泡成型工艺及设备。挤出温度、挤出压力、螺杆转速等工艺参数能够进行精确设定及调整,完成工艺的优化。工艺参数自动测量采集,并与数据库已有数据自动匹配,实现高速、高效生产。该工艺过程节能节材,所得微发泡材料具有良好的力学性能和性价比。

3. 系列高分子材料轻量化数控加工技术装备

针对资源和环境压力,开发了新型PLA类生物基高分子材料以及超临界CO_2等新型发泡替代技术及加工装备(图6),结合高分子材料的接枝、交联、偶联等改性技术和超临界流体的可控发泡工艺,实现了高分子材料的轻量化加工,形成了完善的专用生产技术体系。

(1)数控压力发泡模具。

依据PLA熔体流动性能,利用CAD、CAE专用软件设计加工成环状数控压力发泡模具。经过熔体黏度特性模拟试验,模具可以在5～30 MPa压力范围内自动调节。模具外部及芯部采用油温控制,可以精确控制发泡前的熔体温度和熔体压力,保证最佳的发泡效果。

图6 PLA生产装备

（2）数控真空除湿干燥装置。

由于PLA是一种聚酯，加工时过湿会导致水解和分子量的丧失。采用数控储存加料装置，经恒温、搅拌、干燥，通过自动化精密计量避免了PLA的水解和分子量的损失。

（3）精确闭环流量自动控制系统。

采用科里奥里振动流量瞬时测量反馈技术，通过PLC闭环控制，自动调整注入装置的电机转速，实现物理发泡剂加入量的高度精确可控。基于该技术研发的CO_2闭环高压自动计量注入装置伺服注塑机见图7。

应用伺服驱动技术，突破了传统注塑机技术和设计思路，开发出系列全自动注塑机（图8）。全自动注塑机以伺服技术为主驱动方式，针对注射成型过程开发了专用的智能化控制系统。通过智能控制算法，

图7 CO_2闭环高压自动计量注入装置伺服注塑机

实现了成型过程位置、速度、压力、流量等参数的自动测量采集、检测和反馈与自适应的高精度控制，负载变化响应准确。建立了制品结构与最佳工艺参数关系的数据库，实现了工艺参数自寻优，保证注射成型过程的最优化。通过人机对话，可实现多段控制，便捷操作，最终可以实现无人化操作及群控操作。

4. 伺服中空机

已开发的一系列数控伺服节能高精型中空吹塑成型机（图9），配备PLC控制系统，采用高性能伺服电动机，并依靠独特的结构和系统设计，可以高精度地快速定位速度、温度等，有效降低废品率，大幅提升生产效率。采用计算机逻辑控制系统，实现对整套生产线的动态监测和远程控制。自动化设备故障检测和报警处理系统，便于设备维护和检修，保障人身和设备的安全。伺服电机驱动节能效果好，生产速度快、噪声小、无污染，可满足高度净化条件下的高环保要求。

图8 全自动注塑机

图9 数控伺服中空成型机

三、应用效果

利用现代电子和计算机控制技术,将高分子加工过程的工艺参数和技术指标进行配选设定,再通过在线检测及反馈,实现闭环控制。利用远程通信,可以方便地实现远程诊断、重新编程、检测控制和远程调试,精确地实现各技术参数的自动控制,减少了人为因素对生产过程的影响,保证了工艺条件的稳定,提高了产品的精度和质量。

双轴取向高强度数控经纬网生产装备,应用高速伺服闭环控制技术,实现了高速可控直线运动高分子材料的精密成型,打破了欧美企业在高端加工技术装备方面的技术垄断,实现高分子材料加工的节能、节材,提升了我国塑料机械技术技术装备的核心竞争力。

在线检测技术及机器人技术的应用,改变了传统生产模式,节省大量的人力资源,实现少人操作或无人值守生产,改善了安全、卫生条件,推动了行业技术进步。

四、展望

随着科学技术的不断发展,传统产业和新兴产业对高分子材料综合性能的要求越来越高。因此,研究开发高分子材料改性、增强技术以及复合加工成套技术及装备,是适应市场发展需求、助推新兴产业发展的重要方向。

通过技术创新和产业化应用,高分子加工成套技术朝着智能化、柔性化、网络化、集成化方向推进,加工装备向系列化、标准化、复合化、专用化发展,制造功能向高精、高速、高效方向发展，并符合节能、节材、环保的时代要求。

通过多种参数综合控制，实现工艺过程的自动化、智能化。建立工艺数据库，利用计算机云计算技术使数据云端化，适应快速多变的市场需求，提高研发及生产的效率。将电子技术、伺服数控技术、网络技术及信息技术等与机电一体化相结合，使高分子成套加工技术装备具有自动控制、自动诊断、自动调节、自动补偿等功能，建立灵活多变的无人化工厂，实现无人化、智能化、集成化、清洁化生产。

案例 22
数控自动化高端墙砖成型与码坯系统

淄博功力机械制造有限责任公司

挤出机（挤砖机）的诞生使制砖由手工制坯转向机械挤出成型，新一代数控高效真空挤出机的研制使制砖工厂自动化、规模化和无人化成为可能。数控自动化高端墙砖成型与码坯系统包括真空挤出机、数控切坯机和智能化码坯系统，能够实现高强度多孔砖、空心砖、保温砖及其砌块等高端墙砖的自动成型、切坯和码坯，形成了完整的高端墙砖坯料生产线。

一、导言

淄博功力机械制造有限责任公司是以生产新型烧结墙材自动化装备为主的机械制造企业，年产 630 多台套整机砖瓦节能机械和建材机械，开发制造专用模具总成 3300 多套，提供各种零配件 6500 多件，年销售收入 2.1 亿元，居国内挤出机行业前列。公司主营产品包括新型墙材的原料处理设备（搅拌输送），核心成型装备（智能真空螺旋挤出机，图 1），成型后烧结前的机器人自动编组码垛装备（图 2）和烧成后的自动卸垛装备。

研发了国内首台密孔烧结保温砌块装备、JMXT 机器人自动码坯系统、JXMXT 机器人自动卸码系统，XDJ 自动卸垛机等新产品，其中 JZK120 重型真空挤出机是目前国内单机满足年产 2 亿标块生产线的唯一机型，成为新型墙材企业的关键装备。完成的机器人在墙砖成型与码坯系统中的应用项目带动了砖瓦行业转型升级，截至 2013 年年底，带动国内 20 多家装备企业参与研发机器人的应用，年产 1.2 亿标块规模墙材的企业大多采用了机器人码坯系统。

图 1　智能双级真空螺旋挤出机　　图 2　自动编组码垛系统

二、数控自动化高端墙砖成型与码坯系统

数控自动化高端墙砖成型与码坯系统包括真空挤出机、数控切坯机和机器人码坯系统，能够实现高强度多孔砖、空心砖、保温砖及其砌块等高端墙砖的坯条挤出成型、数控切坯和智能化码坯，形成了完整的高端墙砖坯料生产线。

1. 数控自动化高端墙砖成型与码坯系统

（1）新一代数控高效真空挤出机。

挤出机（通俗称为挤砖机）的诞生使制砖由人类手工制坯转向机械挤出成型，新一代数控高效真空挤出机研制，使得制砖工厂现代化、自动化、规模化、无人化成为可能。公司在消化吸收欧、美两大派系软塑、硬塑挤出理论的基础上,研发出5大规格系列的双级真空挤出机(图3),共有20多种适应不同原料、不同地区、不同产量规模的自动化高效成型设备。

图3 数控高效真空挤出机

挤出机规格包括JZK50、JZK60、JZK75、JZK90系列,由小到大、由单一到多品种,目前研发出国内最大的JZK120重型真空挤出机,走过了由机械化到自动化再到数字化的发展历程,获得多项国家专利。挤出机专有技术与装备特点如下。

1)挤出机的流变技术特点:泥体材料既非牛顿流体,又非胡克弹性体;既能流动,又能变形;既有黏性,又有弹性的"软物质"。这类"软物质"的流动变形规律,仅用牛顿流动定律或胡克弹性定律去研究和描述已无法正确进行。料浆流动中黏滞与弹性、层流与湍流并存,存在剪切变稀行为、旋转爬杆现象、挤出胀大效应、孔压误差效应等各种特性,均不同程度地影响着流动推进和挤压成型效果。该项目以现代流变学理论为基础,通过研究挤出机理,在实验与实践中形成了自己的流变技术,包括成型的入口柔炼、均化、真空到多级渐变螺线推送与挤出技术、模具的多孔分流平衡与边缘减磨减阻平衡技术和棱角充盈正压平衡等技术理论。

2)挤出机的宽频原料技术特点:以流变理论为基础,通过对用户不同原料差异化研究,逐步形成专有的数学模型。以原料的本质特征塑性指数,辅以摩擦系数、含水率为基础,建立分段的设计理念,对应不同螺旋绞刀和成型模具,研制出宽频型挤出机。目前已涵盖页岩、煤矸石、工业废渣、粉煤灰、河塘淤泥等及其混合物原料,实现了软塑2.0 MPa、半硬塑3.0 MPa、硬塑4.0 MPa烧结多孔砖及大型烧结空心砌块等墙砖的成型功能。

3)挤出机的双级真空技术结构特点:功力挤砖机组主体结构形式为上下级结构形式,用户可以I字、T1、T2共3种结构布置,适合工艺的多元化布置。此结构是在研究国外先进技术基础上,针对我国原料差别大、产能要求高等特点,通过优化设计,形成上级揉炼搅拌连续均化给料,中间抽真空排气排水,下级螺旋连续挤出的成型结构(图4)。目前双

177

图 4 挤出机的双级真空技术结构

级真空已成为行业主流,对行业起到示范作用。

4)挤出机的刚性与耐磨技术特点:为体现独特的硬塑成型技术,保障设备具备较高的挤出压力,核心机体采用整体铸钢结构,先进的热处理工艺保证了高的机械强度和刚度;开发了专用的高耐磨材料并经过喷涂及堆焊工艺处理,提高了泥料输送、搅拌等环节关键零部件的耐磨性;模块化结构设计便于更换维修。砖机最大挤出力达到 6 MPa,高于国家标准最高 4 MPa 要求,螺旋绞刀硬度达到 HRC60 以上,使用寿命成倍提高,保证了设备的技术性能和挤出成型质量。

5)挤出机的数字化控制技术:新一代数控高效真空挤出机是在现有宽频高硬塑挤出的基础上,设计了前后工序(或装备)数字控制接口,通过工序中传感器的模-数转换或直接数字量采集、设置,实现装备的运转和参数控制。

挤出机数字量输出和本机调节控制包括以下几个方面:给出前道工序信号、来料量;给出启动、停止参数;输出前道、本道工序加水参数,驱动加水伺服流量阀,平衡合理挤出压力、工作电流、成型质量;动态给出上级搅拌、下级挤出变频控制量,平衡工序物料平衡(产量节拍平衡);输出模具调节指令和模具机口减磨润滑水量信号,平衡合理挤出压力、工作电流、成型质量;结合人工干预,通过内部计算对设定值智能微调并储存;寻找节能、高效平衡点;给出前、本、后道工序故障停机指令等。

挤出机数字量采集、设置包括 3 个方面,如表 1 所示。

新一代数控高效真空挤出机通过数字参数控制实现了以下目标:自动、智能协调各道工序物料平衡,减少停机、待机频次与时间,达到有序均衡生产;自动调节运行参数、人工干预寻找最佳工艺参数,达到高效、节能、满足产品质量要求;自带预警调节和学习功能,达到减少人工干预,实现无人值守的目的。

(2)机器人自动码坯集成系统。

机器人自动码坯集成系统(图 5)包括智能砖坯编组系统和机器人自动码坯系统,是集成机、电、液压气动、机器人一体的数字化智能装备,其技术特点、功能如下。

表1 挤出机数字量采集、设置及检测

	参数名称	量值范围	检测及IO方式
前道工序的数字量	原料的塑性指数（原料成型的本质特征）	6.5~18	检测室定期检测，人机界面设置输入
	原料的含水率（工艺参数）	8%~18%	远红外在线测，RS230接口
	来料量（生产计划、前后工序能力指数）	0~30 kg/s	搅拌槽料位上下限位开关量及皮带秤模数转换
本道工序的数字量	挤出压力（成型要素）	运行0~4 MPa，报警6 MPa	泥沙式隔膜压力变送器，模拟量输出、数字RS485/RS232输出
	成型温度（成型、运行参数）	20~55℃	隔膜温度变送器，模拟量输出、数字RS485/RS232输出
	本机产量（生产计划、前后工序节奏）	流量0~30 kg/s，或泥条速度0~400 mm/s	本机旋转编码器转换，后续工序节奏反馈
	空室料位（运行监控参数）	上限位，下限位开关量	SA111静电容料位计在线检测
	循环型轴承润滑（运行监控参数）	轴承室上限位，下限位开关量	浮子式液位计在线检测
	消耗型轴承润滑（运行监控参数）	消耗润滑油0~50 ml/h	"贝奇尔"VERSA Ⅲ可编程的自动润滑技术，具备介质液位监控报警。
	上下级主轴转速（运行监控参数）	0~35 rpm，交流10~50 Hz	变频器在线IO控制，旋转编码器反馈转速
	模具高度（成型质量参数）	300~700 mm	内部运算输出，人工调节设置，颜色比对区域，适用于可调节高度模具
	故障点监控（运行监控参数）	开关量	多点监控，包括减速机润滑过滤监控、真空室负压限制监控、过载电流保护、挤出过压、超温保护
后道工序的数字量	故障点监控（运行监控参数）	开关量	后面工序多点停机监控，例切坯断钢丝监控
	产量（运行监控参数）	切坯频次10~20（次/分钟）	计数器反馈近一分钟的切割次数与设备能力或计划均衡设定切割次数比对
	切坯力（运行监控参数）	切坯切条动力瞬间工作电流峰值A或气动切坯压力（MPa）	电流传感器或压力变送器模-数转换

图5 机器人自动码坯集成系统

1）多品种（砖及砌块）智能砖坯编组系统。编组系统主要完成各规格坯体的集坯、换向、翻坯、分组、分缝、输送、整理定位工作，最终为下道工序——机器人码坯系统输送合适的坯体编组型式。

编组系统前面连接切条切坯系统，后连接机器人自动码坯系统，根据后序码垛节奏等数字信号全程自动监控、自动运行，根据产品规格实现柔性智能编组和纵横分缝，输送方式简便、稳定，易于调整，坯坯自动分离，保证了生产的连续性和平衡性。

对系统进行计算分析和结构优化设计，包括集坯运坯机、编组运坯系统、纵横分缝及送坯定位系统，配合视觉传感器，伺服电机及驱动器、气动系统及高精同步带传送系统，实现在线自动检测、产品自动识别跟踪、坯体准确定位，为后续机器人的准确准时抓取提供保障。

自动控制系统采用PLC、人机界面结合、机器人系统，开发了相应的控制软件，实现流程显示、人机对话、生产监控等功能。预留相应的通讯接口和内部地址，具有拓展性和集成性。

图6 机器人自动码坯系统

2）机器人自动码坯系统。机器人自动码坯系统（图6）是将智能砖坯编组系统送来的成组坯体按照窑体结构、机器人数量进行三维立体码垛，按要求码放到指定的隧道窑车上。单线6.9mp窑车应用两台机器人配置，共使用12台机器人，每台机器人可顶替20～30人班次的人工码垛。

IRB-660和IRB-760型机器人特点是动作快速、简捷、稳定，抓放精度和重复精度高，与其他自控系统接口兼容性高。机器人稳定、柔性和操作简捷，统一的控制系统避免多台机器人之间的干涉，满足了用户不同产品、不同垛型、不同生产方式的适应性。

配套的机器人砖坯夹持系统，夹力均匀，结构紧凑，不同品种模块化设计尽可能减少了夹钳持配备数量，充分发挥机器人少抓、快抓、柔性多变的优点。

依托该系统开发的高效节能、数控化的新型墙材装备，以煤矸石、废渣、页岩、河湖淤泥等固体废弃物为原料，通过真空螺旋挤压完成砖坯连续挤出成型，经高温烧结成为高强度的多孔砖、空心砖、保温砖及其砌块，是国家重点推广的环保、节能产品，对行业转型升级具有示范作用。

2. 生产线示范应用

(1) 大同煤矿的年产 1.2 亿 t 标块煤矸石制砖生产线（图 7）。

年产 1.2 亿 t 标块煤矸石制砖生产线于 2009 年建成于山西同煤集团塔山循环经济工业园，项目选用功力机械公司的大型双级真空挤砖机组、机器人自动码坯集成系统，是全国首家使用机器人自动码坯的烧结墙材生产厂家。该项目的机器人码垛属于国内首创首用，填补了国内空白，达到了国际先进水平，已被列为全国煤矿系统循环经济发展的推广典型，中央电视台新闻联播频道曾两次报道该项目。

(2) 其他示范应用（图 8 ~ 图 10）。

图 7　大同煤矿的煤矸石制砖生产线

图 8　山西聚义的煤矸石制砖生产线

图 9　延安工贸总公司的页岩石制砖生产线

图 10　新疆沙湾科技的劣质土 + 页岩制砖生产线

三、展望

我国新型墙材行业正处于转型升级时期，全行业目前资产总额近 7000 亿元，砖瓦企业数量 7 万家左右，年产烧结砖约 9000 亿标块，销售收入 3000 多亿元，无论从企业数量还是产品产量方面，均为世界第一。数字自动化新型墙材生产线工艺流程紧凑，工艺参数数字化高度集成控制，实现了数字化、规模化生产。现有生产企业在规模化和集约化方面比较落后，因此数控装备在新型墙材行业中有广泛的应用前景。

依托该项目开发研制的数控新型墙材生产装备，包括原料处理能力 100 m^3/h 的成套设备、120 ～ 150 t/h 多孔砖和保温砌块成型装备、具有人工智能的 9600 mm 大断面窑车的码卸垛、包装机器人集成系统等，将为发展循环经济、服务建筑节能做出应有的贡献。

案例 23
石材数控磨抛生产线

山东金瑞诺华兴机械有限公司

传统的石材磨抛生产一般只有石材磨机,采用行程开关等机械式测量方法进行检测和控制,存在很大误差。石材加工对精度和效率要求越来越高,国产设备在数控化、智能化方面与国际先进水平差距较大。石材磨抛数控生产线通过集成应用数控连续磨机、检测系统、控制系统、自动切机生产线、库存管理系统等关键技术装备,实现了石材的高效、高精度加工。

一、导言

近年来石材磨抛生产线已得到广泛应用,但在石材磨抛生产线数控化、智能化方面落后于国际先进水平。传统的石材磨抛生产一般只有石材磨机,石材磨机通过在磨头前方安装一排行程开关进行检测,当石板移动至行程开关时通过计算碰撞行程开关的个数来计算石板宽度。由于行程开关之间的间隔影响,这种机械式测量宽度的方法使测量宽度与真实宽度之间存在很大误差,而且石板在行程开关上持续摩擦以及潮湿的环境使得行程开关的寿命降低。

目前采用的轮廓测量一般是具有非接触特性的激光测量,通常称为三维轮廓测量方法。该方法已被用于测量石材等三维实体,并用于仿形制造。非接触测量技术在现代工业生产中有广泛的应用价值,可提高工业生产效率、降低工人劳动强度。通过光、机、电一体化设计制造,山东金瑞诺华兴机械有限公司研究开发了一种基于 CCD 相机的石材宽度检测的智能磨机,并通过后置 CCD 相机对板材进行扫描入库,形成了一套生产自动化和科学管理的智能化石材磨抛生产线,显著提高了石材磨抛机械科技水平。

二、石材数控磨抛生产线

数控连续磨机(图 1)是石材数控磨抛生产线的关键装备,包括检测系统、控制系统、自动切机生产线(图 2)、库存管理系统等。

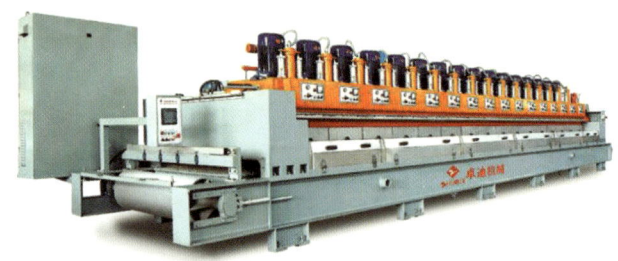

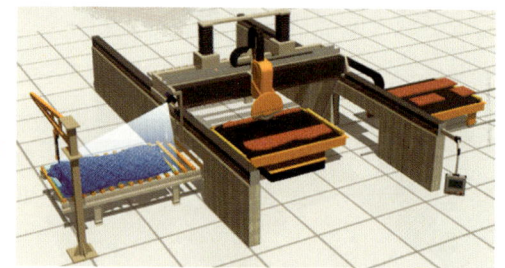

图 1　数控连续磨机　　图 2　桥式自动切机生产线

1. 宽度自动检测系统

石材磨机的宽度检测系统是将线阵 CCD 相机架设在石材大板的正上方,通过光源产生一条平行光照亮相机正下方的工作区域(图 3)。当 CCD 扫描到皮带上运动的石板时,通过设定的阈值获取石板宽度的像素值,利用换算模型计算出石板的真实宽度,然后通过串口通信将石板的宽度信息实时传输给机床控制系统来控制磨头的摆动幅度，其测量原理如图 4 所示。

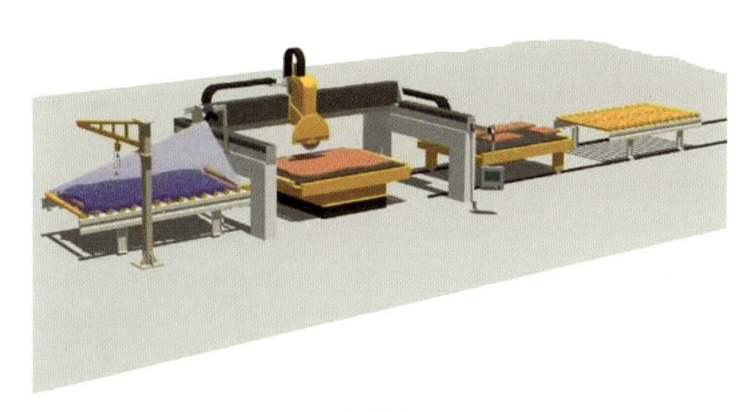

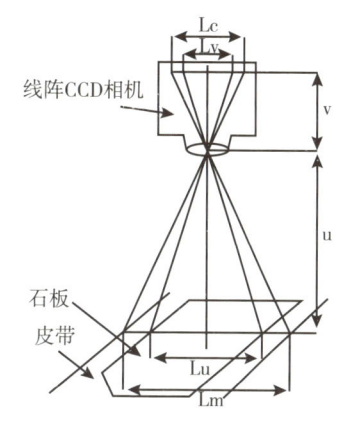

图 3　宽度检测系统

图 4　宽度检测系统原理

根据原理图和基本光学原理，我们设定被测目标与凸透镜之间的距离，即物距为 u；凸透镜与 CCD 之间的距离，即像距为 v。根据凸透镜成像原理，若焦距为 f 则三者满足以下的关系

$$\frac{1}{f}=\frac{1}{u}+\frac{1}{v}$$

设定待测石板宽度为，宽度检测量程为 L_m，线阵 CCD 像元的长度为 L_c，石板对应的在 CCD 上成的像长度为 L_v，放大倍数 S。根据三角形相似得出比例：

$$S=\frac{L_u}{L_v}=\frac{v}{u}=\frac{L_m}{L_c}$$

这样通过上两式就可以导出放大倍数 S 和待测石板长度 L_u 的计算公式：

$$S=\frac{u}{f}-1$$

在实际工程应用时，相机的 u、v 为确定值，L_v 值可通过 CCD 传感器的发亮区域确定，带入下式即可求出待测石板宽度。

$$L_u=(\frac{u}{f}-1)L_v$$

根据上述原理，设计智能石材磨机试验机，如图所示。从图 5 中可以看到在磨机传送带输入的上方安装有 CCD 摄像机。CCD 相机对板材进行廓形扫描。

图 5　CCD 相机廓形扫描

利用 VC++ 编写 CCD 采集系统界面，如图 6 所示，从图中的峰高即可以自动测量出板材的宽度，测量精度可以达到 2 mm。在光源照射下，黑色传送带的灰度值较低，而石板的灰度值较高，因此可以通过测量高亮的像元来确定石板区域。从而获得石板宽度。

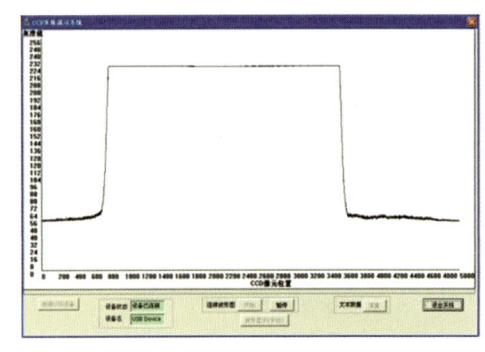

图 6　板材宽度界面显示

2. 磨机控制系统

（1）磨机的运行。

磨机运动过程中有 3 个方向的控制：①上下运动控制：有 16 个磨头（从左到右装有 8 组）；②左右运动控制：所有的磨头都挂在横梁上，横梁由横梁电机带动作左右运动；③前进运动控制：需要磨抛的石材置于皮带（由皮带电机控制）上，皮带带动石材在磨床上移动。

上述 3 种运动是相互配合的。首先，传送带带动板材石材荒料移动，磨机进口处检测到石材荒料发送信号给 PLC，磨机计算出线阵相机发出的数据，控制磨头横梁的摆动和磨头的下降与上升。同时系统有检测与保护要求：运动部件润滑油检测、磨料检测、传送带速度检测与指示、横梁限位保护、电机过载保护等。

（2）控制方案设计。

设计方案采用可编程控制器对磨机实行控制，磨机的运动控制包括传送带、横梁摆动、磨头升降和磨头的旋转。PLC 选用西门子 S7-200 型，人机界面采用威纶通 TK8100i 型触摸面板。

按照上述磨机控制方案的要求，PLC 控制系统总共需要的开关量输入点 18 个，输出点 56 个。西门子 S7-200 型 CPU226CN 共有 16 个输入和 16 个输出，没有模拟量输入模块。所以需要拓展 1 个 EM223 模块（16 输入/16 输出），4 个 EM222 模块（8 输出），还有 1 个 EM235 模块（模拟量输入）（表 1）。

表 1　PLC 的 I/O 接口功能列表

I/O 接口	接口功能	I/O 接口	接口功能
1M	公共端输入	I1.0	手自动转换
I0.0 I0.1	皮带编码	I1.1	自动启动
I0.3 I0.4	横梁编码	I1.2	自动停止
I0.7	短接	I1.3	皮带启停

续表

I/O 接口	接口功能	I/O 接口	接口功能
I1.5	故障复位	I2.6	皮带变频保护
I1.6	横梁前摆	I2.7	气压开关
I1.7	横梁后摆	Q0.0	自动运行指示
I2.0	磨头电机过载	Q0.1	异常指示
I2.1	送板检测	Q0.2	横梁前行
I2.2	摆动原点	Q0.3	横梁后行
I2.3	前极限	Q0.4	皮带运行
I2.4	后极限	Q0.6	送板
I2.5	摆动变频保护	Q1.0～Q1.7	开关检测矩阵

考虑到 PLC 输入输出点的类型、导通方式以及能承受的电压电流范围、信号导通时的电流和电压大小，PLC 注记控制线路如图 7 所示。

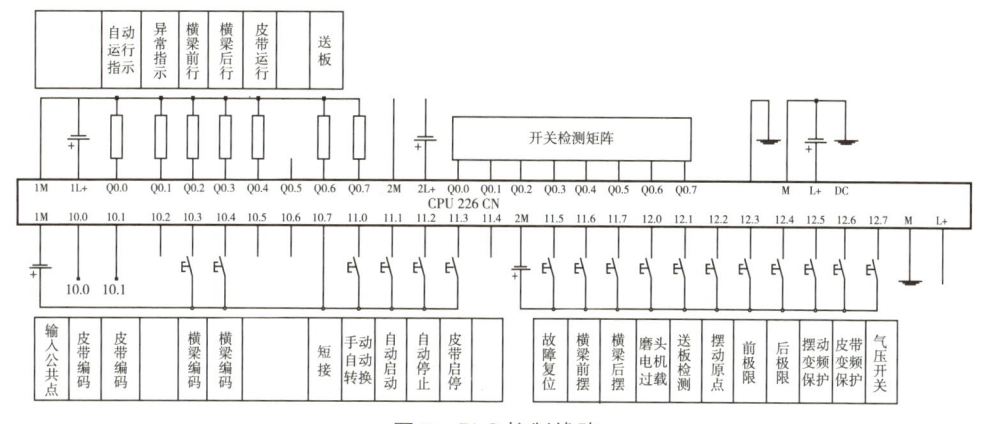

图 7　PLC 控制线路

（3）触摸屏系统设计。

触摸屏界面显示各类参数（图 8）。

3. 石材库存管理系统

生产线对磨机磨抛后的每块石板进行依次拍照，图片信息存储在 PC 的石板可视化库存管理系统中。软件是基于 C# 与 SQL SERVER 数据库编译而成的石材图像数据库管理系统，与工业相机相连，实现石材板材拍照、图像处理、石板轮廓数据提取等功能，同时通过手动收方得出最大内接矩形石材边界，软件自动录入收方尺寸，最终存入数据库，实现库存查

187

(a)　　　　　　　　　　　　　(b)

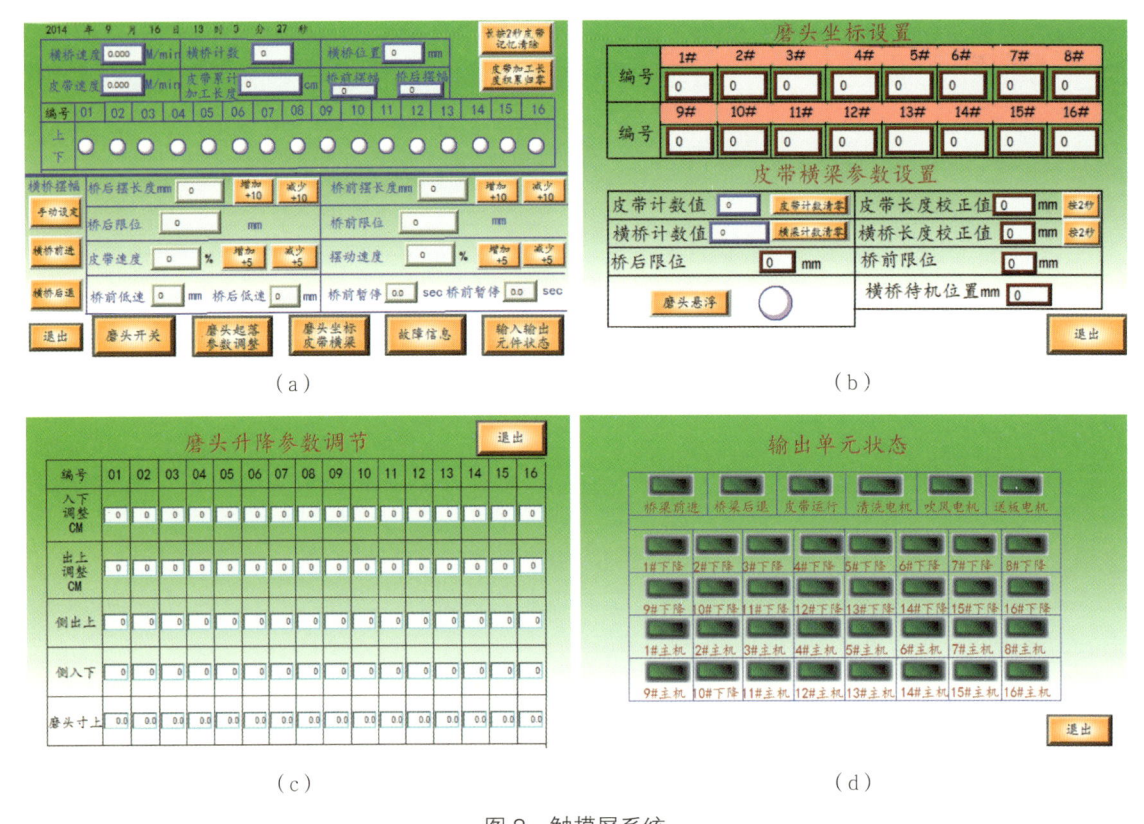

(c)　　　　　　　　　　　　　(d)

图 8　触摸屏系统

询、库存打印等功能。

（1）软件主界面。在单击主界面任意位置，当程序首次进入库存管理系统时会弹出"首次登陆界面"需要输入数据库名称。输入正确的数据库名称后点击"确定"按钮，系统就可以进入到"库存管理界面"。

（2）可视化的库存管理功能。在这个界面中分别点击对应按钮可以实现石材拍照、自动提取轮廓、手动收方、石材入库出库、入库信息修改等功能。点击"入库、出库查询"按钮分别可以进入"库存查询"和"出库查询"界面。完成图片存储后，单击"石材图像收方"按钮，系统弹出"打开背景图片"对话框，完成石材大板图像与背景图像的选择，系统自动绘制出石材大板的轮廓外形和最小外接矩形，并通过"绘制边界"对话框显示出来（图9和图10）。

（3）软件主要特点。

用户可视化。石材板材是天然形成的，同一原始石料切割成的石材板材其花纹和颜色都会存在差异。这使得买家会因没有看过板材而存在购买没有达到预期的心理差异。但通过使用石材图像数据库管理系统，销售石材板材时，可以让买家第一时间看见和想购买板材一模一样的图片信息，从而消除了这种购买差异。

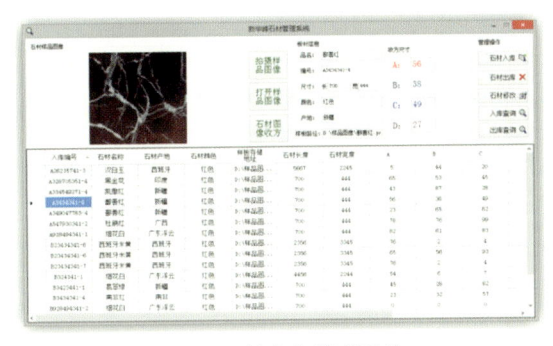

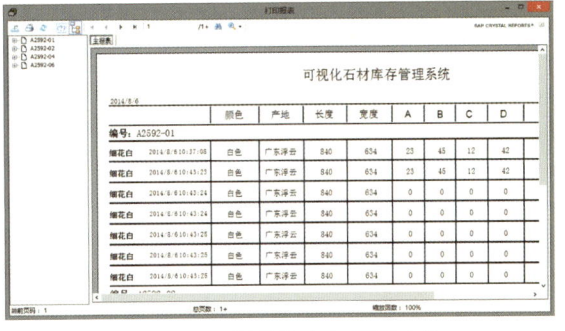

图9　石材库存管理系统　　　　　　　　图10　可视化的库存管理功能

计算机自动控制。通过相机拍摄的图片可以进到收方系统中自动获取石板轮廓数据，通过手动收方获取最大内接矩形，上下左右的收方尺寸会自动载入。

库存管理打印一体化。本软件使用SQL SERVER数据库，实现石材板材图片和石材数据有关信息一起存入数据库，可供用户查询，也可以打印查询完的数据。

4. 主要创新点

（1）宽度自动检测系统提高了石材测量精度。对不同颜色的石板进行灰度值分析得出采用线阵CCD进行石材测量的最佳阈值为150。

（2）磨机PLC控制系统。将CCD相机应用于磨机PLC控制系统的设计，石材磨机的控制系统稳定性好，使用方便，生产过程稳定，延长了装备的使用寿命。

（3）石材库存管理系统。实现了从石材荒料到入库管理的数字化加工和管理，从而形成了一套数控石材磨抛生产线。

三、展望

该设备使用树脂磨盘，磨盘重量轻，消耗功率小（7.5 kW），为同规格普通连续磨机磨头（盘）的1/3～2/3，耗电量低；可定制12头、14头的树脂磨盘，磨抛板材宽度根据用户需求设计，实现连续磨抛，磨削效率高；电气系统采用数字化控制及人机界面，磨盘升降、加压压力、运行速度等参数可控；设计有摆动式横梁带动磨盘移动，皮带式工作台利于板材输送，结构合理；加压压力适应磨抛微晶石，尤其适用于人造石和微晶石生产。树脂磨盘连续磨机生产线在石材加工行业有广泛的应用前景。

案例 24

数控技术在加气混凝土生产设备上的应用

东岳机械集团有限公司

新型、环保、节能的新型建材产品和建材设备给制砖行业带来了新的发展机遇。目前，蒸压灰砂砖、加气混凝土等建材产品普遍推广，但装备自动化、数控化水平普遍不高。伺服控制技术、静压成型技术等先进技术的研发应用，使机械手、移动掰板机、各种摆渡车等实现了数字化集成控制，运行更加稳定高效，显著提高了生产效率，改善了劳动环境。

一、导言

我国砖瓦行业一直是一个以重体力劳动为主的行业，随着改革开放，国外新型、环保、节能的新型建材产品和建材设备进入我国，尤其是蒸压灰砂砖、加气混凝土等建材产品普遍推广，给制砖行业带来了新的发展机遇。但在发展过程中，也出现了诸多的制约因素，如装备自动化、数控化水平普遍不高，低端产品过剩，高端产品依赖进口等，迫切需要行业转型升级。

东岳机械集团有限公司前身是1994年成立的沂南县节能设备厂，2004年更名为山东东岳建材机械有限公司，是中国最早生产免烧砖机、加气砖生产线的企业之一。其中蒸压砖机、加气混凝土生产线国内市场占有率达到15%左右，连续3年稳居行业前三位。在电机振动免烧砖机、液压马达振动砖机和八孔转盘砖机成型设备的基础上，自主研发了全自动双向静压砖机，攻克了灰沙砖掉层和粉碎现象。应用自主研发的双面自动静压成型技术、移动掰板机技术等制造的新型蒸压灰砂砖生产线达到国内同类设备的领先水平，已申报了发明专利（图1）。

图1 制砖成型装备

二、数控加气混凝土生产设备

加气混凝土砌块（板材）的生产搬运流程长，搬运强度大，如果用传统的搬运模式，不仅会增加大量的人工成本，也会增加建材产品的破损率。通过吸收国外加气混凝土设备的自动化技术，自主研发了加气混凝土设备自动化配套技术及产品。

1. 数控技术在加气混凝土生产设备上的应用

在加气混凝土生产过程中，要用到许多移动设备和升降设备。这些设备不但要求移动距离大、移动速度高,而且,必须停车位置准确。目前,国内一直采用的停车定位方法有两种,一是人工定位,二是机械定位。这两种定位方法存在着定位精度低,占用时间长的问题。人工定位很难一次完成定位,而升降设备又无法采用机械定位,通常使用液压升降的办法加以解决。这种方法效率低,速度慢。因此采用数控技术有效提高了摆渡车(平移设备)和掰板机等设备的效率和精度。

(1)利用数控技术实现移动掰板机精准定位。采用数控技术使平移设备的最大运行速度由原来不足 20 m/min,提高到 60 m/min。双向重复定位精度也由原来的 5 mm,提高到现在的不大于 2 mm。升降设备的最大提升速度由原来的不足 5 m/min,提高到现在的 10 m/min。水平和垂直方向的定位精度不大于 3 mm。两种设备运行时,无积累误差。

(2)采用数控技术提高设备运行的安全性和可靠性。加气混凝土砌块生产线组网控制,实现了静养全工段(该工段共有电机 70 多台、气缸 60 多支)的自动无人值守运行。该工段铺设有 6 横 2 纵,共 8 条轨道,轨道总长度 200 多米。40 多辆模具车和两辆摆渡车在该工段运行。通过一年多的运行,从未发生过脱轨、错轨和撞车等事故。

2. 关键技术

釜前摆渡车是将切割后的成型砖坯连同蒸养车一起,运至釜前编组区进行编组,为下一工段做准备。摆渡车是一种平板式轨道自行走车辆,在其运行距离内,共有 9 个停车位置。停车位置间距为 4 m,总行程 35 m,车下装有 5.5 kW 行走驱动电机及速比为 39.3 的减速机各一台,四轮直径均为 270 mm。在其驱动轴上装有一 30 个矩形齿的码盘,用以检测摆渡车的位置。脉冲当量值为:$N=3.1416 \times 270/30/4=7.0668$。釜前摆渡车的运行过程中的位置检测和精确控制是生产线运行的关键。

(1)摆渡车的位置检测(图 2)。

因摆渡车的运行环境以及编码器安装受限,自主研发了码盘进行位置检测。由于摆渡车轨道为平轨,运行时车轮容易打滑,造成所检测到的码数与车的实际位置码不对应。运行速

图 2 摆渡车的位置检测

度越高、距离越长,误差就越大。为解决定位精度问题,在摆渡车上加装一支专门用作定位的接近开关,并安装可调的检测铁块。用编码器来确定一个停车位置的区域,区域的两端点即为减速点,在此区域内进行精确定位。

(2)积累误差的消除。

摆渡车在运行时,其检测码与实际的码数存在的误差是无法消除的。经分析验证,误差只要不大于相邻两停车位置之间的距离就可以正确精准定位停车,一定的误差不会影响摆渡车的停车定位,但积累误差必须消除。其具体做法是:摆渡车每运行到一个停车位时,就将该位置的计算码传输给检测码计数器,这样摆渡车不论运行距离多长,其误差都不会超过相邻两停车位置之间的误差。若第一停车位为检测起始0点,其他位置实际码数的计算如下式:

减速距离码数:$N=L/K$;位置实际码数:$N_i=L_i/K$

L—减速距离(mm);K—脉冲当量值;L_i—位置距离(mm)

(3)运行方向的判定。

釜前摆渡车运行时,要求摆渡车做出一个向前还是向后的正确选择。要使摆渡车做出正确判断,它必须确定自身目前所处位置和要到达的位置。通过检测将这两个位置码数据反馈,实现运行的自动控制。

3. 主要创新点

(1)研发应用了加气混凝土设备可编程控制器、工控触摸屏配合组态软件,提高了自动化程度(图3和图4)。

(2)采用无轴式自动布料机构,布料更加均匀,产品成品率提高。

(3)采用双向自动加压系统,使模腔受力均匀,延长模具的使用寿命,提高了砌块、板材制品的密实度和强度。采用双向自动压制成型技术,与传统压机相比节电30%。

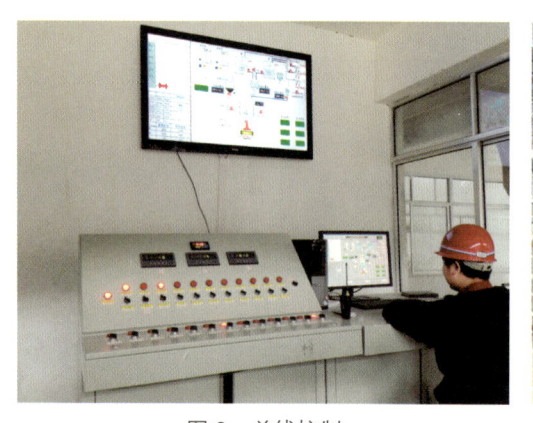

图3 总线控制

图4 工控系统

（4）依托数控技术研发生产了蒸压加气混凝土生产线，从拌料、浇注、压制成型、蒸压到掰板、出库，实现全过程自动控制，提高了设备的自动化程度，有效降低成本。

三、主要成果

自主研发的蒸压加气混凝土砌块生产线、移动掰板机、DY 系列砖双向自动液压成型机被省科技厅、省经信委组织的专家委员会分别鉴定为具有国内领先水平的新成果、新产品。自主研发了全自动双向静压砖机，解决了灰沙砖掉层和粉碎现象。双面自动静压成型技术、移动掰板机已申报发明专利。到目前为止，已申报专利 33 项，有 17 项国家实用新型专利技术、3 项国家发明专利获得授权。获得国家能源科技进步奖一项、省优秀节能成果奖一项、省科技进步三等奖二项、市科技进步二等奖二项。

公司注重科技创新，拥有省级企业技术中心和省级建筑建材机械工程实验室，年研发投入达到销售收入的 5% 以上。拥有科研人员 116 人，通过与清华大学、中国建筑材料科学研究总院、天津大学、青岛大学、济南大学等院所进行技术合作，产品的数字化、成套化水平和成果转化效益显著提高。

四、展望

近年来，劳动力短缺问题逐渐显现，对用工较为密集的建材领域影响较大。市场正在推动机械装备向数控自动化方向发展，数控装备及机器人将逐步替代传统人机操作。

伺服控制技术等先进数控技术的研发应用，使智能机械手、移动掰板机、各种摆渡车运行更加稳定高效，成型、码坯、摆渡周期可达到 15s 左右，单线数控加气混凝土生产线可达到年产 60 万 m^3 砌块或板材，显著提高了生产效率。相比传统的建材生产设备，数控生产线的优点是工作平稳、速度快、精度高，显著改善了劳动环境。

由于数控生产线的各类配套设备对夹持量、搬运量有要求，每次移动的重量不能超过其允许使用的标准，对于宽度大于 6.9 m 以上的窑车，单台智能机械手的臂展、移动掰板机无法覆盖整个窑车工作面，未来需要在数控生产线的设计中加强柔性化的功能设计和智能化无人值守装备的研发。

案例 25
门窗幕墙数控加工设备

济南大学 / 济南德佳机器控股有限公司
济南天辰铝机股份有限公司 / 济南辰禾机器有限公司

济南市是我国门窗设备与技术的生产与研发基地，国内市场占有率达 80% 以上，但门窗设备的数控化水平与国际先进水平相比有一定差距。济南天辰铝机股份有限公司等企业与济南大学等高校、院所深入开展产学研合作创新，开发生产了一批具有较高数控化水平和高质量水平的门窗加工成套装备，研发了一批核心工艺技术成果，加快了产品的转型升级。

一、导言

济南市是我国门窗设备与技术的生产与研发基地,门窗设备的产量占全国总产量的70%以上,具有产业规模优势,形成了产业聚集。济南门窗加工设备主要以塑钢门窗、断桥铝门窗等加工设备为主,有近百家企业,国内市场占有率达80%以上,产品出口到德国、白俄罗斯等多个国家。德国著名型材生产商维卡、五金件生产商格屋等国外型材及配套企业落户济南。同时,济南也是全国的中空玻璃生产基地,在门窗行业有较大的综合影响力。

目前,我国门窗设备的技术水平与世界先进水平相比还存在着一定的差距。无论是产业规模、整体技术水平,还是产品应用等方面都落后于发达国家,其主要制约因素是多数企业缺乏具有自主知识产权的核心技术和核心产品,行业关键共性技术的创新能力不足,门窗装备的数控化水平不高、竞争力不强,严重制约了我国门窗装备产业的结构调整和转型升级。针对低端产品过剩、高端产品缺乏等问题,济南天辰铝机股份有限公司、济南德佳机器控股有限公司和济南辰禾机器有限公司等企业与济南大学等高校院所深入开展产学研合作创新,开发生产了一批具有较高数控化水平和高质量水平的门窗加工成套装备,研发了一批核心工艺技术成果,加快了产品的转型升级,促进了济南门窗设备生产基地和产业聚集区技术水平的快速提升,增强了行业竞争力。

二、数控一代产品案例

1. SHP8WX-CNC-3000B 数控八角焊机(济南德佳机器控股有限公司)

采用卧式布置,机头超强刚性设计,平稳可靠,满足复杂窗型框的焊接,机头进给全部采用方导轨运动副,性能稳定可靠,独有的强制同步技术,结合know-how(技术诀窍),保证了制品的焊角强度和质量,大幅度提高了生产效率,适用于大批量高档门窗制作(图1)。

图1 SHP8WX-CNC-3000B 数控八角焊机

2. SZX-100A 钻铣加工中心（济南德佳机器控股有限公司）

采用工业级计算机控制，可与上位机通讯、自动选择加工任务，柔性实现计算机辅助设计/制造（CAD/CAPP/CAM），扫描条码识别加工工艺信息，无需人工输入与调整，6 个机械手进行工序间的物料输送与加工，自动同时实现两根塑料型材增强型钢紧固、水槽及气压平衡孔、锁孔槽、安装孔的加工，生产效率高，减少人工投入，适用于大批量高档门窗制作（图 2）。

图 2　SZX-100A 钻铣加工中心

3. GSGZA-CNC-7000 四轴联动加工中心（济南天辰铝机股份有限公司）

GSGZA-CNC-7000 四轴联动加工中心以机械行业通用加工中心结构为基础，是一种集机械、电子控制、软件控制为一体的针对建筑及工业用高端铝合金型材数控加工设备。适用各种铝门窗及幕墙型材的安装孔、流水槽、锁孔、异形孔及端铣等加工工序（图 3）。

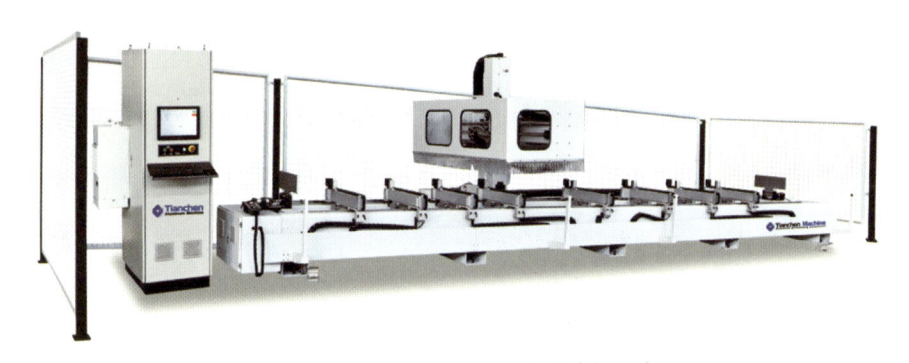

图 3　GSGZA-CNC-7000 四轴联动加工中心

4. CSU300 钢结构数控联合生产线（济南天辰铝机股份有限公司）

该生产线由锯床生产线、缓冲储料区、三维数控钻床（或冲钻复合设备）、焊接成型设备、抛丸清理机及表面喷锌设备等部分组成（图 4），是一种生产效率高、加工精度高、可靠性高的型钢一体化复合加工成套设备。其特征在于对型钢进行锯切、钻孔、焊接、抛丸及表面喷锌处理。

图 4　CSU300 钢结构数控联合生产线

5. LJJZ-100 塑料型材锯切加工中心（济南辰禾机器有限公司）

该设备用系于复杂窗型系统解决方案之锯切单元，用于自动实现塑料型材 45°、V 型口及中梃的定尺切割，适用于大批量高档门窗制作（图 5）。

图 5　LJJZ-100 塑料型材锯切加工中心

6. SHQXJ01DH 塑料门窗多层焊接清理生产线（济南辰禾机器有限公司）

该产品由焊接单元、输送单元、角缝清理单元组成（图 6），用于完成塑料门窗矩形框（或扇）的焊接、输送及清理，可一次自动完成两个矩形框扇的焊接与清角。

图 6　SHQXJ01DH 塑料门窗多层焊接清理生产线

三、主要成果

（1）济南天辰铝机股份有限公司（以下简称天辰铝机或公司）是山东省知名企业济南

天辰机器集团有限公司的控股子公司。天辰铝机成立于2001年10月，位于济南市高新技术开发区内，是国内较早利用自身技术研发生产数控机械设备的企业之一。目前拥有一支由电气、机械、数控软件等专业工程师及技术人员组成的研发技术团队，拥有计算机软件著作权7项，实用新型专利56项。是省级企业技术中心和市级工程技术研究中心。自主研发了铝幕墙四轴数控加工中心等，是此类产品国家标准主导起草单位，标准于2012年10月1日正式实施（标准号GB/T 28390-2012）。公司承担国家"十一五"和"十二五"科技支撑计划项目及科技部科技创新项目共3项、省部级项目13项和市科技计划5项。

（2）济南德佳机器控股有限公司是以研发与经营塑料门窗、中空玻璃先进生产设备及相应系统软件为主的制造企业，是国内最大的节能门窗与中空玻璃生产设备行业的龙头企业。公司是山东省建筑门窗幕墙制造工艺与设备工程技术研究中心的依托单位。承担了国家"十一五"国家科技支撑计划项目《环境友好型建筑材料与产品研究开发之典型地区用建筑外窗系统研究开发》课题（2006BAJ02B06）、国家十二五国家科技支撑计划项目《低能耗玻璃外窗成套技术与应用》课题（2011BAJ04B04-02）。还承担了科技部国家创新基金项目、省市科技发展计划等多项科研项目。拥有多项国家专利和软件著作权。

（3）济南辰禾机器有限公司主营业务为塑料门窗组装加工设备，主要产品有自动生产线、锯切、铣削、焊接、清角等六大类100多种产品。数控清角机、铝塑型材锯铣加工中心、塑料门窗焊接清理自动线等处于国内领先水平。产学研合作研发的门窗集成制造管理系统，具有设计–采购–生产–安装一体化的产品生命周期管理、双目标优化的制造执行管理，精准化车间物料调拨等功能，可集成各种门窗数控加工设备，为行业发展提供良好自动化生产的技术支持。公司是中国门窗幕墙加工设备生产基地骨干企业、山东省建设机械协会会员，目前已获得发明专利2项、实用新型专利11项、软件著作权2项。承担多项省、市级科技发展计划项目研发。

四、展望

针对行业存在的低端产品过剩、高端产品缺乏的问题，以济南天辰铝机股份有限公司、济南德佳机器控股有限公司和济南辰禾机器有限公司等骨干企业为主体，以济南大学等高校院所科研力量为依托，深入开展产学研合作创新，开发生产一批具有较高数控化水平和高质量水平的门窗加工成套装备，研发一批核心工艺技术成果，加快产品的转型升级，促进济南门窗设备生产基地和产业聚集区技术水平的快速提升，增强行业竞争力。

案例 26
数控有卡无卡一体木工旋切机

山东百圣源集团有限公司

旋切机是胶合板（三合板或多层胶合板）生产中单板旋切生产的关键木工设备，国内现有的旋切生产线多为单机分布、多机组成，占用空间大，生产效率低，控制手段落后。数控有卡无卡一体旋切机集原木输送、定心上木、单卡轴旋切、无卡轴旋切、碎板剪切处理等多种功能于一体，具有适应性强、数控化程度高、加工功能多等特点。

一、导言

山东百圣源集团有限公司成立于 2003 年 8 月，是集研发、生产、营销木工机械、胶合板生产线成套设备的专业性企业集团。拥有省级企业技术中心和山东省大型木工机械工程技术研究中心，自主研发的数控液压双卡轴旋切机被评为山东省科技进步奖三等奖、山东省重点领域首台套技术装备、山东省技术创新优秀成果一等奖、优秀新产品一等奖。其核心技术：有卡无卡旋切机的原木定心装置、有卡无卡一体旋切机的旋切装置拥有发明专利 3 项。研制的数控有卡无卡一体旋切机产品实现了木工机械数字化控制和一体化生产，提高了生产效率和产品的数字化水平。

二、BQK1913/4 数控有卡无卡一体旋切机

1. 产品概述

BQK1913/4 数控有卡无卡一体旋切机是胶合板（三合板或多层胶合板）生产中单板旋切生产的最新设备，具有以下特点及创新点：

（1）该设备集原木输送、原木定心上木、单卡轴旋切、无卡轴旋切、碎板剪切处理等多种功能于一体，完全自动化控制；双压辊驱动进给比普通防弯装置的防弯效果更好，每分钟可旋切小径原木 2～3 根，与没有配置有卡无卡一体机的生产线相比，木材利用率提高 20%，加工精度提高 15%，生产效率提高 30%，生产成本降低 40%。

（2）首次集有卡、无卡旋切于一体，通过控制器和伺服电机实现机床的多轴联动控制，实现有卡到无卡旋切连续不间断转换，集成了自动定心上木、碎板剪切技术于一体。自动化程度高，工作稳定可靠，效率高，实现了自动高速旋切，提高了木材利用率。

2. 整体结构

BQK 1913/4 数控有卡无卡一体旋切机的基本结构主要由床身部分、左右卡轴箱部分、刀架部分、双棍传动部分、连接横梁和支撑架部分、定心机构、上木机构、有卡旋切机构、无卡旋切机构、输木和输板机构、碎板剪切机构、数控系统等组成。其外形如图 1 所示。

（1）床身部分采用钢板及型钢焊接结构，整体刚性好，强度高，是各组成部分的支撑体。主要是用来支撑连接有卡旋切机、连接横梁和定心上木机构。

（2）左右卡轴箱是旋切机主轴的传动、测速和刹车机构。该机构通过主电机提供动力，

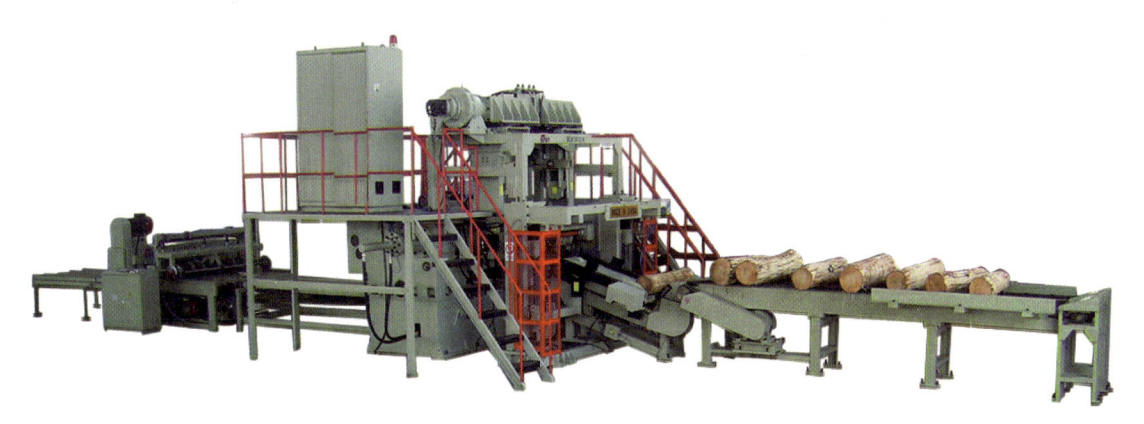

图1 数控有卡无卡一体旋切机

采用直流测速电机，保证工作的平稳和有效制动。左右卡轴箱由高牌号的铸铁制成，是各种传动部件的支撑体。

（3）刀架部分组成包括进给、装刀系统和压尺架。刀架进给靠进给伺服电机驱动，通过编码器读取卡轴的转速，进给伺服电机由控制系统控制进给速度，旋切出不同厚度的单板；装刀系统采用液压装刀，装卸刀快捷方便，装刀精度高；压尺架用来支撑压尺及其附件。

（4）双棍传动部分由液压马达驱动旋转，液压缸拉动防弯辊装置上下移动，并带动防弯辊做相应的回转，这样两排驱动辊将木芯抱住，并给予一定的动力，保证木芯旋切不易爆裂，提高了单板的质量。

（5）连接横梁和支撑架主要是用来保证其他机构与有卡旋切机的有效连接，无卡旋切机构和上木机构直接与横梁链接，保证上木、有卡无卡旋切的连续转换。支撑架与定心装置和输木装置相连，保证定心和上木的准确性。

（6）定心机构通过电子光眼跟踪原木的位置，然后反馈给可编程序控制器，通过计算机进行数据处理后，发出指令给定心系统实现定心。该机构通过一台伺服电机和一套螺纹运动副，带动升降V型块升降，实现原木的定心。

（7）上木机构连接在横梁上，其上安装了上木摆臂，摆臂前端装有卡爪，摆臂上有运动滑道，卡爪通过伺服电机带动，保证卡爪伸缩自如，以便实现上木的准确。

（8）有卡旋切机构采用多级链机构带动主轴旋转，进给机构采用齿轮副和滚珠丝杠副带动刀架进给实现旋切。旋切功能靠刀架部分实现，主要由进给系统、装刀系统和压尺架组成。

（9）无卡旋切机构通过横梁与有卡轴机构紧密相连，采用齿轮副带动进给机构实现旋切。双棍传动机构的设计改变了传统设计理念，采用伺服电机控制，实现了无卡旋切的功能，提高了设备的防弯效果，减少了结构的重复设计。

（10）输木和输板机构。原木输送机构与支撑架相连，采用减速机链条式输送带，带动原木移动实现原木的输送；输板机构采用简易滑板式机构输出，通过传送机构输出。

（11）碎板剪切机构。碎板机构与机座相连，由光电扫描系统、启动剪切系统、碎板运输系统组成，实现碎板的剪切和有效处理。

（12）数控系统由 QnU 系列可编程控制器、运动控制器、FR-F700 变频速器、伺服放大器、GOT1000 系列触摸屏组成，处理速度快，性能稳定。

3. 运动控制系统设计

（1）旋切原理。

1）恒线速切削原理的研究。有卡旋切过程中随着被旋切原木直径的减小，旋切的线速度逐渐减小，线速度变化将影响单板和卷板质量，恒线速切削可以解决上述问题。控制切削参数中的卡轴转速，建立卡轴转速与原木直径变化的关系，保持不变的旋切线速度，实现恒线速切削。

无卡轴旋切原理与有卡轴旋切原理不同，有卡轴旋切原木轴线位置在旋切过程中是不变的，无卡轴旋切原木轴线位置在旋切的过程中是实时改变的。为了使切削过程稳定，保持旋切圆心和旋切速度不变，建立了伺服电机转速、传动辊转速、刀架体行程和单板厚度之间关系的数学模型，通过数控装置，控制伺服电机的动作，提高刀具的进给精度，使单板的输出速度保持不变。

2）有卡旋切过渡到无卡旋切连续性的研究。有卡旋切时，卡轴带动原木转动；由有卡旋切过度到无卡旋切时，卡轴退回，由驱动辊带动原木转动，有卡旋切过渡到无卡旋切时切削参数需保持不变，以保证有卡无卡切削的连续性和单板厚度不变。

3）定心原理的研究。利用机械位移结合光电扫描传感器，测出原木两端表面的最高点，由计算机按预先设计的程序计算出原木的中心线，给出原木两端垂直方向的偏移量，控制定心装置自动调整原木的位置，上木卡爪夹紧原木自动送到旋切机上。

（2）控制系统。

BQK 1913/4 数控有卡无卡一体旋切机功能多，控制系统复杂，控制准确性要求高。主要由以下部分构成：

1）可编程控制器、运动控制器，主要用来实现机床的逻辑动作控制以及伺服电机的运动控制。

2）变频器，主要用来驱动主卡轴的高精度运转。根据刀架位置、切削板厚、出板速度实时准确控制卡轴的转速，给原木以稳定的转动力。

3）伺服控制放大器，伺服控制放大器主要控制伺服电机，根据机床的动作要求，快速、高精度地实现机床的多轴联动控制。

（3）机械结构的设计及加工工艺。

BQK 1913/4 数控有卡无卡一体旋切机的结构设计综合了齿轮传动机构、链传动机构、液压传动机构、自动进给机构、恒线速切削机构、自动装刀机构、自动调整刀门机构、自动定心机构、摆臂上木机构、有卡无卡自动旋切机构等多个机构的研究。为了保证机床的稳定和旋切单板精度,关键零部件采用数控加工中心、专用机床等设备,保证加工精度。

(4)液压技术。

液压系统设计综合考虑压力补偿、冲击动量、有效控制液压工作的冲击性和稳定性,减少了系统的损耗和油液温升。

(5)机床工作程序。

启动各液压系统和控制系统,原木由输送机构输送到旋切机上指定位置,伺服电机驱动V型铁对原木进行定心,夹紧臂夹紧原木退回等待,并回转到卡轴位置,将原木输送到卡轴上,同时定心,V型铁退回进行第二次定心;卡轴夹紧原木后机床旋切,卡轴旋切时压尺辊由刀架伺服电机驱动带动原木旋切,同时双棍也由伺服电机驱动挤压原木旋切,至原木直径为设定值时卡轴退回,由双棍驱动原木继续旋切到最小值,完成一个循环动作。旋切单板由输板机构输出,进行下道工序加工。

4. 主要技术性能指标及设计参数

(1)主要技术性能指标。

控制方式:自动/半自动;

控制内容:速度控制,速度位置控制,位置跟踪控制,同步控制;

板厚控制精度:±1%;

板厚设定分辨率:0.01 mm;

回零误差:0.01 mm;

人机界面规格:10.4寸液晶显示器;

故障自诊断:人工智能;

原木转速检测:自动(或人工设定);

压榨率:5%~10%;

驱动方式:交流伺服驱动。

(2)主要设计参数。

最大旋切直径:ϕ400 mm;最小旋切直径:ϕ150 mm;

最大旋切长度:1450 mm;最小旋切长度:950 mm;

最终木芯直径:ϕ40 mm;卡轴直径:ϕ95 mm;

出板速度:90 m/min;旋切单板厚度:0.8~3.2 mm;

旋切小径木工作效率:2~3(根/分钟)。

5. 关键技术和创新点

（1）关键技术。

国内现有的旋切单板生产线是由4～5台主机、3台辅机组成的，生产线呈单机分布，制造成本和生产占用空间大，各部分采用单独或联动控制方式，主要控制手段是机械液压或通过PLC控制系统控制各单机的动作，控制范围涉及6台单机。有卡旋切、无卡旋切是在两台单机上完成的。无卡旋切后，通过运输上木机将有卡旋切剩余木芯输送到无卡轴旋切上再旋切，存在旋切单板厚度不均匀的问题，约有1m米长的单板无法使用，造成木材的浪费。针对上述问题进行研究开发和攻关，在以下技术领域取得重大突破。

1）数控有卡无卡一体旋切机数控系统采用QnU系列可编程控制器、运动控制器、FR-F700变频速器、伺服放大器、GOT1000系列触摸屏组成的功能强大，处理速度快，性能稳定的控制系统，实现全集成自动化。该软件实现了运动控制系统和驱动控制系统的完美结合。

2）原木自动定心技术。定心装置设有底座、左立柱、右立柱、横梁和V形托板装置，V形托板装置包括V形板和托架，托架与V形板固定连接。本机构具有结构新颖、使用方便、自动检测定位、定心、定位精度高、生产效率高等优点。本机构申请了一项发明专利和一项实用新型专利，授权发明专利：有卡无卡旋切机的原木定心装置。

3）自动组合旋切技术。有卡无卡一体旋切机的旋切装置，解决了单机旋切的诸多不足。有卡无卡旋切转换时，伺服系统通过计算机控制，其主要加工参数不变，保证了转换的连续性和单板厚度不变。这是本机床的核心技术。

该装置具有结构新颖、设备成本低、工人劳动强度小、木材利用率高、工作效率高、科技含量高、自动化程度高、占用空间小等优点。本机构申请了一项发明专利和一项实用新型专利，授权发明专利：有卡无卡一体旋切机的旋切装置。

4）组合防弯技术。防弯机构是由有卡旋切机构中的单辊与无卡旋切机构的双辊组成的。该机构在有卡旋切时可对旋切过程提供动力，随着被旋切原木直径的减小，三辊逐渐起到防弯作用，无卡旋切时三辊起到自动定心和提供动力的作用。该机构防弯效果好，动作由伺服系统控制，防弯动力平稳，防弯精度高。

5）碎板自动剪切技术。碎板自动剪切机构由光电扫描系统、启动剪切系统、碎板运输系统组成。光电扫描系统与计算机处理系统结合，实现剪切、碎板输送、碎板堆垛的有效处理。本机构申请了一项发明专利和一项实用新型专利，授权发明专利：旋切机的剪碎板装置。

（2）主要创新点。

1）集自动定心上木、有卡无卡旋切、碎板剪切与一体的多功能旋切机，自动化程度高，能源消耗低，生产占用面积小。有卡到无卡旋切连续不间断转换，旋切单板厚度不变，旋切效率和精度高，木材利用率提高25%以上。

2）采用伺服电机驱动滚珠丝杠副带动V形托板装置沿线性导轨上下移动，原木定心的速度快，定心准确。

3）采用双压辊通过伺服电机控制，使无卡旋切进给更准确，防弯效果好，切削过程更平稳。采用碎板自动剪切处理技术，提高了检板的效率和有效性。

6. 与国内外同类技术比较

BQK 1913/4 数控有卡无卡一体旋切机与国内外同类产品对比情况见表1。

表1 BQK 1913/4 数控有卡无卡一体旋切机与国内外同类产品对比

序号	本成果水平	国内现状	国外现状	比较
1	全数字控制系统	无或数控系统	数字控制系统	与国外接近
2	组合功能旋切	单机旋切	组合功能旋切	与国外相同
3	有卡无卡转换旋切参数不变	有卡无卡转换旋切参数变化	有卡无卡转换旋切参数不变	与国外相同
4	旋切方式转换时切削连续	旋切方式转换时切削不连续	旋切方式转换时切削连续	比国外的木材利用率提高20%
5	伺服驱动定心	机械或光环定心	伺服驱动定心	与国外相同
6	刀门自动调整	刀门手动调整	刀门自动调整	与国外相同
7	液压装刀盒安装	机械夹紧	液压夹紧	较国外先进
8	刀具角度自动调整	手动调整	刀具角度自动调整	与国外相同
9	动力防弯	摩擦被动防弯	动力防弯	与国外相同
10	恒线速旋切 90 m/min	100 m/min，不带恒线速旋切	恒线速旋切 100 m/min	与国外接近
11	设计了碎板自动剪切系统	无	设计了碎板自动剪切系统	与国外相近
12	设计了双层单项自动输板、分垛系统	无	双层单项自动输板、分垛系统	与国外相近
13	厚度精度 0.05 mm	厚度精度 0.1 mm	厚度精度 0.02 mm	优于国内现状
14	调整时间 20 min	调整时间 40 min	调整时间 20 min	与国外相同

三、主要成果

1. 产品在生产线中的应用

BQK 1913/4 数控有卡无卡一体旋切机目前已经广泛应用于人造板、胶合板制造行业，是胶合板单板旋切生产线的主机。有卡无卡一体机旋切生产线如图2。

图2　有卡无卡一体机旋切生产线

2. 产品的专利成果

（1）形成3项授权发明专利，分别为有卡无卡旋切机的原木定心装置、有卡无卡一体旋切机的旋切装置、旋切机的剪碎板装置。

（2）数控液压双卡轴旋切机被评为山东省科技进步三等奖、山东省重点领域首台套技术装备、山东省技术创新优秀成果一等奖、优秀新产品一等奖；旋切单板生产线成套设备被评为中国机械工业科学技术三等奖、山东省机械工业科技进步一等奖、山东省优秀成果一等奖和优秀新产品二等奖。BBK系列数控单板刨切机和BJ1326数控单板剪切机产品被评为国家级重点新产品和国家级新产品。BJ系列数控单板剪切机、BQK系列数控无卡轴旋切机及旋切单板生产线产品被评为山东名牌产品。

四、展望

BQK1913/4数控有卡无卡一体旋切机具有自主知识产权，主要技术性能指标达到国际先进水平，是节约型木材单板生产线配套的主要产品。集原木定心上木、有卡无卡旋切功能于一体，简化了生产线单机配套产品设计，更适合小径木的旋切加工，机床具有适应性强、性能稳定、技术先进、功能多等特点。新产品解决了木工机械单机加工效率低的问题，与同类产品相比数字化程度高，具有更广泛的适用性、稳定性、准确性和高效率，有较广阔的应用前景。

案例 27
肉类加工数控成套装备研制

济宁兴隆食品机械制造有限公司

肉类加工业生产现场环境较差、劳动强度大。现代食品加工要求节能环保、清洁安全，因此开发以专用数控设备和机器人为核心的数控一代高端肉类加工装备，在畜禽屠宰、肉类分割、副产品加工、无害化处理等加工环节代替传统人工操作，实现连续自动化生产，对提高生产效率、改善生产环境、保障食品安全意义重大。

一、导言

济宁兴隆食品机械制造有限公司成立于2002年，国家高新技术企业，专业从事畜禽加工设备的技术设计、产品制造和生产线的制造安装。拥有山东省认定企业技术中心。肉类加工业生产现场环境较差、劳动强度大，食品加工要求节能环保，并保障食品安全，因此以专用机器人为核心的数控一代高端技术装备代替人工操作，实现连续自动化生产，在该行业有着较大的发展空间。公司开发制造的多种数字化肉类加工成套装备已得到广泛应用，数控劈半机、数控分割输送线、中央控制系统等技术装备为肉类加工业提供了数控一代技术装备，显著提高了生产效率，改善了生产环境。

二、肉类加工数控成套装备

1. 产品概述

肉类加工数控成套装备主要包括：畜禽屠宰肉类加工数控成套装备、畜禽分割肉类加工数控成套装备、畜禽副产品加工数控成套装备、病害畜禽无害化处理装备。

（1）肉类加工数控成套装备。主要包括数控托胸式三点自动麻电机、数控二氧化碳致昏机、卧式放血输送机、真空采血装置、控血输送机、预清洗机、隧道式蒸汽浸烫输送机、隧道式热水喷淋浸烫装置、运河式热水浸烫输送机、螺旋式刨毛机、卧式柔性刨毛机、数控立式在线脱毛机、预剥皮机、卧式滚筒剥皮机、数控在线立式滚筒剥皮机、猪皮脱毛机、屠体预干燥机、数控火焰燎毛机、拍打清洗机、数控开肛机器人、数控开胸取脏机器人、数控红白脏卫生检疫检验同步输送机、液压剪头（蹄）装置、数控猪体劈半机、白条肉预冷排酸输送机等。

（2）分割肉加工数控成套装备。主要由二分体下降机、接收输送机、分段输送机、悬臂式分段锯、肋排锯、单层分割肉输送机、双层自动分割肉输送机、三层全自动分割肉输送机、重箱提升输送机、重箱输送机、空箱提升输送机、空箱回收输送机、周转箱清洗机、净箱供应提升输送机，净箱供应输送机、气动推箱装置等构成。

（3）肉类副产品加工数控成套装备。主要包括头蹄尾接收输送机、数控猪头自动烫毛刨毛线（主要包括：运河式自动烫头池、在线自动猪头初刨毛机、在线自动猪头精刨毛机、猪头燎毛炉、猪头在线抛光机）、液压猪头劈半机、猪头输送机、螺旋预冷机、猪头沥水机；数控猪蹄（尾）自动烫毛脱毛加工线（主要包括：螺旋烫蹄机、螺旋猪蹄脱毛机、猪蹄提升机、猪蹄清洗机、断面清洗机、火焰燎毛炉等）；副产品清洗机、废弃物气动吹送系统。

（4）病害畜禽无害化处理装备。主要有包括高温化制设备、干化机（湿化机）、精炼油真空干燥机、焚尸炉等。

上述设备主要用于对畜禽肉类加工的击晕致昏、放血、浸烫、脱毛、去皮、去头蹄尾、摘取内脏、卫生检疫、胴体劈半、预冷排酸、肉类分割、冷链输送、副产品深加工及病害畜体的无害化处理等，由 60 多台套关键设备组成，采用数控技术等多种先进技术一体化设计，形成了数控肉类加工成套技术装备，是国内食品加工装备企业中少数的国产技术和装备之一（图1和图2）。数字化控制技术在畜禽加工装备上的应用，引领着食品装备制造业一系列的技术进步。

（a）落地式红白脏同步检疫输送机　　（b）三层分割输送线

图1　肉加工数控生产线

图2　蒸汽喷淋烫毛隧道

2. 工艺流程及关键技术

（1）采用低压高频三电极击晕致昏技术。托胸三点式自动击晕机由3个电极组成，其中两个电极电击大脑，一个电极电击心脏，90～400 V低电压可迅速将猪击昏，避免因击晕时间过长造成的瘀血、断腿、断尾骨等现象，减少猪体损伤，提高肉品质量。击晕全过程PLC编程自动控制。

（2）采用二氧化碳气体致昏技术。开发了链式吊笼升降机输送猪屠体，根据二氧化碳气体比空气比重大的性质，二氧化碳气体沉浸在设备安装坑的底部区域。猪屠体被赶入吊笼后，输送猪屠体吊笼下降，猪被送入二氧化碳气体环境中，停留30～40 s完成致昏过程，然后吊笼提升被送出，一个致昏循环过程需要90～120 s；设备运行时，应用红外线气体分析仪表检测CO_2的浓度，检测数据被输入到数控中心经过数据分析指令CO_2输入模拟量控制阀动作。当致昏区域的CO_2浓度下降至浓度控制范围的下线时控制阀开启，当达到浓度控制范围的上线时浓度控制阀关闭。从而实现CO_2浓度的精确自动控制；当设备出现故障需要维修人员进入设备内部时，利用浓度检测仪表，确定CO_2在安全浓度以下时才可以进入机器实施维修操作，确保了人身安全。

（3）采用蒸汽烫毛隧道蒸烫技术，应用PID比例阀对蒸汽输入流量进行精准控制。从根本上解决了生猪热水浸烫产生的交叉污染问题。猪体在烫毛过程中处于悬挂状态，依次进入烫毛隧道，以热喷淋方式用水蒸气蒸烫猪体，改变了多头同池烫毛方式，避免了交叉污染，降低了猪体表面细菌数量，达到自然杀菌的目的。

（4）采用螺旋自动刨毛技术和PLC、数控技术对刨毛滚转速实现有效调整。设计螺旋式隔栅改变由刨毛滚筒直接托负猪体方式，避免卡夹猪现象发生，降低断腿率和破皮率。螺旋式刨毛器和螺旋式隔栅实现猪体进出自动化和连续性生产。

（5）采用光感定位技术。设计火焰燎毛杀菌机的喷头点火时间，改善燎毛效果和燃烧利用率，一方面节省了能源消耗，另一方面避免了猪体炙伤或火焰燎毛不到位现象。

（6）采用机器人动作原理和伺服驱动系统。设计自动开肛机器人、猪屠体开胸（腹）机器人、胴体自动劈半机、二分体肉转挂机器人，主要工序由专用机器人替代人工实现了重点工序的无人操作（图3）。根据程序设定，带动开肛、开胸装置平移和升降，完成开肛、开胸过程；机械臂伸缩装置利用气动控制技术，控制精度高，确保产品质量稳定可靠；猪二分体肉转挂机器人安装了液压缓冲器，控制抓取机构动作行程。

（7）自动控制系统。

1）应用生产线同步控制技术。实现了以下功能：①托胸三点式击晕机（CO_2致昏机）与（卧式）放血输送机的同步控制；②根据需要的生产节拍，输入运行数据控制整套生产线生产速度；③放血输送线与蒸汽烫毛隧道及螺旋自动刨毛机的同步控制；④胴体加工自动线与

（a）悬挂式猪体劈半机　　　　　　　　（b）猪托胸三点式麻电机

图 3　伺服驱动数控劈半机

干燥、燎毛、拍打、开肛、开胸（腹）、解剖摘内脏、劈半、称重、胴体检疫等工位的连锁控制；⑤胴体加工输送机与白内脏检验输送机和红内脏检验输送机的三线同步控制；⑥快速冷却输送机多台动力驱动的同步运行控制；⑦预冷分配输送机与预冷输入输送机、预冷输出输送机及气动道岔的连锁控制；⑧多台扁担钩返回输送机串联运行的连锁控制和扁担钩贮存控制；⑨猪毛吹送装置；⑩分割输送机回箱分配自动程序控制。

2）应用传感控制技术。控制了运河式浸烫池水温、热水喷淋烫毛隧道水温、蒸汽烫毛隧道温度、循环水控制装置水温、同步检验输送机盘钩消毒装置水温、劈半锯消毒装置水温、刀具消毒装置水温、扁担钩消毒装置水温、周转箱清洗机水温、各种浸烫机（池）等。

（8）设备电气系统控制。

生猪屠宰生产线（设备），全套设备采用计算机数字化控制技术、PLC程序控制技术、中央控制技术、伺服驱动技术、脉冲同步技术、以太网技术，系统采用TOOLBUS、DEVICNET、MODBUS通信方式使整套生猪屠宰数控设备系统强大、性能稳定。

1）托胸三点式击晕机电气系统由击晕电源、击晕台定位系统及计数装置、击晕动作自动控制部分组成；击晕电源采用低压高频电源，它包括检测、放大、控制、逆变等电路，最后经变压器隔离输送到击晕电极；击晕台定位系统及计数装置采用F3SJ4级光幕，经测定运算后对电击猪体部位进行准确定位确保击晕效果，并且安装时间计数装置。

2）运河式烫毛池控制系统由掉猪检测报警控制、水泵控制、温度采集控制、温度调节阀控制组成。运河烫毛输送线根据猪的品种和季节通过控制箱触摸屏随时修改喷淋烫毛时间调整运行速度；烫池温度控制系统通过温度传感器将采集到的信号传送到控制柜PLC中进行PID运算并通过模拟量输出控制调节阀的开度来进行温度控制；温度设定、当前温度显示、调节阀的开闭程度都可从触摸屏设定或监控；烫毛输送线采用气囊涨紧，涨紧信号可通过触摸屏进行监控。

3）喷淋式热水烫毛隧道控制系统由掉猪检测报警控制、水泵控制、温度采集控制、温度调节阀控制组成。喷淋烫毛输送线根据猪的品种和季节通过控制箱触摸屏随时修改喷淋烫毛时间调整运行速度；喷淋烫毛温度控制系统通过温度传感器将采集到的信号传送到控制柜PLC中进行PID运算并通过模拟量输出控制调节阀的开度来进行温度控制；温度设定、当前温度显示、调节阀的开闭程度都可从触摸屏设定或监控；烫毛输送线采用气囊涨紧，涨紧信号可通过触摸屏进行监控。

4）蒸汽烫毛隧道控制系统由电气控制、温度控制和湿度在线检测装置组成。电气控制采用PLC控制系统，风机自动起动运行，减小起动电流对电压影响并通过PLC与温度控制有机结合完成全过程控制；温度控制部分采用PID模拟控制方式，通过数据采集运算等功能，对调节阀控制，温度控系统精度为±0.2℃；湿度在线检测显示装置可随时观察了解隧道内湿度状况，根据工艺要求及时调整蒸汽热水温度以满足烫毛湿度要求。

5）猪屠体开肛机器人控制系统由电气控制装置、系统报警保护与故障处理装置组成。开机进入自动操作模式，点动循环启动控制按钮，CPUCP1L采集到胴体输送线来猪信号，伺服驱动系统根据设定延时一段时间，伺服电机运行带动平移装置平移前进。平移装置平移前进同时开肛装置根据设定延时一段时间，定位系统发出位置信号后开肛装置送出。旋转刀头送出到达肛门时，旋转刀头送出停止动作。与其同时升降装置开始慢速下降运行、旋转刀头气动马达启动旋转刀头开始高速旋转。预降延长一段时间后升降装置停止运行，根据设定一段时间后升降装置快速向下运行。根据自动运行方式选择，升降装置到达下运行终点或采集到反压信号时，升降装置向下停止运行，旋转刀头气动马达停止旋转。反惯性延时0.1 s后，升降装置快速上升运行。平移装置反向运行碰到平移回退终点时伺服驱动系统停止运行完成一个运行动作，到达等待位置消毒细菌装置开始喷淋饱和蒸汽延时一段时间后喷淋清水冲洗随后关闭系统。直到采集到下一个有猪信号进行下一个循环。在自动运行过程中出现急停、断带、上下运行极限、气压保护、电机过热保护等情况，所有的运行动作均复位。

6）猪屠体开胸（腹）机器人控制系统由电气控制装置、系统报警保护与故障处理装置组成。开机进入自动操作模式，点动循环启动控制按钮，CPUCP1L采集到胴体输送线来猪信号，伺服驱动系统根据设定延时一段时间，伺服电机运行带动平移装置平移前进。平移装置平移前进同时开胸锯片装置根据设定延时一段时间，开胸锯片装置送出、清洗装置动作。刀头送出到达运行终点时，开胸锯片装置送出停止、清洗装置停止动作。与其同时升降装置开始慢速下降运行、开胸锯片装置气动马达启动锯片开始高速旋转。预降延长一段时间后升降装置停止运行、防护装置夹紧预切割部位剖切层动作执行，根据设定夹紧一段时间后升降装置快速向下运行。根据自动运行方式选择，升降装置到达下运行终点或采集到反压信号时，升降装置向下停止运行、防护装置夹紧动作复位、劈刀气动马达停止旋转。反惯性延时0.1 s

后，升降装置快速上升运行。根据系统自动运行方式的选择开胸锯片装置延时一段时间后，返入到达开胸锯片装置返入终点时，伺服驱动装置停止运行、开胸锯片装置返入动作复位、防护装置夹紧动作执行、清洗装置清洗动作执行。平移装置反惯性延时 0.1 s 后，伺服电机反转运行带动平移装置反向运行。清洗装置清洗延时一段时间后，防护装置夹紧动作复位、清洗装置清洗动作停止、防护装置松开动作执行。延长一段时间后防护装置松开动作复位。升降装置快速上升到上运行终点时快速移动装置停止运行。平移装置反向运行碰到平移回退终点时伺服驱动系统停止运行完成一个运行动作。直到采集到下一个有猪信号进行下一个循环。在自动运行过程中出现急停、断带、上下运行极限、气压保护、电机过热保护等情况，所有的运行动作均复位。

7）在线数控劈半机控制系统由电气控制装置、系统报警保护与故障处理装置组成。开机进入自动操作模式，点动循环启动控制按钮，CPUCP1L 采集到胴体输送线来猪信号，伺服驱动系统根据设定延时一段时间，伺服电机运行带动平移装置平移前进。平移装置平移前进同时劈刀装置根据设定延时一段时间，刀头送出、清洗装置动作。刀头送出到达运行终点时，劈刀装置刀头送出停止、清洗装置停止动作。与其同时升降装置开始慢速下降运行、劈刀电机开始劈刀动作。预降延长一段时间后升降装置停止运行、钳夹装置夹紧动作执行，根据设定夹紧一段时间后升降装置快速向下运行。根据自动运行方式选择，升降装置到达下运行终点或采集到反压信号时，升降装置向下停止运行、钳夹装置夹紧动作复位、劈刀电机停止运行。反惯性延时 0.1 s 后，升降装置快速上升运行。根据系统自动运行方式的选择劈刀装置延时一段时间后，劈刀装置刀头返入到达刀头返入终点时，伺服驱动装置停止运行、劈刀装置刀头返入动作复位、钳夹装置夹紧动作执行、清洗装置清洗动作执行。平移装置反惯性延时 0.1 s 后，伺服电机反转运行带动平移装置反向运行。清洗装置清洗延时一段时间后，钳夹装置夹紧动作复位、清洗装置清洗动作停止、钳夹装置松开动作执行。延长一段时间后钳夹装置松开动作复位。升降装置快速上升到上运行终点时快速移动装置停止运行。平移装置

（a）猪开肛器机器人　　（b）转挂机器人

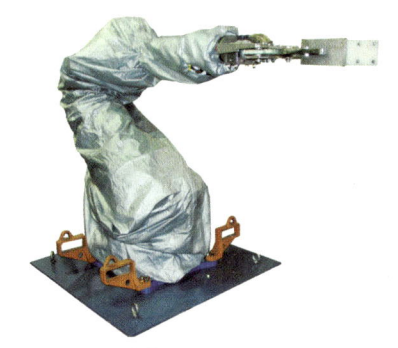

图 4　专用机器人

反向运行碰到平移回退终点时伺服驱动系统停止运行完成一个运行动作。直到采集到下一个有猪信号进行下一个循环。在自动运行过程中出现急停、断带、上下运行极限、气压保护、电机过热保护等情况，所有的运行动作均复位。

8）快速冷却输送机控制系统由脉冲发射器、电气控制装置、PLC程序控制装置等组成。安装在主驱动装置上的脉冲发射器发出脉冲信号到达电气控制装置，经过PLC进行数据运算处理指令从动驱动装置调整运转速度，从而达到双动力同步运行目的。输送机采用气囊涨紧，涨紧信号可通过触摸屏进行监控。

9）二分体肉转挂机器人控制系统采用机器人操作系统加PLC控制，具有极大的工步适用性，可以完成999种不同的动作循环，并可以对每个动作循环进行实时改动（图4）。本机操作不需要操作人员具有相关的专业知识，所有的动作逻辑在软件中进行了相关优化，所以不存在误操作的可能。

三、主要创新成果

在传统设备技术升级改造基础上，企业自主开发研制出多种先进畜禽肉类加工成套设备，有十余项通过了省市科技成果鉴定；获得19项国家专利（其中发明专利3项）、6项计算机软件著作权，2014年已受理专利11项，其中发明专利4项。SDJ-I型蒸汽烫毛生猪屠宰生产线、ZPB-160型数控猪体劈半机、生猪屠宰加工装备工业机器人3个项目列入由科技部、商务部、环保部和国家质检总局联合审批的国家重点新产品计划项目，并获得国家重点新产品证书；SDJ-I型蒸汽烫毛生猪屠宰生产线和生猪数控加工成套设备两个项目被认定为山东省重点领域首台（套）技术装备；两个产品获山东省技术创新新产品二等奖；公司获得2011年度山东省中小（民营）企业自主创新一等奖、生产力促进奖。

公司承担了国家标准（GB/T 27519-2011）《畜禽屠宰加工设备通用要求》《生猪屠宰加工成套设备技术条件》（已审定待颁布）和行业标准（SB/T 10603-2011）《牛胴体劈半锯》（SB/T 10604-2011）《牛击晕机》《生猪屠宰周转箱清洗机》（SB/T 10915-2012）的起草工作，为我国肉类装备业及肉类加工业基础设备配置的标准化建设作出了突出贡献。受商务部流通产业促进中心委托，编制了国家扶持西部开发用《小型生猪屠宰企业工艺流程和设备配备标准》《生猪屠宰设备及生产线设计安装规范》，为西部肉类产业规范化发展打下良好基础。

四、展望

1. 对农业产业化发展有着重要的促进作用

提高畜禽屠宰加工及其肉类产品深加工装备水平，是农业产业化发展的重要组成部分，是实现规模化生产的基础。肉类产品规模化、集约化的生产，不仅能够提高肉类产品质量，确保产品安全卫生，带动畜禽集约化养殖，从源头上对病害畜禽进行有效控制，而且还有效降低了养殖成本，提高农副产品附加值，对农产品实现转移增值，促进农民种粮、养殖积极性，提高农民收入，促进农业产业化的发展有着重要意义和作用。

2. 为肉类食品安全体系建设提供有利条件

先进技术装备不仅提高加工企业的装备水平和生产效率，还具备控制细菌生成、减少交叉污染和实现生产全过程质量控制的作用，例如：

（1）三点自动麻电机的使用既体现了动物福利、文明屠宰，又使生猪加工过程井然有序，保证了标准检疫和追溯系统的建立，确保肉品质量。

（2）数控劈半机的使用直观上不再用人力，实现了劈半自动化。消除了传统锯劈半形成的肉屑和锯口糊边的现象，减少了肉的损失，同时具备劈刀自动消毒、周转箱自动输送、分叉、爬坡、回空、清洗消毒等功能，保证产品卫生安全。

（3）集中控制系统对生产流程、各加工设备的运转、运行速度、加工精度、检疫检验结果等信息进行输入、输出、控制和处理。提高了行业加工技术和装备水平。

3. 有效推动行业标准化的建设

项目承担单位是《畜禽屠宰加工设备通用要求》（GB/T 27519-2011）、《生猪屠宰加工成套设备技术条件》国家标准和多项行业标准起草单位，数控肉类加工装备制造及标准的建立对促进我国肉类加工装备业的标准化和肉类加工行业生产技术进步具有重要意义和作用。

4. 可替代进口，为国家节省大量外汇

肉类加工数控成套装备技术先进、自动化程度高，拥有自主知识产权，可替代进口装备。符合国家产业化政策，适应我国肉类加工行业发展趋势和要求，具有良好的经济效益和社会效益。

案例 28
数控自动化油脂及植物蛋白加工技术装备

山东凯斯达机械制造有限公司

  油脂及植物蛋白是食品加工的基础原料,其加工装备的生产效率、能源消耗、安全措施等因素直接影响产品的质量。在油脂制取、色素提取、植物蛋白提取及深加工等方面,通过采用数字化控制技术控制工艺参数和设备运行,实现联动式自动化控制、全自动电机保护及故障报警监测,可满足无人值守,有效避免了人为操作失误而造成的干扰和损失。

一、导言

山东凯斯达机械制造有限公司是集科研、生产、经营于一体的国家级高新技术企业，主要产品为油脂、植物蛋白提取及深加工成套技术装备，拥有省级企业技术中心、山东省粮油加工设备工程技术研究中心等研发平台。设有油脂工程、植物蛋白、色素提取、化工机械、通用机械、压力容器、电气自控、建筑设计、ASME产品技术等多个专业研究室，下设机械厂、电器厂、热处理中心等生产机构。公司研发制造实现了信息化管理，具有功能齐全的软件支持系统，拥有各类实验仪器53余台套，保证了技术创新和产品制造需求，在油脂制取、色素提取、植物蛋白提取及深加工等技术方面取得多项科技成果。公司主导产品年销售35～45台套，占有国内12%以上的油脂装备市场份额。

二、数控自动化油脂及植物蛋白加工技术装备

油脂及蛋白加工数控自动化技术装备采用当今世界工业自动化主流控制PLC控制系统和工控软件，可满足无人值守控制场合，能实现全部工艺设备联动式自动化控制、全自动电机保护及故障报警监测，有效避免了人为操作失误而造成的干扰和损失，从而降低能源消耗，提高生产效率，增加安全系数，提高管理水平。

1. 控制系统

油脂及植物蛋白加工控制系统主要用于油脂、淀粉、发酵、食品等行业，该系统采用一体式中央控制及先进的主控电脑系统组成（图1）。具有以下特点：

（1）互动式人机对话窗口和操作平台，工艺设备实现联动式自动化控制，全自动电机保护及故障报警监测，有效降低人为操作的干扰，提高生产率和安全性，同时具备各种参数报表自动生成系统，提高管理水平。

（2）PLC+WinCC组态软件构成的全电脑自控系统，实现工艺流程集成控制（图2），可动态模拟单一设备工作过程，实时监控设备工作状态；即时显示工艺参数，如温度、压力、液位、流量、电流等，并可根据工艺设置自动调整设备的工作参数，实现系统控制的数控化集成；系统具有自动备份、恢复、存储、打印、通讯功能。

（3）PLC控制系统由操作站、控制站和通信网络组成，控制站（PLC）采用高速大容量的S7系列，电机控制、联锁关系、工艺参数采集及控制等功能均在控制站内编程完成；监控

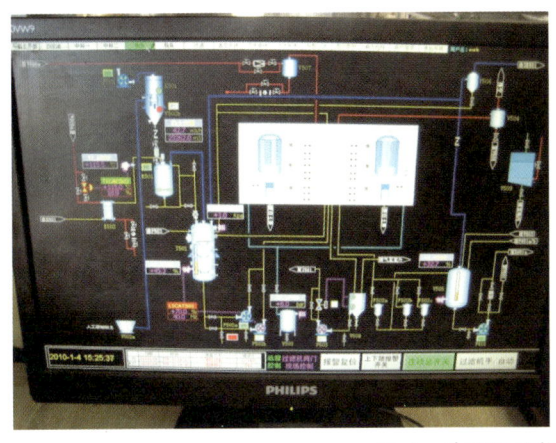

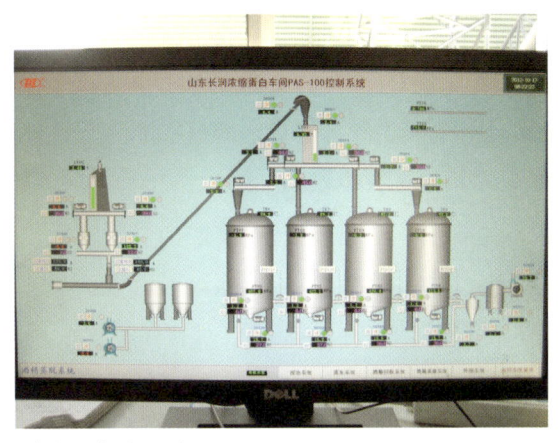

图1 油脂及植物蛋白加工控制系统

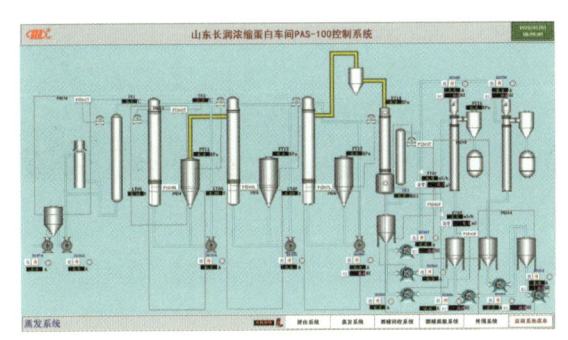

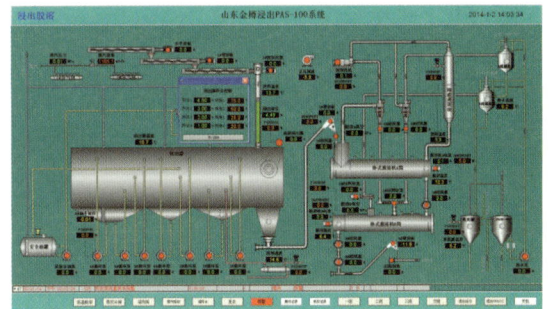

图2 工艺流程集成控制

采用工控软件 WINCC 7.0；网络采用 PROFIBUS 现场总线网络，最大传输速率可达 12 Mbit/s，数据通讯快速、可靠。

（4）系统具有 ODBC、OLE 等标准接口，采用工业以太网和 PROFIBUS 现场总线等开放网络，具有很强的开放性，可授权给对方软件集成权限，便于二次开发。易于与上位机管理系统及其他控制系统连接并通讯。

（5）采用统一的数据库和唯一的数据库管理软件，简化系统结构，增强系统的整体性和信息的准确性。支持远程监控功能，可通过远程联网的方式对控制系统进行监控和操作，对故障分析判断和排除。

（6）在此基础上研发了 PAS-100 控制系统，采用双控制器 + 双操作站的 DCS 结构，实现对整个系统的自动和手动控制。控制器采用热备冗余，正在运行的控制器（主站）出现故障时，备用控制器（从站）自动投入工作。该系统由管理层、操作层、控制层和分布式 I/O 模块所构成，具备良好的开放性和可扩展性，可实现现场总线控制。

2. 数控自动化技术装备案例

（1）3000T/D 全自控油脂加工生产技术装备。

凭借 30 年的植物油厂设备设计制造经验，通过消化吸收国内外先进的技术，公司开发了系列化大规模植物油厂生产技术和成套工艺设备，开发的 3000T/D 全自控油脂加工生产技术装备（图 3）在工艺、设备制造和自控系统配置上有如下特点：

图 3 油脂加工生产线及控制系统

1）完善的工艺设计。根据用户需求优化加工工艺，采用国际先进的浸出器、DTDC 蒸脱机等，提高了工艺设备的先进性，实现操作控制自动化，提高了产品质量，降低了消耗。

2）大型化的设备制造。较强的机械加工装备能力保证了大型挤压膨化机、轧坯机、浸出机、榨油机、分离机等大型单机装备的制造质量，提高了产能和效率。

3）先进的自控系统。采用一体式中央控制及先进的主控电脑系统组成油脂加工自动控制系统，实现全部工艺设备联动式自动化控制、全自动电机保护及故障报警监测，提高了生产管理水平和设备运行的可靠性（图 4）。

（2）3 万 t/a 全自控醇法浓缩蛋白技术装备。

通过借鉴及消化吸收国外先进技术，在大规模生产醇法制备大豆浓缩蛋白的生产技术和工艺设备方面取得多项自主知识产权成果，成功研制出 3 万 t/a 全自控醇法制备大豆浓缩蛋白技术装备（图 5），主要创新点如下：

1）确定了适合我国国情的醇法制备浓缩蛋白工艺路线和设备选型，彻底解决了原有利用碱溶酸沉方法加工生产分离蛋白产生大量废水的问题，实现零污染排放。

2）采用我公司专利箱链式萃取器，物料分散于多个单元的箱体内，每个单元相对独立，使乙醇在物料表面能够形成液面，萃取效率大大提高；萃取器栅板下面增加反冲系统，定期冲洗栅板，有效防止栅板堵塞、乙醇渗透慢等问题。

3）糖浆蒸发采用二次蒸汽利用技术：一蒸二次蒸汽作为二蒸热源，卧式圆盘连续干燥

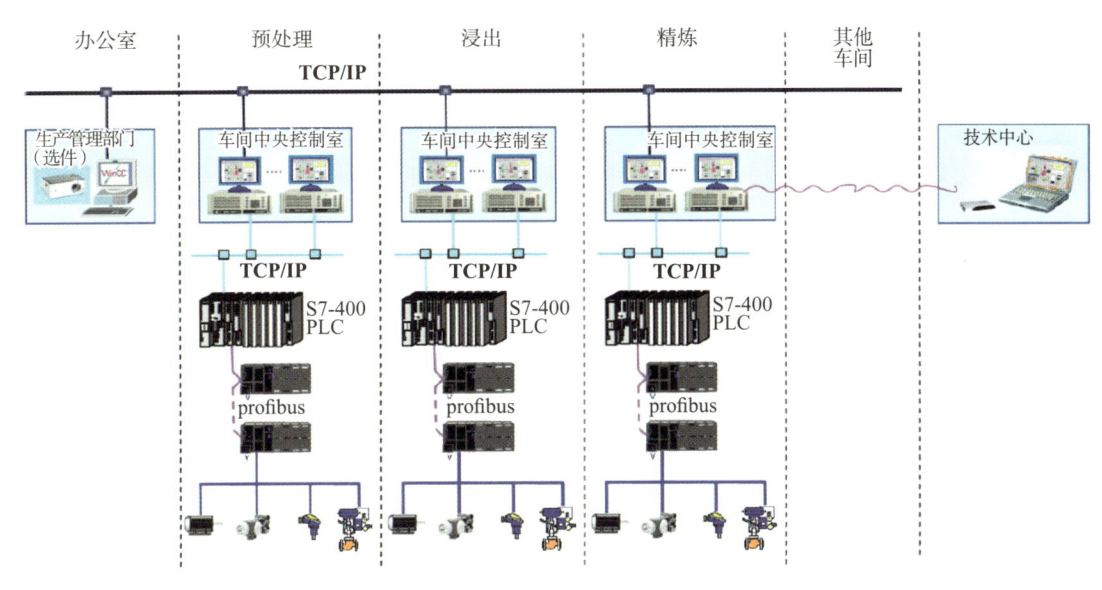

图 4　油脂加工自动控制系统

图 5　浓缩蛋白生产线及控制系统

器二次蒸汽作为三蒸加热热源，这样既提高了蒸发效率，同时又有效利用了二次蒸汽，既节约了能源，同时解决了糖浆挂壁的问题。

4）湿粕采用卧式圆盘式连续干燥机和立式花盘式脱溶机相结合的方式脱除乙醇和干燥水分，浓缩蛋白脱除乙醇彻底，无结块，水分含量低，色泽浅。

3. 技术质量效果和经济、社会效益

公司依托数控系统应用方面的科技成果，近年来已经设计配套完成了醇法制备大豆浓缩蛋白成套技术装备、大豆低温粕生产线、棉籽低温蛋白生产技术装备、改性蛋白生产技术装备、组织蛋白生产线、膨化豆粕生产线等多个引领行业发展的项目。

经过几年的发展，公司的数控化技术装备取得了长足的发展，尤其是2009年以来，公司的智能化技术装备的市场需求一直保持在年增长20%以上。

三、主要成果

依托公司企业技术中心和省粮油加工设备工程技术研究中心，通过产学研合作开展大型自动化植物蛋白制取控制系统项目的研发，有5项数控系统软件取得国家版权局颁发的软件著作权，每年有十多套数控系统配套油脂蛋白成套装备在油脂行业推广应用。

公司先后承担完成8项省技术创新计划，承担1项科技部科技型中小企业创新基金项目。每年完成科技新产品开发20多项，其中有4~5个项目通过省级新产品鉴定及验收。先后获得省市级科技成果奖励10余项，取得国家实用新型专利21项，受理发明专利1项，获得软件著作权5项。

公司研发的改性大豆磷脂制备工艺及成套设备、醇法制备浓缩蛋白工艺技术成套工艺技术装备、综合加热式树皮纤维干燥机组等项目先后获山东省机械行业科技进步一等奖。天然叶黄素提纯工艺及成套设备工程、低温粕生产工艺及设备、大豆低温粕醇法制备浓缩蛋白工艺及成套设备获国家重点新产品证书；大型拖链式浸出器、辣椒颗粒提取辣椒红和辣椒碱工艺及成套设备、棉籽生产提酚低温棉蛋白工艺及设备、醇法制备大豆浓缩蛋白成套术装备等项目获山东省机械工业科技进步奖一等奖；大豆一次浸出成套设备被授予国家级火炬计划项目。醇法制备大豆浓缩蛋白成套技术装备入选国家科技型中小企业技术创新基金项目，获科技部科技型中小企业技术创新基金无偿资金扶持；综合加热式树皮干燥机组项目填补了国内外生物质干燥技术的空白，荣获为2013年度山东省重点领域首台（套）技术装备项目大豆低温粕醇法制备浓缩蛋白工艺及成套设备获山东省重点领域首台（套）技术装备和国家重点新产品。2013年由济宁国家高新区专项资金支持建立了植物蛋白工程技术研发中心，为植物蛋白深加工领域技术创新搭建了科技创新平台。

四、展望

公司依托近 30 年机械设计及制造经验，形成了集技术研发、生产制造、工程咨询、工程设计、项目管理于一体的技术研发体系和产品服务体系，拥有一批具有自主知识产权的专有技术和专利，并自主创新实现技术和装备的国产化。凭借服务体系的构建，公司能够为国内外大中型企业提供从市场产品调研、产品定位到技术咨询、工程设计、设备制造及成套供货、建造、现场调试、试生产直至保产、达产、达标的智能化油脂及植物蛋白加工整套解决方案。

案例 29
电液伺服多通道协调加载试验系统

济南东测试验机技术有限公司

仪器仪表行业是我国"强基工程"的重要内容之一，传感器、检测仪器、控制仪器等各类试验装备是机械装备制造业的基础产品。电液伺服多通道协调加载试验系统可对试验件进行多点动态协调加载，在试验室环境下完成各类整机、零部件、构件、总成的疲劳寿命测试和实际工况模拟，广泛应用于航空航天、汽车和机械领域产品的强度与寿命测试。

一、导言

随着现代化工业的发展，现代仪器仪表特别是智能化仪表及系统已成为改造传统工业的必备工具，可以提高生产效率、降低生产成本、延长生产装置寿命、保证产品质量。在环境保护、安全生产、节能降耗、信息管理、优化控制策略等方面发挥关键作用。发达国家都把仪器仪表作为其优先产业加快发展。仪器仪表是我国正在实施的"强基工程"的重要内容之一，传感器、检测仪器、控制仪器等各类试验装备是装备制造业所不可或缺的基础产品，大型控制系统、精密检测仪器等高端仪器仪表促进了装备制造业的转型升级。

济南东测试验机技术有限公司是国家高新技术企业，拥有山东省动态试验机研发中心和济南市电液伺服动态试验机工程技术研究中心，设计制造各类动静态电液伺服试验系统，是国内最大的动态试验系统设备制造企业。企业拥有国家专利 7 项，其中发明专利 2 项，实用新型专利 3 项、软件著作权 2 项。开发的电液伺服多通道协调加载试验系统已广泛应用于机械制造、材料工程、石油化工、航空航天及军工产品等领域。

二、电液伺服多通道协调加载试验系统

1. 研发背景

电液伺服多通道协调加载试验系统可对被试件进行多点动态协调加载，在试验室环境下完成各类整机、零部件、构件、总成的疲劳寿命测试和实际工况模拟，在航空航天、地面车辆、轨道交通、高层建筑等强度与寿命测试领域被广泛应用。测控系统是该类系统的技术核心，自从电液伺服技术出现以来，围绕伺服测控系统的技术研究与理论研究在世界范围内就从来没有停止过，涉及的学科包括流体传动与控制、信号处理与分析、自动控制、智能计算、模式识别、传感测试等。

美国、德国、日本是国际上最早开展电液伺服多通道测控技术研究的国家，取得的众多研究成果已实现产业化生产，应用于从单纯零部件的疲劳寿命测试，到整车的试验室行驶性能模拟、飞行器实物的飞行模拟等各个领域。如飞行员、航天员的模拟训练机，其核心运动单元目前主要依赖于多通道电液伺服技术的实施。

根据国际主流多通道测控系统发展趋势，本项目采用新的技术路线，在充分研究国外测控系统技术特点的基础上，将近年来快速发展的 IT 领域新技术如实时 Linux 嵌入式软件开发技术、高性能微处理器等技术转化应用到传统的试验测控系统中，取得了多项开发成果（图

1~图3），使国产电液伺服多通道测控系统产品（图4~图9）具有更高的性价比，提高了市场竞争力。

2. 主要研究内容

（1）测控系统的架构设计。

本系统的基本架构为上下位机主从结构。下位机以嵌入式CPU板为核心，配置2~6套通道机主要完成各作动器的传感测量、信号放大、闭环控制、控制信号输出、信号发生、通道协调等功能；上位机作为人机交互界面，可将复杂的试验指令送入下位通道机，并将下位通道机的试验信息呈现给操作者，并可进行相关的数据处理与分析。

图1 四通道电液伺服汽车转向系统试验台

图2 履带战车悬挂系统电液伺服疲劳试验系统

图3 PWS-1000电液伺服疲劳试验机

（2）外部总线技术的研究与确定。

外部总线主要提供下位机与上位PC机之间的互连，该试验系统要求外部总线既要实现多套控制系统的级联控制，又要具备较好的可拓展性。

基于以太网通讯方式的LXI总线，通讯协议采用TCP/IP，它所采用的时间同步协议IEEE 1588，提供了标准的方法用于在网络上实现亚微秒级的设备同步。协议将从设备的时钟和主设备的时钟进行同步，保证了所有设备中的任何事件和时间标记都使用同一个时间基准，适应仪器功能需要。因此，本系统选用基于以太网技术的LXI作为系统外部总线，实现上下位机间的高度数据通讯。与此相适应，下位机嵌入式LINUX应用中嵌入Internet技术，集成应用IT技术的众多技术成果与资源，成为本项目的核心技术之一。

（3）内部总线技术的研究与确定。

内部总线是本项目各控制通道与CPU板的硬件接口。电液伺服多通道协调加载系统控制对象通常为2～6套伺服作动器，复杂的试验项目中试验通道可达24个以上，除标准配置力传感器、位移传感器外，有时还要增加变形测量传感器与加速度传感器等。因此，系统的内部总线规划除要保证快速性外，还应具有灵活的可裁剪性。

目前广泛流行的下位机内部总线有VXI，PXI以及PC104等，且各具特点。PC104总线基本特点包括尺寸小、附合工业应用规范、模块扩展性强、功耗低以及可堆栈式连接；其操作系统与个人PC高度兼容，便于拓展开发软硬件资源；使用PC104可突出最末端的功能模块设计。本系统选用PC104作为系统内部总线，符合专业化、基于软件的特点。

（4）基于PC104总线的全数字通道机的设计与制造。

通道机与作动器相对应，多个通道在CPU板的统一协调下，可控制多个作动器协同工作，完成各类试验加载任务。通道机是本课题的基本单元，以此为基础设计多通道技术架构。

根据"弱化硬件、强化软件"的基本思路。通道机的硬件设计，侧重与作动器硬件相关的传感器（一般为试验力和位移）信号放大、伺服阀的伺服功率放大以及信号的数字输入输出（DA/AD以及IO）等，其他功能如信号比较、闭环控制、数据采集、数据传输等功能将全部由软件实现。

传统的通道机设计方法，将信号放大、伺服放大、AD/DA以及IO分别独立，均作为独立单元分别开发。当控制通道达到3个以上时，将带来硬件配置复杂、成本上升、产品稳定性差等问题。全数字通道机基于PC104总线设计制作了一套通用板卡，集信号放大、功率放大、AD/DA以及相关IO于一体，并充分利用现代电子测量技术新成果，大范围使用数字芯片，技术上重点关注作动器本身，从而形成一套试验系统专用数字化测控板。

该测控卡将基于复杂可编程逻辑器件CPLD（Comple Programmable Logic Device）技术开发，并将采用多种数字化技术，以实现通道机的硬件参数均可通过软件进行调整的目标，如电源的输出调节，信号的零点调整，均拟通过DA信号控制；采用一体化设计技术，确保最终成品技术的简洁明快。如信号放大拟采用串级放大与AD转换一体化，通过BB公司PGA204以及AD公司AD526串级放大后，与16位四通道ADS7825搭接，组成传感器模拟信号放大采集通道；DA输出、颤振施加与伺服放大选用AD公司AD5344四通道D/A转换器、集成函数发生器ICL8038及双运算放大器AD712进行搭接，形成伺服放大输出通道。

CPLD作为本板卡的调度核心，将完成各类数字芯片的地址译码、指令锁存、数据缓冲，并承担与PC104总线间的高速数据通讯。开发环境为LATTICE ispLEVER2.0。

CPLD器件集成度高、可编程实现各类逻辑线路，改变了以往硬件电路仅能依靠器件进行搭接的历史，可大幅度地提高本课题的开发速度与开发质量。

图 4　PWS-1000 电液伺服疲劳试验机　　　图 5　电液伺服高低温疲劳试验机

基于 PC104 总线的全数字通道机，体积小，功能强，单卡插入 PC104 总线母板，即构成单通道；多卡插入，即构成多通道。这使多通道测控系统的功能拓展与技术实施，变得简单易行，同时大大提高了上下位机软件编制的通用性。

（5）基于 Linux 平台的下位机软件开发。

作为通用的操作系统，嵌入式 Linux 系统具有内核精简、代码开放、适用于多种硬件开发平台、性能稳定、可移植性好、支持几乎所有的网络协议和网络接口等优点。可以在嵌入式 Liunx 平台下协同研发产品，产品具有通用性和可移植性。

1）软件系统的主要功能。实时多通道信号发生器的功能实现，具备协调控制能力的闭环控制算法实现，高速数据采集，伺服控制输出以及与上位计算机软件的高速数据交流等。

2）电液伺服动态试验设备，其控制信号的频率范围通常限制在 0.001 ~ 100 Hz（主要指正弦波）以内，对控制系统内置信号发生器的频率要求通常超过 500 Hz，有的甚至超过 1000 Hz。在时域内进行分析，可以发现，如此高频的信号产生，需要测控系统提供至少 100 μs 以下的定时精度。开源组织 OSDL 专门针对电信级服务，在标准 Linux 的基础上，增加了一组为适应电信运营环境而设计的特性，其中就包括一种 0.1 ms 以上高精度定时器模块，该技术在前期研究中已取得突破。

试验设备协调功能的实现，主要体现在各通道波形相位的实时可控上，电液伺服动态试验系统，设计液压伺服控制、电子测量、机械传递等多学科技术，系统的线性化程度时刻经受着试样特性变化、油液温度、环境温度变化的考验。因此，相位控制算法，将作为本项目的一个重要子课题进行试验研究。项目将采用业界普遍运用的空步等待法、峰谷相位自适应等方法，完成系统需要的预期指标。

图6 微机控制电液伺服盾构管片抗弯试验机 　　　图7 WAW-2000 电液伺服弯曲试验机

3）闭环控制算法，工程上最成熟的方法是PID控制，本课题将以PID算法为基本控制策略，同时参考智能控制领域的最新技术成果进行更深层次的应用型研究。同时还将参考国际上动态伺服控制系统成熟策略，增加前馈控制、峰谷幅值自适应等控制方法，确保实用新型测控系统的研制成功。

下位机与上位机的高速数据通讯，如前所述，将采用LXI总线基于TCP/IP技术实现。Linux内含完整的TCP/IP网络协议栈，且开发资源丰富，与其他种类的RTOS（实时操作系统）相比，可更快地支持新的IP协议和其他协议，如Zigbee通讯协议、蓝牙通讯协议、802通讯协议等，这使得本系统的未来应用增加了更多的技术拓展性。

本课题基于Linux开发的下位机核心软件，是将IT业成熟的Linux编程技术向工业控制领域进行了转化与应用，在试验设备制造领域具有开创意义。

图8 微机控制传动轴静态扭转试验台 　　　图9 PNW-32000 电液伺服传动轴疲劳试验台

三、展望

围绕动态试验机产品各技术环节，以国际先进水平为目标，采用模块化、单元化设计手段，加大研发力度，重点突破多通道、多自由度协调加载关键技术，进一步解决伺服阀测试、作动器设计制作、大型伺服泵站开发等技术瓶颈，突破与提升国产动态试验机产品技术水平，特别是减少对国外关键技术的依赖，使我国的电液伺服动态试验机技术水平迈上新的台阶。

案例 30
液压传动产品数字化制造应用示范

山东常林机械集团股份有限公司

基础件、基础工艺和基础材料落后是制约我国机械装备由低端走向高端的瓶颈之一，我国工程机械用配套泵、主阀、行走马达等高档液压件多年来严重依赖进口。山东常林机械集团股份有限公司通过将数控技术与设备、工艺、产品的有机融合，针对产品设计、铸件制造、材料加工、热处理、装配、检测等关键环节开发应用了一批数控化新技术和新装备，实现了高端液压传动件的数字化制造。

一、导言

液压传动技术及产品的应用程度是衡量国家工业化水平的重要标志之一，液压传动产品涉及数字化设计、铸造技术、加工工艺及检测等多学科领域，广泛采用数字化控制技术是实现产品高精度、高可靠性、低废率、低成本产业化生产的关键。

山东常林机械集团股份有限公司采用 CIMS 工程信息化技术、三维 CAD/CAE/CAM 以及虚拟设计技术、自动化铸造线、数控加工设备及柔性加工线、自动装配线以及智能检测设备等，研发并批量生产 AP4V0112TVN 液压轴向柱塞泵、AP4V0112TE 液压轴向柱塞泵、MA170W 回转马达、VM28PF 主阀等高端液压产品，产品技术达到国际先进水平，填补国内空白，产品在机电装备行业得到广泛应用。

通过数字化控制技术的集成应用，实现了液压传动产品开发周期平均缩短 1/3，节约开发成本 50%，批量生产废品率降低 90%，减少生产工位工人人数 200 余人，生产效率提高 60% 以上，产品质量达到美欧产品质量标准。

山东常林机械集团股份有限公司是多元化发展的国家大型高新技术企业、中国机械工业百强企业。为打破高端液压件国外垄断，山东常林集团实施了年产 60 万套高端液压主件产业化项目（图 1），项目以液压元件为主，如配套泵、主阀、行走马达等，总投资 26 亿元，2011 年 10 月 14 日正式投产。该项目被列入国家《重大技术装备自主创新指导目录》，是 2010 年省重点建设项目和 2010 年度科技部国际科技合作项目。

图 1　高精度液压件生产

二、高端液压件的数字化加工

1. 存在的问题与难点

液压传动产品在高压等工况下使用，对设计、铸件制造、材料加工、材料热处理、装配、检测等关键环节的控制要求非常苛刻，任何一个步骤出现问题，产品的精度、机械性能等都无法满足产品的使用要求。生产中存在的问题和难点主要体现在以下几方面：

（1）基于高端液压产品先进制造目标的制造工程信息和管理信息高度集成共享。

液压泵、液压阀、液压马达等系列产品生产涉及的原材料品种多，材料热成形和冷加工工序多，工艺参数庞杂，装配精度要求高，检测数据量大，技术标准和工艺规范量大面广，因此，为适应产业化生产的优质、高效、低成本要求，必须建立完备的工程信息和管理信息的互联互通体系，达到高度实时监控和有序组织生产的目标。

（2）基于产品设计和生产工艺方案优化目标的数字化仿真技术需广泛采用。

开发用户满意适销对路、技术水平一流的液压传动新产品，必须广泛采用数字化设计技术手段，如CAD/CAE/CAM技术、虚拟设计、虚拟装配技术等，以实现产品快速设计、快速制造、及时修改、精确分析计算性能等目标。

（3）高性能泵体、缸体和阀体对铸造、热处理、精密加工、装配等工艺技术提出了极高的技术要求（图2～图4）。

图2 泵体　　图3 马达回转缸体　　图4 液压多路阀阀体

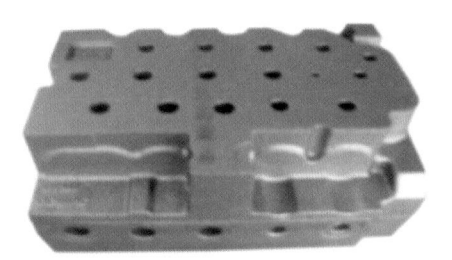

液压传动产品制造涉及热加工、冷加工、精密装配及检测等复杂流程，如热加工要求对温度场精确控制、尽量降低劳动强度、生产过程节能减排等；冷加工要求高精度、超高精度，精度控制技术要求极高。采用先进的数控化设备，是保障产品质量、提高生产效率的关键手段。

（4）基于柔性生产、无人化生产等目标的智能制造装备需求。

为实现多品种产品生产，最大程度地利用工厂设备，降低资源消耗成本，建立柔性加工线是非常必要的。为降低劳动强度，提高产品质量的一致性，在某些工位采取机器代人，完成物料自动搬运、坯料自动打磨清理、关键过程自动监控和反馈修正等，是亟需解决的关键技术。

2. 整体数控化解决方案

山东常林集团近年来大幅度增加资金投入，聚集一批高端人才，承担一批国家和省市专项，结合液压产品的特点，针对性地开发并应用了一批数控化新技术，将数控技术及产品与机械设备有机融合，为公司高端液压传动件的生产提供了坚实的基础条件。

（1）建立 CIMS 信息化系统，工程信息和管理信息充分融合，实现复杂产品制造过程的有效管理。

公司综合应用自动化技术、计算机技术、管理技术建立企业的技术信息系统、管理信息系统，达到严格科学管理、强化技术、降低成本的目的，提高企业的市场竞争力，公司是科技部 863 计划 CIMS 应用示范企业。

通过实施 CIMS 应用示范工程，公司在加强计算机信息技术的应用，实现 CIMS 生产模式，在新产品开发、资金周转、确保实现制定的经营目标与远景规划方面和数据、销售、财务、成本、售后服务管理起到了重要作用。实现了管理信息的管理功能（设计账务处理子系统、报表处理、工资处理、固定资产管理、内部银行、报表汇总、采购管理、存货管理、销售管理、生产计划管理、车间管理、基础数据管理、设备管理、成本核算等子系统）、工程信息和管理信息的集成与共享功能。

基于 PLM 技术和 ERP 技术，建立面向产品全生命周期的工程机械集成开发支持环境和客户关系管理（CRM）系统，全面升级 MRPII 系统，建立供应链管理（SCM）系统，充分利用企业外部资源快速响应市场需求，避免自身投资带来的建设周期长、风险高等问题，赢得产品在成本、质量、市场响应、经营效率等各方面的优势，实现了全球化环境下的企业内外部资源的集成和最佳利用，促进制造企业的业务过程、组织结构与产业结构的调整。

（2）广泛采用 CAD/CAE/CAM 技术，虚拟设计、虚拟装配技术，建立复杂产品设计生产协同仿真平台，实现产品优化设计制造。

设计数字化技术实现了产品设计手段与设计过程的数字化，缩短产品开发周期，优化了生产工艺参数。所开发生产的 35MPa 泵阀已经批量生产和应用（图 5），可替代进口。

通过产学研合作，应用 CAD/CAE/CAM 软件技术和虚拟制造技术，实现了快速设计、及时修改、精确分析计算，做到了快速响应，不断推出用户满意适销对路的新产品。应用工程虚拟制造技术在提高产品质量、节约成本、提高生产效率和三化水平（标准化、通用化、系列化）等方面起到了巨大作用，创造了良好的经济效益。

图 5 35MPa 泵体缸体阀体

（3）集成精密铸造、热处理、精密加工、装配、检测等数控化设备，实现高端产品优质、高效制造。

制造装备数字化控制技术实现了加工和装配的自动化和精密化，提高产品的精度和加工装配的效率；生产过程数字化技术实现了生产过程控制的自动化和智能化，提高企业生产过程自动化。

建立的数控化生产线包括精密铸造线、阀体加工线、壳体加工线、热处理加工线、缸体阀块加工区、阀芯阀套加工区、滑阀柱塞滑靴加工区、精加工区、泵装配线、马达装配线、阀装配线、产品性能测试线等。

建有垂直分型无箱造型线 VMM6080D 铸造生产线、HWS 静压造型线以及全套砂处理设备等，形成了以计算机铸造模拟软件辅助铸造产品开发、自动配铁、自动配焦石、自动检测风量风压、铁水测温、料位、PLC、冷却水控制系统、自动化除尘系统、改造建议烟道阀、烟气管道、旋风除尘系统、综合湿法除尘系统及排气烟囱除尘系统、冲天炉余热再利用等。

阀体线包含 1 条 FMS 线、7 台卧室加工中心、2 台平面磨床、1 台高压清洗机、1 台数控珩磨机，可以承担左右阀体、伺服阀体、幅阀、直线行走阀等多种阀体加工的柔性加工线，线内配有穿梭机器人，机床定位精度 ±0.001 mm，重复定位精度 ±0.001 mm。

壳体线包含 1 条舒勒线，配有穿梭机器人、5 台卧式加工中心、1 台清洗机、1 台数控珩磨机、1 台热能去毛刺机，可以承担马达壳体、泵体、中间体等多种零件的柔性加工线，珩磨机工作噪音 < 75 dB，珩磨涨舒参数可被编辑设定，轴向步进 0.1 um，径向尺寸变化 0.01 um。

热处理加工线包含 1 台渗碳氮化炉、1 台软氮化炉、1 台回火炉、1 台马勒网带烧结炉、1 台气氮箱式电阻炉、1 台真空清洗机、1 台超声波清洗机、1 台液体喷砂机，可以承担主要零部件的碳氮共渗、氮化、软氮化、淬火、烧结等热处理，温控精度 1% 以下，全自动操作方式，自动进行生产状况数据记录。

缸体阀块加工包含两台镗铣复合加工中心、1 台五轴联动柔性组合加工线、1 台插齿机、1 台滚齿机、4 台卧式车削中心、4 台立式加工中心、1 台拉床、1 台数控珩磨机、两台球面研磨机，可以承担缸体、法兰、斜盘支架等主要零部件的加工。X 轴和 Z 轴全行程重复定位精度 0.005 mm，速度 60 m/min，立加定位精度 ±3 μm，五轴加工模块上下料全自动可生产。

阀芯阀套加工包含 14 台卧式车削中心，可承担阀芯、阀套等主要零部件的加工。位置精度（X 向，Z 向）0.006 mm，重复精度（X 向，Z 向）0.004 mm，主轴最小分度 0.001°；滑阀柱塞滑靴加工包含 10 台卧式车削中心。可承担滑阀、柱塞、滑靴等主要零部件的加工。平面度可达 0.005 mm 平面度，Ra 0.2 光洁度，可加工硬度 HRC65 的工件，恒定切削速度，一次多工位全工序高精加工；精加工包含 13 台外圆磨床、4 台球形磨床、4 台内孔磨床、两台平面磨床、两台研磨机床、1 台立式磨床、1 台磨齿机床、1 台超精机床、1 台中心孔磨床、1 台磨齿机床、1 台珩磨机床，可承担主要零部件的外圆、内孔、平面、球面、齿面等的磨削加工，外圆磨床定

位精度 ±0.001 mm，重复精度 0.003 mm，磨削精度圆度＜1 um、圆柱度＜1 um、Ra＜0.2 um，内孔磨床定位精度＜1 um，重复精度＜2 um，加工精度＜3 um。

产品性能测试包含 1 台泵马达出厂测试台、1 台多路阀出厂测试台、1 台综合试验台、1 台部件测试台、1 台泵寿命试验台、1 台阀寿命试验台，可承担泵、马达、阀等产品的性能测试。产品精密测量包含两台三坐标测量仪、1 台齿轮测量机、两台圆柱度测量仪、1 台粗糙度测量机、1 台光学测量机、1 台轴类测量，可承担主要零部件的平面度、垂直度、平行度、轮廓度、圆度、圆柱度、粗糙度等的精密测量等。

三、实施效果分析

通过设计数字化、制造装备数控化、管理数字化等技术的充分应用，实现了高端液压产品年产 30 万套的批量生产，技术达到国际先进水平，填补国内空白，产品已在机电等行业得到广泛应用。

最大铸造尺寸 850 mm×600 mm×500 mm，造型速度可达每小时 450 型，铸件错箱偏差小于 0.1 mm，厚度偏差 ±0.2 mm；液压件加工精度达到国际先进水平；产品开发周期平均缩短 1/3，节约开发成本 50%；批量生产废品率降低 90%，减少生产工位工人 200 余人，生产效率提高 60% 以上，产品总体质量达到美欧产品质量标准。

四、主要成果

1. 已获各级科技进步奖（表 1）

表 1 获各项科技进步奖

项　目	获奖日期	奖　项	颁奖单位
35MPa 挖掘机液压主件设计制造关键技术应用及产业化	2014.10	山东省科学技术二等奖	山东省人民政府
22 t 挖掘机正流量液压元件及系统研制	2013.10	临沂市科学技术一等奖	临沂市人民政府
8.5 t 挖掘机液压主件研发	2012.10	临沂市科学技术一等奖	临沂市人民政府
22 t 挖掘机液压元件及系统研制	2013.7	2013 年度液压液力气动密封行业技术进步一等奖	中国气动液压密封工业协会

2. 标准

为统一液压铸件技术标准，加快我国液压铸件技术发展，中国液压气动密封件工业协会与全国液标委秘书处组建了液压铸件标准起草工作组，共同主持召开了行业标准《液压传动铸件技术条件》起草工作，山东常林机械集团获选入内，并承办标准起草首次会议。同时根据产品研发、生产、试验要求，公司自行起草了《AP4VO112TE 型液压轴向柱塞泵 10004128 出厂试验规范》《VM28PF 型主阀》《MAl70W 型回转马达》《AP4VO112 型液压轴向柱塞泵》《AP4VO180 液压轴向柱塞泵》《VM34 主阀》《MA250W 回转马达》等 7 项企业标准，填补了国家工程机械液压产品试验标准的空白。

五、展望

装备制造向智能化、绿色化方向发展，当前我国液压传动产品生产还存在国产化技术研发及应用度不高、集成创新能力不强、生产能耗及污染物排放指标偏高等问题，在数控技术应用的基础上，持续关注智能制造技术的研发应用，建立柔性生产线，启动数字化车间建设论证，推行从设计、材料、工艺、设备及应用的全流程工程信息交互跟踪管理，快速提升我国液压产业。

案例 31
页岩气工厂化压裂智能装备与控制项目

烟台杰瑞石油服务集团股份有限公司

页岩气工厂化压裂智能装备与控制系统是以仪表车为采集和控制的枢纽，依托自主研发的全集成自动化控制系统，搭建环形压裂成套机组工业以太网，将混砂、化添、混配、压裂、液氮、连续油管等设备的运行、监控、数据采集、远程传输有机集成，实现了压裂作业从供砂（液）、泵送压裂到数据采集、远程传输的全过程数字化集成控制。

一、导言

随着 2002 年美国戴文能源公司 7 口伯内特页岩气水平井的成功开采，美国已跃居成为全球第一的产气大国，进入了天然气生产的黄金时代。受到美国页岩气开发成功经验的影响，全球页岩气勘探开发进入了快速发展的新时期。面对这一机遇，烟台杰瑞石油服务集团股份有限公司及时开展了页岩气工厂化压裂智能装备与控制项目的研究。

通过对压裂智能装备与控制技术的改造与创新，研制生产页岩气工厂化压裂智能装备与控制系统，有效解决了页岩气开采过程中开采难度大、配套设备多、系统操作难等一系列问题（图1）。智能化、自动化的页岩气压裂成套机组保障了页岩气水平分段压裂技术工艺的实施，提高了页岩气等非常规油气藏的有效经济储量。页岩气工厂化压裂智能装备与控制系统是以仪表车为采集和控制的枢纽，依托公司自主研发的全集成自动化控制系统，搭建环形压裂成套机组工业以太网，将混砂、化添、混配、压裂、液氮、连续油管等设备的运行、监控、数据采集、远程传输有机的集成，实现了压裂作业从供砂（液）、泵送压裂到数据采集、远程传输的全过程数字化集成控制。

图1 页岩气压裂成套装备

二、主要研究内容

压裂智能装备的核心关键设备主要有 CSC45 型全自动立式储砂罐、SST350 型自动输砂半挂车、HPGYC100 型压裂液全自动混配车、HSC38 型智能全自动混砂车、10 台 3100 型智能全自动压裂车、YGC140 型压裂管汇车、YBC24-2 型智能化仪表车。

1. 全自动连续输砂系统的智能化设计

压裂智能装备中的 CSC45 型全自动立式储砂罐、SST350 型自动输砂半挂车、气力输送运输车组成全自动连续输砂系统。全自动连续输砂系统为压裂作业中提供完整的全自动的智能化连续储运压裂砂方案。

（1）自升式立式砂罐智能控制系统。

该系统在国内首次采用太阳能这一绿色能源技术。在控制升降上采用自动一键式升降，把装备开到指定地点，启动液压系统，按下"升"按钮，砂罐能够自动完成罐体扩展、罐体与背罐车分离和罐体举升动作，实现了重型装备的高度自动化。

（2）智能加砂控制系统。

立式砂罐加砂智能控制系统是依据混砂车密度控制系统为核心，以连续输砂称重系统为反馈自动控制闸板，并且检测闸板阀位，做到智能加砂控制。此控制系统采用称重系统的计量方式，提高了准确度和计量精度，保证了作业精度和效果。

（3）远程控制系统。

立式砂罐与运输输砂车的控制采用远程控制，在混砂车上根据作业需求来控制砂罐的闸板开启和输砂车的皮带运行，简单可靠。

（4）气动智能加砂系统。

通过智能控制液压流量大小，驱动压缩机工作，产生的高速气体推动砂液加注。通过检测砂罐的高度，智能控制气力输砂。当达到一定的高度，储砂罐能够输出一定的信号控制气力输砂的液压系统关闭，确保加砂不会溢出。运砂车与储砂罐通过数字互联实现智能通讯。

（5）网络数据传输系统。

CSC45 型全自动立式储砂罐车、SST350 型自动输砂半挂车、气力输送运砂车采用最新的工业网络通讯技术，与其他压裂成套设备组成环形多重冗余网络，进行作业数据的实时、快速传输和接收。

2. 全自动压裂液混配系统的智能化设计

压裂智能装备中的 HPGYC100 型压裂液全自动混配车、HSC38 型智能全自动混砂车组成压裂智能装备中的全自动连续配液系统。全自动连续配液系统为压裂作业中提供完整的全自动、智能化的压裂液体连续高质量配液解决方案。

（1）黏度智能控制系统。

通过在线式黏度仪检测罐内液体的黏度，智能调节粉料的添加重量，实现自动调整搅拌速度和混合时间，以确保粘度达到设定要求。

（2）吸入恒压智能控制系统。

通过检测吸入管汇内的压力比较设定压力，智能调整吸入离心泵速度，保证吸入压力在设定范围内。

（3）密度智能控制系统。

通过放射性密度计实时检测混合液的密度，将此密度反馈给控制器，控制器根据此密度与设定密度进行比较输出控制信号，通过网络集成控制连续输砂系统实现加砂量控制。

（4）排出恒压智能控制系统。

通过检测排出管汇内的压力比较设定压力，智能调整排出离心泵速度，保证排出压力在设定范围内。

（5）智能添加控制系统。

化学添加剂在混配中应用比较广泛，化学添加的精确对配液有一定的影响，化学添加剂智能添加控制系统能够按照吸入排量的一定比例智能控制液添泵的速度。

（6）流量智能控制系统。

通过高精度电磁流量计实施监测，智能调整离心泵转速、蝶阀开度等执行部件，保证流量值为设计要求值。

（7）阶段智能控制系统。

阶段系统可以方便地指导作业，作业前按照作业要求输入各个阶段的作业量，启动自动作业后，系统会按照设定的作业数据运行。目前我们的阶段最多可以设定100个，满足了作业要求。

（8）网络数据传输系统。

在网络数据传输方面，HPGYC100型压裂液全自动混配车和HSC38型智能全自动混砂车采用最新的工业网络通讯技术，与其他压裂成套设备组成环形多重冗余网络，进行作业数据的实时、快速传输和接收。通讯网络主要由LAN和WLAN组成，WLAN网络的搭建主要为手持式或便携式数据显示终端提供实时的作业数据，实现作业数据的全井场、无缝衔接、智能交互监控的数据传输模式。

3. 全自动连续泵送系统的智能化设计

压裂智能装备中的10台3100型智能全自动压裂车组成压裂智能装备中的全自动连续泵送系统。全自动连续泵送系统为压裂作业中提供连续、超高压力、超大排量的压裂携砂液的高压泵送提供全自动、智能化解决方案（图2）。

在全自动连续泵送系统的智能化控制方面，主要研究开发了以下关键技术：

（1）环网冗余系统。

压裂作业的主机车在大型压裂作业中，一般为10台一组实现压裂组合作业，可达24台

图 2　国产装备杰瑞参与中国首次页岩气四井同步拉链式压裂作业

甚至更多的泵车需要可靠连接。为了保证3100型智能全自动压裂车数据传输的稳定可靠，选择搭建先进的环形冗余网络技术。

（2）全自动压裂多组控制系统。

通过SIMITIC软件开发平台，设计开发全自动压裂多组控制系统，采用人机触摸交互界面，可视化控制模式，实现压裂连续泵送系统的集中控制和自动智能控制功能。

（3）超压保护系统。

通过SIMITIC软件开发平台，设计开发全自动压裂泵送超压保护系统，采用人机触摸交互界面，可视化控制模式，实现压裂连续泵送过程中压力安全值的设定、压力实时监测。对超出安全设定的压力状况，进行及时智能化判断处理，防止泵送作业出现超压现象。

4. 智能数据通信系统的智能化设计

压裂智能装备中的YBC24-2型智能化仪表车组成压裂智能装备中的智能数据通信系统。智能数据通信系统为压裂作业提供压裂成套设备的施工数据实时监控、施工数据的采集处理、作业环境的实时监测、远程数据传输、核心设备的远程控制等功能提供解决方案。数据通讯系统主要作用是数据采集及监控，它能够覆盖所有主流数码终端，并且提供成套数据采集监控解决方案，在整个页岩气工厂化作业中起到指挥中心的作用。

全智能网络控制系统的开发，实现了集成控制压裂智能装备，同时实现各个装备之间的数据共享。

三、主要技术参数及先进性对比

压裂智能装备主要是由4台CSC45型全自动立式储砂罐、1台SST350型自动输砂半挂车、

图3 YLC140-2320_3100型压裂车作业

1台HPGYC100型压裂液全自动混配车、1台HSC38型智能全自动混砂车、10台3100型智能全自动压裂车、1台YGC140型压裂管汇车、1台YBC24-2型智能化仪表车组成。压裂智能装备主要技术参数为最大输出水功率为31000 HHP，最大输送排量达到38 m^3/min，最大输砂能力达到10000 kg/min。所有成套压裂装备与控制系统采用先进的控制方式，实现了运行状态在线监测、全线装备集中控制和连锁、装备远程控制和监测、故障预警及在线智能诊断。通过采用精密智能仪表和先进的软件编程技术，实现过程控制、运动控制、安全控制、设备集中管理等智能化、自动化的先进功能。整套压裂智能装备在控制精度、环境适应性、自动化程度、可靠性等技术指标均达到国际先进水平。

四、结论

针对国内页岩气开采地形复杂、井场小、气藏深的特点，杰瑞集团自主研发了3100型超大功率智能压裂车（图3），最高输出功率达到3115 HHP，一举打破了世界油气开采发展史上单机压裂车最高输出功率记录。为设备配套研发的智能控制系统，使"小井场大作业"理念成为了现实，有效解决了我国页岩气复杂地理环境下开采难的问题，助力我国页岩气开采进入全新时代。杰瑞页岩气工厂化压裂智能装备与控制项目建设完成后，将进一步增强国内企业在石油装备制造智能化领域研究开发和科技创新能力，对提升国产装备的市场占有率、进军国际市场，打破欧美国家对高端石油装备技术的垄断具有重要推动作用。项目的开发对于保障国家能源安全、改善能源结构、提高人民生活水平、带动经济社会发展、保护环境等都具有十分重要的意义。

案例 32

半潜式平台 DP3 动力定位系统及其自动化系统

中集海洋工程研究院有限公司 / 烟台中集来福士海洋工程有限公司

半潜式平台是重要的海洋工程装备，其动力定位系统是一个庞大而复杂的集成、闭环控制系统，主要由测量系统、控制系统、动力系统和推力系统四大子系统组成。当环境条件发生变化时，通过自动响应系统和使用推进器系统，自动控制并保持船舶定位，实现精确操船、航迹跟踪和其他专业定位能力。在深水作业时，平台动力定位具有广泛的适用性和良好的机动性。

一、导言

动力定位系统（Dynamic Positioning System，DPS）是当环境条件发生变化时，通过自动响应系统，自动控制船舶定位和保持艏向通过使用推进器保持定位，实现精确操船、航迹跟踪和其他专业的定位能力。通过复杂的数字化集成控制能力保证半潜式平台等海洋工程装备和船舶在深海作业时的准确定位和平稳可靠运行。

中集海洋工程研究院有限公司及烟台中集来福士海洋工程有限公司（以下合称"中集来福士"）是一家集设计、建造、调试为一体的高端海洋工程装备企业，现有烟台、海阳、龙口3个海工建造基地及一个国家级海洋石油钻井平台研发（实验）中心，是国内拥有半潜平台、自升平台及海工特种船舶系列产品线的少数海工企业之一，在建造规模上已成为我国最大的海洋工程制造基地，先后交付了10多艘带动力定位系统的海工特种船舶及8座动力定位的半潜式平台（图1～图3）。

图1 中集来福士鸟瞰图

图2 中集来福士交付的DP3"油服先锋号"

图3 中集来福士交付的第七代超深水半潜钻井平台D90

二、概述

20世纪60、70年代，在快速增长的工业油气开采的要求下，动力定位系统技术迅速成熟，80年代早期被应用于日益增长的海洋工程项目，并突显出其重要性和实用性。随着80年代后期国际合作研究的逐步深化，1990年动态定位船主协会（DPVOA）成立，随后的国际海事组织（IMO）与DPVOA共同努力在1994年6月形成了现在著名的IMO海事安全委员会发布的第645通知，并要求在1994年7月1日后建造的配备DP系统的海工和船舶项目上实施。

一般来讲，半潜式平台的定位方式主要有3种：锚泊定位、动力定位以及混合式定位（锚泊定位+动力定位）。在水深不超过1000 m情况下，半潜式平台主要采用锚泊定位方式。但随着水深的增加，锚泊系统的布置安装及抛锚作业变得困难，重量也会剧增，造价和安装费用变得非常高昂，其定位性能也受到很大限制。因此，当水深超过1500 m时，传统的锚泊定位既不经济也不实用，可以采用混合定位系统。当水深超过3000 m时，半潜式平台只能采用动力定位方式。动力定位具有广泛的适用性，它的定位成本不会随着水深增加而增加，可以在锚泊定位有极大困难的海域进行定位作业。动力定位还具有良好的机动性，既可以缩短开工时间，又能迅速撤离躲避恶劣环境的突袭。同时，动力定位省去了平台拖航、起抛锚等作业费用。

动力定位系统是一个庞大而复杂、集成性的闭环控制系统，主要由测量系统、控制系统、动力系统和推力系统四大子系统组成，其功能是不借助锚泊系统的作用，而通过测量系统不断检测出船舶/平台的实际位置与目标位置的偏差，再根据风、浪、流等外界扰动力的影响计算出使船舶恢复到目标位置所需推力的大小，并对各推进器进行推力分配，使各推进器产生相应的推力，从而使船/平台尽可能地保持在海平面上要求的位置上。动力定位能力，是指在给定的环境条件下一座动力定位平台保持位置的能力。动力定位能力不仅可作为动力定位的评价标准，还能为优化推力系统设计提供依据。

三、主要研究内容

本项目的主要研究内容包括半潜式平台DP3动力定位系统研究、基于失效分析的动力定位优化研究及其自动化系统（PMS）研究。

通过对半潜式平台的定位方式及关键系统配置研究，优化其系统配置形成标准化的DP3动力定位系统配置方案及自动化控制系统。

1. 半潜式平台动力定位系统及关键系统配置研究

基于设计初期由船东基本设计公司与船东共同定义的定位能力设计要求，如相应的航区、作业区域要求、环境载荷（风、浪、流等）和作业工况，并根据动力定位能力分析要求按照各种工况进行分析和论证，寻求平台在各个角度下保持定位的最大能力，并对于不同工况的动力定位系统的设计冗余进行分析（图4和图5）。

动力定位容量分析可以计算出平台能够连续进行动力定位操作的最大的外界环境条件，并且允许为了安全操作而选择适合的艏向，通常每5 min完成一次分析。

分析时会进行强制的修正，并满足如下几个要求：平台处在自动定位模式下；平台状态栏显示的位置设定点和当前的实际位置一致；平台显示的艏向设定值和当前的实际艏向一致。

根据预估的可进行动力定位的最大外界环境条件，外界环境定义为一分钟平均风速、浪高及浪周期，对于非连续的多艏向，来自外界风、浪、流的平均阻力都具有一种持续的趋势，是可计算的。环境负载的增加，导致下列一种或两种情况都会发生（比如风速，浪高加大）：推进能力不满足定位要求；电力供应不满足定位要求；分析的结果会在性能图显示出来，风速和流速的极限数据，和上面出现的情况一一对应，从而进行适合艏向的选定进行安全操作。

动力定位能力曲线的计算标准及依据：

动力定位能力曲线是通过在极坐标上一条从0°~360°的封闭包络曲线（图4），表达船舶或平台在指定推力系统参数及指定环境条件下的动力定位能力。根据API推荐的方法，当平台的设计海况确定后，定位能力通过此浮体在设计海况下，满足定位要求时推进器所使用推力占最大许用推力的百分比来衡量。因此定位包络曲线上任意一点的角度坐标表示设计海况下环境条件相对浮体的方向，半径坐标表示该方向上浮体保持定位时推进器的使用率，即推进器所使用推力占最大许用推力的百分比。设计海况下的环境条件包括风、浪、流条件，考虑到风、浪、流条件的复杂性，一般都假定3种环境载荷从同一方向作用于平台。计算时，除了按照每个工况要求的参数及推力系统参数和环境参数外，还要考虑推力冗余度及处于工作状态的推进器。设定推力冗余的作用是为了在实际中推进器能抵消环境载荷的动力效应及推进器的推力损失，API规范给出的建议是以最大推力的20%作为推力冗余，推进器的最大许用推力取为极限推力的80%。当动力定位系统出现故障或维修时，会导致部分推进器停止工

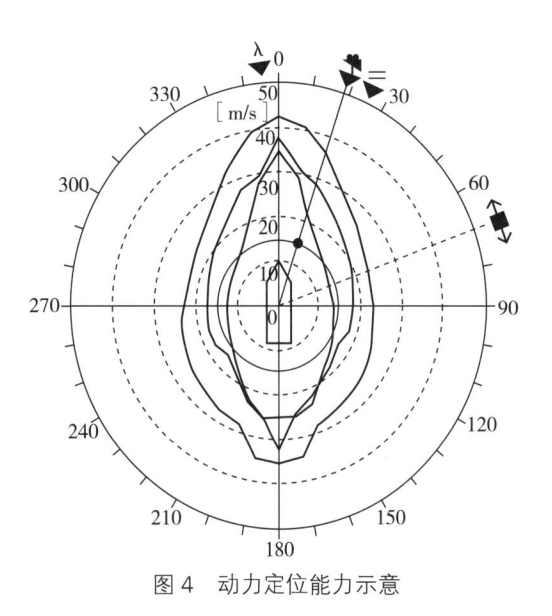

图4 动力定位能力示意

作，设定推进器的工作状态就是为了考察此时半潜平台的定位能力，即推进器失效时半潜平台动力定位能力。半潜式钻井平台由于其安全性非常重要，因此在动力定位设备上要求DP3（第三级别）的设备分级，从而保证足够的冗余度和结构可靠性。

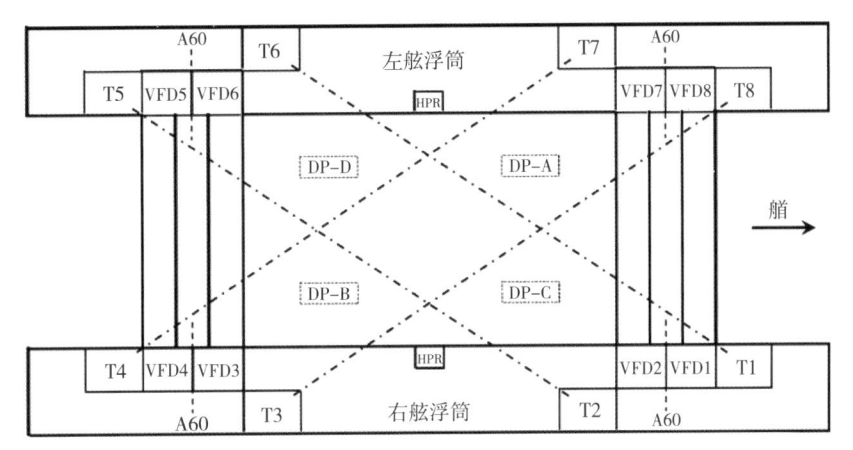

图 5　DP3半潜平台推进系统典型配置

对于半潜式钻井平台动力定位校核，选取5种典型的推力系统工作模式：
（1）完整模式：所有推进器正常工作。
（2）失效模式一：6号推进器失效 – 单个推进器失效下的最好情况。
（3）失效模式二：5号推进器失效 – 单个推进器失效下的最坏情况。
（4）失效模式三：2、7号推进器失效 – 两个推进器失效下的最好情况。
（5）失效模式四：1号、8号推进器失效 – 两个推进器失效下的最坏情况。

通过对半潜平台动力定位能力曲线进行统计分析，并结合推进器有效功率与推力的关系，可得到在完整模式和最恶劣的失效模式（失效模式四）下，推力系统在静态环境载荷下的总功率消耗图（图6和图7）。

2. 基于失效分析的动力定位优化研究

通过对整个平台动力定位系统进行故障模式分析（FMEA）研究，应尽可能详细地包括与动力定位相关的所有系统主要部件，形成优化的动力定位优化方案，一般应该包括但不局限于下面的内容：所有系统主要部件的描述和表示它们相互之间作用的功能框图；所有典型的故障模式；每个故障模式的主要可预见原因；每个故障对船位定位的暂态影响；发现探测故障的方法；故障对系统剩余能力的影响；对可能的公共故障模式的分析。

3. 自动化控制系统研究（PMS）

电气自动化控制系统见图8。

（a）作业工况　　　　　　　　　　（b）待机工况

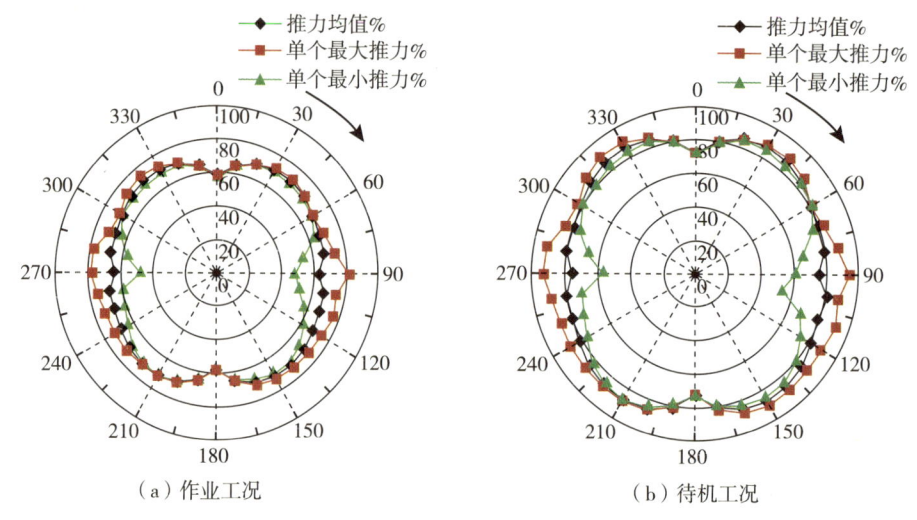

图6　动力定位能力曲线 – 失效模式

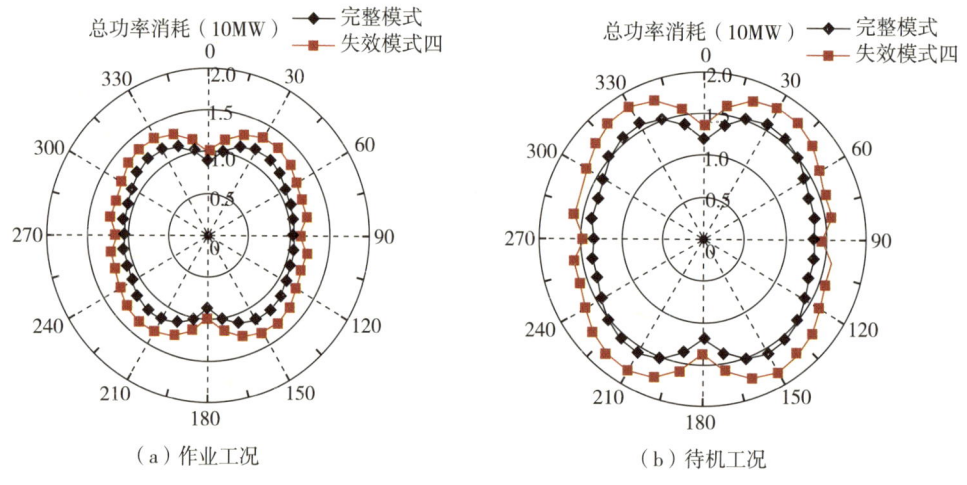

（a）作业工况　　　　　　　　　　（b）待机工况

图7　功率消耗图 – 失效模式

（1）动力部分设计。

任何DP船的操作中枢都离不开电力供应系统，电力要供应给推进系统及所有的辅助系统。也包括DP设备和相关系统。一般DP船上最重要的电力负载是推进器，由于快速的环境变化，DP系统可能要求电力做出巨大变化，发电系统必须具备灵活性以适应快速变化的电力要求，并避免不必要的燃油消耗。

通过包含UPS的方法来保护DP控制系统的失电，UPS提供一个稳定的电源使其不受电力干扰和交流电不稳的影响。提供给电脑控制台显示器报警及相关系统，当船上主电中断时，电池将提供给这些系统最少30 min的供电。

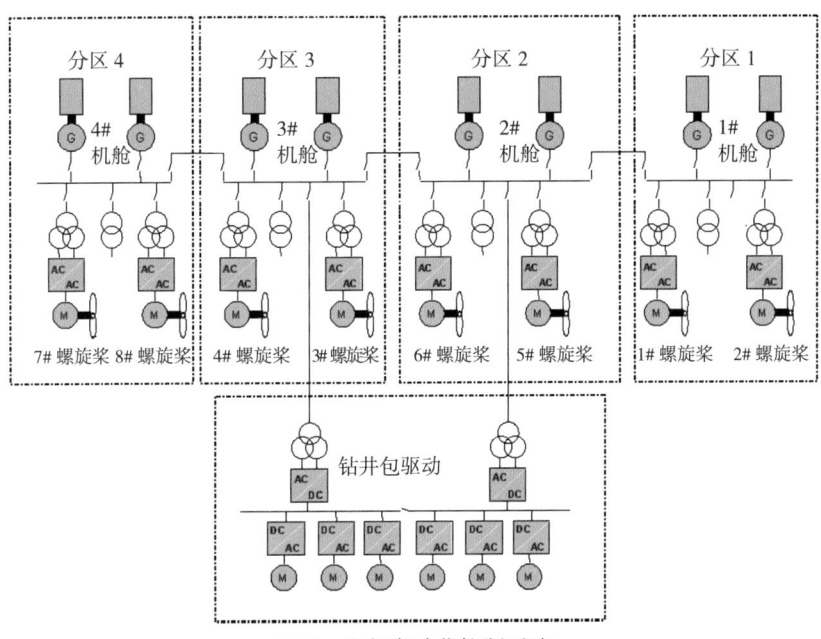

图8 电气自动化控制系统

根据规范对于平台控制要求，确定控制用户及控制方式；通过软件模拟与试验确定采用微电脑控制部分控制线路的可能性及可靠性；形成完整的自动化控制系统方案。通过开展平台内部及外部通讯系统、信息接收系统、信息处理系统研究，形成完整的通讯、导航系统方案。根据不同的报警要求制定相应措施，形成完整的平台报警系统方案，并进行各级系统的可靠性测试。

（2）控制部分设计。

1）DP主控制站。DP主控制站位于驾驶室，系统设计布置的控制设备有：PMS控制箱1台；DP控制箱两台；独立手操控制箱1台；DP控制台两台；独立手操控制台1台；推进器手动控制台1套（两台）；PME位置测量控制台1台；网络拓扑柜两台（NS02A，NS02B）。

2）DP备用控制站。DP备用控制站位于DP备用控制间，用A-60分割完全独立于驾驶室，且主/备用两个控制站的舱室位置相距不远，很容易从驾驶室走到DP备用控制间，系统设计布置的控制设备有：PMS控制箱1台；DP控制箱1台；DP控制台1台；PME位置测量控制台1台；网络拓扑柜两台（NS01A，NS01B）。

3）网络拓扑结构（图9）。

自动化、DP系统共用一个网络，由两套完全冗余的环形光纤网络NET A和NET B组成，并且将8个推进器的信号采集柜也串联在这两个光纤环网内，以便提高浮筒内推进器相关信号的传输效率。另外，除了主/备用控制站的4台网络拓扑柜，还设计了4台分别位于上船体4个角的附近，8台都串联在这两个光纤环网内，因此形成的网络拓扑结构如图9所示。

图9 网络拓扑结构

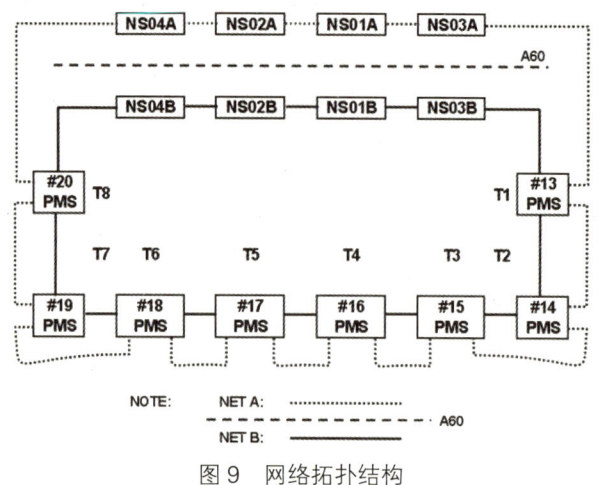

所有 DP 系统的控制箱和控制台、所有的 PMS 及其他信号采集柜全部就近同时连接到 NET A 和 NET B 的网络拓扑柜,如此便形成了 NET A 和 NET B 两套冗余的 DP 控制系统。

四、先进性对比

DP3 动态定位系统不仅考虑动态元器件的失效,同时也需要考虑静态元器件的失效,即平台上任何发生在一个水密防火空间内、一套系统的故障,包括火灾、水淹都不能影响船平台的定位能力。

与同内外同类技术产品相比,本项目在系统冗余度设计上满足船级社的设计要求,在关键路径的优化设计及主干电缆通道的规划更有利于系统的升级改造及费用节俭。

五、结论

动力定位系统具有不需要传统锚泊系统,不受水深限制,可适用于各种恶劣海况的优点,开发设计高效率、高可靠性的 DP 系统对于人类向更深海域扩展具有重要意义。随着我国对海洋工程行业的不断探索和发展,人们对动力定位系统的要求也越来越高,通过对本公司已交付和即将交付的项目半潜运输船半潜生活平台项目的 DP 升级改造、COSLPROSPECTOR 北海半潜式钻井平台的设计案例为依据,深化研究动力定位在设计和建造过程中的主要要求,形成规范化、标准化的动力定位设计、建造方案,从而提高我国对动力定位装备在设计和建造方面的水平和能力。

  本项目基于公司建造项目 DP 升级改造及在建项目的设计案例为依据，形成一整套的动力定位及自动化设计方案，打破了国外海洋工程强国的设计垄断，形成自主的设计方案、配置方案，提升我国在动力定位及自动化控制的话语权，不断提高我国在海洋工程行业的设计能力。

后 记

在中国机械工程学会理事长、中国工程院院长周济院士和中国机械工程学会宋天虎监事长的关心支持下，中国机械工程学会决定从2014年起首先在山东省开展"数控一代"推进工作。编撰出版《"数控一代"案例集（山东卷）》目的是反映企业数控化技术和产品的创新应用成果，推进山东省机械产品的数字化智能化制造。此项工作今后将在其他省、区、市陆续展开，以促进各省、区、市机械装备制造企业的转型升级。

山东机械工程学会在中国机械工程学会的指导和帮助下，积极承担相关工作。2014年年初，省学会召集有关专家就"数控一代"工程在山东的推进工作进行专题讨论研究，制定工作计划，根据专家推荐确定了有代表性典型企业。2014年5月下旬开始，由山东省机械工程学会常务副理事长兼秘书长、山东省机械设计研究院林江海院长带队对重点企业进行了调研，诸多相关企业就"数控一代"产品案例及关键技术等内容提供了详尽的书面材料。

作为"数控一代"推进工作的重要组成部分，由中国机械工程学会和山东机械工程学会共同主办、山东机械工程学会和山东机床通用机械工业协会承办的山东省"数控一代机械产品创新应用示范工程推进会"于2014年9月20~22日在山东省泰安市召开。中国机械工程学会理事长、中国工程院院长周济院士，华中科技大学副校长、国家"数控一代机械产品创新应用示范工程"专家组组长邵新宇教授，中国机械工程学会宋天虎监事长等领导专家出席会议并作专题报告和总结发言。山东省人大常委会副主任、山东农业大学温孚江校长，山东省科技厅刘为民厅长、王文处长等省市领导出席会议并对山东省数控一代推进工作提出了指导意见。全省机械装备制造业相关企业、"数控一代"典型示范企业、高校和科研院所等260余名代表参加了会议。推进会的召开对山东省在机械装备行业中大力实施创新驱动发展战略，实现由传统制造向数字化制造、智能化制造转变具有重要的推动作用。

中国机械工程学会为此次"数控一代"推进活动做了大量的前期筹备和指导工作。学会有关同志多次召开有关部门、地方学会参加的联席会议，就如何推进这项工作作出部署，并到山东企业进行前期考察，给以技术指导。华中科技大学副校长邵新宇教授、武汉理工大学校长周祖德教授、机械科学研究总院单忠德副院长、华中科技大学李世其教授、北京理工大学阎艳教授和郝佳老师、北京工业大学范晋伟教授和宋永伦教授、太原科技大学高有山教授、天津大学王树新教授、天津第一机床总厂柴宝连总工程师、山东大学张承瑞教授、山东理工大学魏修亭教授、济南大学昊向博教授和山东省科学院成巍研究员等专家对推进活动及案例集提供了指导帮助，中国科学技术出版社编辑室赵晖主任和编辑郭秋霞同志对案例集的编撰给以具体指导和支持。案例示范企业领导及有关编写人员为案例集提供了详实的基础材料，山东省机械设计研究院林江海院长、山东省机械设计研究院夏玉海副院长、山东机械工程学会何华副秘书长全程参加了推进活动组织和企业案例材料的收集编写等工作。在此，衷心地感谢参与研讨、编写和审稿的全体专家。同时，也感谢山东省科协的相关领导在工作中给予的大力支持和帮助！

由于水平所限，案例集编撰过程中出现不当之处在所难免，敬请批评指正。

2015年4月